AF130305

Siegfried Rietschel

Markt und Stadt in ihrem rechtlichen Verhältnis

Ein Beitrag zur Geschichte der deutschen Stadtverfassung

Siegfried Rietschel

Markt und Stadt in ihrem rechtlichen Verhältnis
Ein Beitrag zur Geschichte der deutschen Stadtverfassung

ISBN/EAN: 9783743490772

Hergestellt in Europa, USA, Kanada, Australien, Japan

Cover: Foto ©Suzi / pixelio.de

Manufactured and distributed by brebook publishing software (www.brebook.com)

Siegfried Rietschel

Markt und Stadt in ihrem rechtlichen Verhältnis

Pol. Sci.
Loc. Govt
R 5637 m

MARKT UND STADT

IN IHREM RECHTLICHEN VERHÄLTNIS.

EIN BEITRAG

ZUR GESCHICHTE DER DEUTSCHEN STADTVERFASSUNG

VON

DR. SIEGFRIED RIETSCHEL,

PRIVATDOZENTEN DER RECHTE AN DER UNIVERSITÄT HALLE.

LEIPZIG,

VERLAG VON VEIT & COMP.

1897.

Vorwort.

.

Einen Beitrag zur Geschichte der deutschen Stadtverfassung enthalten die folgenden Blätter. Und zwar soll jener enge rechtliche Zusammenhang zwischen Stadt und Markt, der seit der bekannten genialen Abhandlung Sohms, „Die Entstehung des deutschen Städtewesens, Leipzig 1890" in so hohem Grade die verfassungsgeschichtliche Forschung beherrscht hat, auch den Gegenstand der vorliegenden Arbeit bilden. Möge es ihr beschieden sein, zu einer Klärung der vielen noch ungelösten Fragen auf diesem Gebiete das ihre beizutragen.

Daß ein großer Teil der folgenden Darstellung der Untersuchung einzelner Städte gewidmet ist, bedarf wohl kaum einer besonderen Rechtfertigung. Um zu einem vollen Verständnis der Entstehung der deutschen Stadtverfassung zu gelangen, ist es unbedingt erforderlich, den Gang der Entwickelung in einer Reihe von einzelnen Städten festzustellen. Nur selten liegt dieser Entwickelungsgang klar vor unseren Augen; meist bedarf es zu seiner Erkenntnis eingehender Spezialuntersuchungen, die oft auch zu einer kritischen Auseinandersetzung mit den Resultaten der früheren Forschung zwingen. Die Gefahr, durch die Fülle der Einzelheiten den Gang der systematischen Darstellung zu oft in unliebsamer Weise unterbrechen zu müssen, habe ich dadurch zu vermeiden gesucht, daß ich mehrere Paragraphen ausschließlich der monographischen Behandlung einer Reihe der wichtigsten deutschen Städte gewidmet und auf die dabei gewonnenen Resultate wiederholt in den späteren, allgemeinen Erörterungen verwiesen habe.

Zwei Männern der Wissenschaft möchte ich noch meinen besonderen Dank abstatten, Herrn Geh. Hofrat Professor SOHM und Herrn Professor VON BELOW. Wiederholt habe ich im folgenden gegen die von beiden Gelehrten vorgetragenen Ansichten Stellung nehmen müssen; um so mehr fühle ich das Bedürfnis, an dieser Stelle auszusprechen, in wie hohem Grade ich beiden Forschern zu Dank verpflichtet bin. Die oben erwähnte Abhandlung SOHMS und nicht zum wenigsten die Anregungen, die ich in seinen Vorlesungen empfing, haben mich zuerst veranlaßt, der Frage nach der Entstehung der deutschen Stadtverfassung näher zu treten und tiefer in dieselbe einzudringen. Die klaren und scharfen Untersuchungen VON BELOWS aber sind dem jungen Anfänger auf dem Wege durch die Fülle der Theorieen und Kontroversen in hohem Grade Stab und Stütze gewesen. Von der sonstigen stadtverfassungsgeschichtlichen Literatur verdanke ich besonders den Werken von SCHULTE, GOTHEIN, FRITZ und KEUTGEN eine besondere Förderung.

Zum Schlusse noch ein Wort des innigsten Dankes an den Mann, dessen Andenken diese Blätter gewidmet sind. Ein echt deutscher Gelehrter, gründlich und gewissenhaft in allem, was er that, jeder Phrase und Oberflächlichkeit abgeneigt, ein treuer Lehrer, der mit voller Hingebung sich seinen Schülern widmete, und dem ich fast ausschließlich meine historische Bildung in methodischer Beziehung verdanke, ein väterlicher Freund, der mir in vielen wichtigen Fragen mit seinem Rate zur Seite stand und mit inniger Anteilnahme alle meine Studien verfolgte; so steht mir das Bild meines unvergeßlichen Lehrers vor der Seele. Wenn ich diesem Buche noch einen Wunsch auf den Weg mitgeben soll, so ist es der, daß es im Sinne und Geiste WILHELM ARNDTS geschrieben sein möge.

Halle a/S., am 1. Mai 1897.

Der Verfasser.

Inhaltsverzeichnis.

Einleitung.

Wohl kaum ein anderes Kapitel der deutschen Verfassungsgeschichte hat in unserem Jahrhundert so durchgreifende Umgestaltungen erfahren, wie die Geschichte der Stadtverfassung, wohl auf keinem anderen Gebiete sind so zahlreiche Hypothesen aufgestellt und so zahlreiche Irrtümer zu Tage gefördert worden. Von jener am Anfange des Jahrhunderts herrschenden Theorie, welche die deutsche Stadtverfassung direkt an die römische anzuknüpfen suchte, und welche noch heute in Frankreich nicht völlig überwunden ist, ja, sogar in jüngster Zeit auch in Deutschland einen allerdings völlig alleinstehenden Verfechter gefunden hat, bis zu Arnold, Heusler und Nitzsch ist die Forschung gerade in den grundlegenden Fragen verhängnisvolle Irrwege gewandelt. Anstatt bei dem wichtigsten Punkte, bei der Gemeindeverfassung der Stadt, einzusetzen und das Verhältnis der Stadtgemeinde zur Dorfgemeinde und Markgenossenschaft festzustellen, versuchte man das Problem der deutschen Stadtverfassung von der Gerichtsverfassung, von der Fronhofsverfassung, von der Gildeverfassung aus zu lösen und kam dabei natürlich immer weiter vom eigentlichen Kernpunkte ab. Die Frage war falsch gestellt, die Antwort konnte deshalb trotz allen aufgewandten Fleißes und Scharfsinnes nicht befriedigen. Der einzige Forscher, welcher richtig erkannt hatte, worauf es eigentlich ankam, G. L. v. Maurer, hat es nicht vermocht, über den gewaltigen von ihm zusammengetragenen Stoff Herr zu werden. Seine „Geschichte der Städteverfassung in Deutschland, 4 Bände, 1869—71" zeigte so unverkennbare Schwächen in Form und Inhalt, daß der große Vorzug des Buches nicht genügend beachtet wurde. Vor allem litten unter der herschenden Unklarheit über das Ziel der Forschung die der

Untersuchung einzelner Städte gewidmeten Monographieen, deren
Verfasser es zum Teil als ihre einzige Aufgabe zu betrachten
schienen, die schönen Theorieen von der Immunitätsgemeinde und
den ottonischen Privilegien, vom Ministerialenrate, von der großen
Gilde u. s. w. an einer einzelnen Stadt zu exemplifizieren.[1]

Neues Leben kam in die stadtverfassungsgeschichtliche Forschung durch GEORG VON BELOW.[2] Mit scharfer, oft herber Kritik
räumte er unter den zahlreichen Schlagworten, Halbwahrheiten
und Irrtümern seiner Vorgänger gründlich auf. Man hat ihm
wiederholt den Vorwurf gemacht, daß er manchen Ergebnissen
der älteren Forscher nicht völlig gerecht geworden sei, daß er
Behauptungen bekämpfe, die niemand aufgestellt habe u. s. w.
Sicher gebührt ihm aber der Ruhm, reine Bahn für die künftige
Forschung geschaffen zu haben.

Während die kritischen Ergebnisse v. BELOWs bei den nam-
hafteren Forschern fast ausnahmslos Anerkennung gefunden haben
und selbst von manchen seiner Gegner stillschweigend acceptiert
worden sind, haben seine positiven Aufstellungen, insbesondere
sein Zurückführen der Stadtgemeindeverfassung auf die Landgemeindeverfassung, vielfach Widerspruch erregt. Auch in
der folgenden Darstellung wird mehrfach gegen die von v. BELOW
aufgestellten Sätze Stellung genommen werden. Es mag deshalb
an dieser Stelle hervorgehoben werden, daß auch diese positiven
Darlegungen v. BELOWs gegenüber der älteren Forschung einen
gewaltigen Fortschritt insofern bedeuten, als in ihnen das bereits
von v. MAURER richtig erfaßte Problem der deutschen Stadt-
geschichtsforschung unter Vermeidung der hauptsächlichsten von
v. MAURER begangenen Fehler klar zur Darstellung gelangt ist.

---

[1] Leider scheint es in jüngster Zeit vielfach üblich geworden zu sein.
in der Einzelforschung einen ähnlichen Mißbrauch mit den Ergebnissen der
SOHM'schen Marktrechtstheorie zu treiben. An diesem Fehler leidet z. B.
die im übrigen sehr wertvolle Abhandlung von BÄR, Zur Entstehung der
deutschen Stadtverfassung (Koblenz) in: Sav. Zeitschr. f. RG., Germ. Abt.
XII (1891), p. 1 ff.; vergl. UHLIRZ in Mitt. d. Inst. f. österr. GF. XVI, p. 537.

[2] v. BELOW, Zur Entstehung der deutschen Stadtverfassung in: Histor.
Zeitschr. LVIII (N. F. XXII), p. 193 ff., LIX (N. F. XXIII), p. 193 ff. —
Ders., Die Entstehung der deutschen Stadtgemeinde, 1889. — Ders., Der
Ursprung der deutschen Stadtverfassung, 1892.

„Die Stadt ist sowohl begrifflich wie historisch zuerst Gemeinde, erst dann Gerichtsbezirk. Es ist unmöglich, daß ein Stadtgericht vorhanden ist, wenn sich nicht vorher eine Stadtgemeinde gebildet hat. Das Stadtgericht ist ein für die besonderen Bedürfnisse der Stadtgemeinde bemessenes Gericht. Demgemäß ist es etwas Sekundäres. Alle anderen Eigenschaften der Stadt, ihre Vorrechte auf dem Gebiete des Gerichtswesens, des Kriegswesens, des Finanzwesens u. s. w., sind nur Erwerbungen seitens der Stadt als Gemeinde. Daher ist auch die Frage nach der Entstehung der Stadtgemeinde die wichtigste unter den Fragen nach der Entstehung der Stadtverfassung."[1]

In diesen Sätzen, die fast selbstverständlich klingen, und die trotzdem in der gesamten älteren Forschung — abgesehen von dem Buche v. Maurers — nirgends genügend zur Geltung gekommen sind, hat v. Below die Aufgabe, die der Lösung harrt, zum ersten Male klar formuliert.

v. Belows Schriften haben seiner Landgemeindetheorie sehr viele Freunde geworben, in zahlreichen Monographieen über einzelne Städte ist der Zusammenhang der Stadtverfassung mit der Landgemeindeverfassung behauptet und der Beweis für diese Behauptung versucht worden. Vor allem knüpfen an die wesentlichsten Ergebnisse der v. Below'schen Forschung die scharfsinnigen und gediegenen, vielleicht nur etwas zu vorsichtig gehaltenen Untersuchungen Keutgens[2] an, die zu dem Besten gehören, was bisher auf dem Gebiete der deutschen Stadtverfassung von der Wissenschaft geleistet worden ist. Dagegen enthalten die zahlreichen ebenfalls im wesentlichen auf die Resultate v. Belows zurückgehenden Arbeiten, welche Varges zur Geschichte der deutschen Stadtverfassung veröffentlicht hat,[3] zwar manche treffende kritische

----

[1] v. Below, Entstehung der Stadtgemeinde, p. 3.

[2] Keutgen, Untersuchungen über den Ursprung der deutschen Stadtverfassung, 1895.

[3] Vergl. vor allem Varges, Zur Entstehung der deutschen Stadtverfassung in: Jahrbücher für Nationalökonomie und Statistik, 3. Folge, Bd. VI (1893), p. 161 ff., Bd. VIII (1894), p. 801 ff., Bd. IX (1895), p. 481 ff. — Die älteren Werke desselben Verfassers sind a. a. O., Bd. VI, p. 161 f., Anm. 1 verzeichnet.

Bemerkungen und dankenswerte Einzeluntersuchungen, verraten aber in den wichtigen Punkten weder Selbständigkeit noch besondere Gründlichkeit. Wenn der Verfasser den ihm bereits von v. Below vorgezeichneten Weg verläßt, verirrt er sich regelmäßig in unbewiesene oder ungenügend bewiesene Hypothesen.

Den Hauptgegner fand die Landgemeindetheorie nicht in der Immunitätstheorie oder der Gildetheorie, sondern in der sogenannten Markttheorie. Am konsequentesten ist die letztere durchgeführt in der genialen Abhandlung Sohms,[1] welche, was Klarheit und Eleganz der Darstellung und Folgerichtigkeit in der Durchführung eines Gedankens betrifft, wohl nur in wenigen wissenschaftlichen Werken ihresgleichen hat. Aber dieser streng systematische in sich geschlossene Aufbau, welcher in Verbindung mit der glänzenden Schreibweise des Verfassers die Lektüre des Sohm'schen Buches zu einem wahren Genusse macht, ist auch die Schwäche des Werkes. Ein einziger Fehlschluß, eine einzige nicht völlig zutreffende Behauptung nimmt auch sämtlichen daraus gezogenen Konsequenzen den Boden; man darf aus dem prächtigen Gebäude Sohms keinen Stein herausnehmen, ohne befürchten zu müssen, daß der ganze Bau in sich zusammenstürzt. Gerade aber manchen wichtigen Schlüssen Sohms fehlt die rein thatsächliche quellenmäßige Begründung. Trotz alledem giebt es in der deutschen Verfassungsgeschichte wohl wenig Bücher, die so befruchtend auf die Forschung gewirkt haben, wie jene Abhandlung Sohms.

Derartig konsequent wie bei Sohm findet sich die Markttheorie sonst nirgends in der Literatur durchgeführt. Die wirtschaftliche und rechtliche Bedeutung des Marktes für die Stadt ist aber auch von zahlreichen anderen Forschern, und zwar schon vor Sohm, hervorgehoben worden. Von namhaften älteren Gelehrten, welche dieser Bedeutung des Marktes bereits Rechnung tragen, wären in erster Linie v. Maurer[2] und Waitz[3] zu er-

---

[1] Sohm, Die Entstehung des deutschen Städtewesens, 1890.

[2] v. Maurer, Geschichte der Städteverfassung in Deutschland, Bd. 1. p. 282 ff.

[3] Waitz, Deutsche Verfassungsgeschichte, Bd. VII, 1876, p. 378 ff.

wähnen. In neuerer Zeit hat vor allem R. Schröder[1] das Hauptgewicht der Forschung auf die Entstehung des Stadtfriedens aus dem Marktfrieden, des Stadtbildes aus dem Marktbilde gelegt, während Schulte[2] und Gothein[3] (m. E. mit Recht) vor allem die äußere Entwickelung der Stadt aus dem Markte betonen. Einen eigenartigen Versuch endlich, die Markttheorie in Verbindung mit einer Art Hofrechtstheorie darzustellen, hat neuerdings E. Mayer[4] unternommen.

Die Feststellung der Beziehungen zwischen Markt und Stadt soll den Gegenstand der folgenden Abhandlung bilden. Und zwar soll zunächst in einem einleitenden Kapitel auf eine Frage näher eingegangen werden, die in der bisherigen rechtsgeschichtlichen Forschung viel zu wenig Berücksichtigung gefunden hat, nämlich auf die Entstehung des Marktregals.

Das zweite Kapitel enthält außer einer einleitenden Abhandlung über die Art und Weise der Marktgründung eine Reihe von Einzeluntersuchnngen darüber, wie sich in einer Anzahl der verschiedensten Städte des rechtsrheinischen Deutschlands die Gründung des Marktes abgespielt hat, und in welchem Verhältnis der Markt zur späteren Stadt steht. Dabei war ein Eingehen auf

---

[1] Schröder, Weichbild in: Historische Aufsätze dem Andenken an Georg Waitz gewidmet, 1886, p. 306 ff. — Ders., Die Stellung der Rolandssäulen in der Rechtsgeschichte in: Béringuier, Die Rolande Deutschlands, 1890, p. 1 ff. — Ders., Lehrbuch der deutschen Rechtsgeschichte, 2. Aufl., 1894, p. 600 ff.

[2] A. Schulte, Über Reichenauer Städtegründungen im X. und XI. Jahrhundert in: Zeitschr. f. Gesch. d. Oberrheins, N.F., Bd. V (1890), p. 137 ff.

[3] Gothein, Wirtschaftsgeschichte des Schwarzwaldes und der angrenzenden Landschaften, Bd. I, 1892.

[4] E. Mayer, Zoll, Kaufmannschaft und Markt zwischen Rhein und Loire bis in das XIII. Jahrhundert in: Germanistische Abhandlungen zum 70. Geburtstag Konrad von Maurers, 1893, p. 375 ff. — Die Verschiedenheit der behandelten Rechtsgebiete und die darauf beruhende Verschiedenheit des benutzten Quellenmaterials verbot leider eine eingehendere Auseinandersetzung mit den interessanten, aber im wesentlichen kaum haltbaren und leider auch nicht immer klaren Ausführungen des genannten Autors. Nur in einigen wenigen Punkten konnte im folgenden auf die einzelnen Behauptungen Mayers eingegangen werden; dabei traten dieselben Schwächen der Mayer'schen Beweisführung zu Tage, auf die schon v. Below in Gött. Gel. Anz. 1895, p. 211 ff. aufmerksam gemacht hat.

mehrere wichtige Fragen der städtischen Verfassungsgeschichte
erforderlich.

Auf der Grundlage der im zweiten Kapitel gewonnenen Ergebnisse unter Heranziehung zahlreicher anderer historischer
Thatsachen soll im dritten Kapitel das Verhältnis zwischen Markt
und Stadt systematisch dargestellt und dabei eine Reihe von Gesichtspunkten für die wissenschaftliche Bearbeitung der deutschen
Stadt, der deutschen Stadtverfassung und des deutschen Stadtrechtes geliefert werden.

Erstes Kapitel

Das Marktregal.

§ 1.

Der Satz, daß im fränkischen Reiche von Anfang an das Recht, Märkte abzuhalten und Zölle zu erheben, ein königliches gewesen sei und nur durch königliche Bewilligung Privaten habe zuteil werden können, daß also das Marktregal und Zollregal bis in die frühesten Zeiten des merowingischen Reiches zurückreiche, kann heute als Gemeingut der verfassungsgeschichtlichen Forschung angesehen werden. In früheren Zeiten ist vereinzelt auch der gegenteilige Satz aufgestellt worden, Marktrecht und Zollrecht seien ursprünglich Ausflüsse des freien Eigentums an Grund und Boden gewesen und deshalb von jedem freien Grundeigentümer geübt worden. Im Anfange unseres Jahrhunderts war es z. B. Hüllmann,[1] der Zollrecht und Marktrecht mit der Grundherrschaft in Verbindung gebracht hat. Für das Zollwesen sind seiner Ansicht Ilse[2] und Mlle de Lezardière[3] gefolgt. Vor allem hat aber v. Maurer[4] die Ansicht vertreten, das Recht, Jahr-

---

[1] Hüllmann, Deutsche Finanzgeschichte des Mittelalters, 1805, p. 230. — Hüllmann, Geschichte des Ursprungs der Regalien in Deutschland, 1809, p. 41.

[2] Ilse, Geschichte des deutschen Steuerwesens, 1844, p. 37 ff.

[3] Mlle de Lezardière, Théorie des lois politiques de la monarchie française, Tome III, 1844, p. 31.

[4] v. Maurer, Geschichte der Fronhöfe, Bd. II, 1862, p. 469, Bd. III, 1863, p. 65 ff. — v. Maurer, Geschichte der Städteverfassung, Bd. I, 1869, p. 287 f.

märkte und Marktzölle anzulegen, habe jedem Grundherrn als solchem zugestanden. Auch WAITZ[1] nimmt noch für die Karolingerzeit kein allgemeines Marktregal an, und RATHGEN[2] läßt erst seit
Karl dem Großen für Anlegung eines Marktes die königliche
Erlaubnis erforderlich werden. Aber bei beiden Forschern ver-
mißt man ein genaueres Eingehen auf die Frage, wie sich
eigentlich ein Marktregal hat entwickeln können. Die neuere
Forschung hat dieser Frage überhaupt keine Beachtung geschenkt
und das Marktregal ohne weiteres als ein in der gesamten fränkischen Zeit zu Recht bestehendes Institut angenommen. SCHRÖDER[3]
sowohl wie BRUNNER[4] vertreten den Standpunkt, daß im fränkischen Reiche die Errichtung neuer und die Verlegung älterer
Märkte ein Recht des Königs war. Was das Zollrecht betrifft,
so wird der ursprüngliche Regalcharakter desselben heute überhaupt nicht mehr bezweifelt. Höchstens herrscht darüber noch
Streit, ob man das Zollregal aus dem Bodenregal herleiten oder
das Zollrecht der deutschen Könige für ein aus dem römischen
Reiche übernommenes Rechtsinstitut erklären soll. Die letztere
Ansicht kann heute als die vorherrschende gelten.[5]
Im folgenden soll die Frage nach der Entstehung des Markt-

---

[1] WAITZ, VG., Bd. IV², 1885, p. 52.

[2] RATHGEN, Die Entstehung der Märkte in Deutschland, 1881, p. 9.

[3] SCHRÖDER, RG.², p. 188.

[4] BRUNNER, RG., Bd. II, p. 239.

[5] Vergl. insbesondere FALKE, Geschichte des deutschen Zollwesens, 1869,
p. 1 ff. und WETZEL, Das Zollrecht der deutschen Könige von den ältesten
Zeiten bis zur goldenen Bulle, 1893, p. 1 ff. (GIERKE, Unters. z. deutschen
Staats- und Rechtsgeschichte, Bd. XLIII), sowie die eod., p. 2, Anm. 2. 3
angeführte Literatur. Von neueren Behandlungen des fränkischen Zoll-
rechts sind zu nennen: DAHN, Zum merowingischen Finanzrecht in: Germanistische Abhandlungen zum 70. Geburtstag KONRAD VON MAURERS, 1893.
p. 365 ff. — DAHN, Die Könige der Germanen, Bd. VII, Abt. III, 1895.
p. 119 ff. — FUSTEL DE COULANGES, Histoire des institutions politiques de
l'ancienne France: La monarchie franque, 1888, p. 247 ff. — GLASSON,
Histoire du droit et des institutions de la France, Tome II, 1888, p. 358 ff.,
483 ff. — VIOLLET, Histoire des institutions politiques et administratives de
la France, Tome I, 1890, p. 325 ff. — IMBART DE LA TOUR, Des immunités
commerciales accordées aux églises in: Études d'histoire du moyen âge dédiées à GABRIEL MONOD, 1896, p. 71 ff.

regals ausführlicher, als es bisher geschehen ist, erörtert werden. Um dieser Aufgabe gerecht zu werden, ist es erforderlich, auch das Zollregal in den Kreis der Betrachtung hineinzuziehen und auf seinen Ursprung hin zu untersuchen.

Nur wenige Quellenstellen sind es, welche uns über das Marktwesen der Merowingerzeit unterrichten. Allerdings giebt es eine Anzahl von merowingischen Königsurkunden, in denen die Verleihung eines Marktes an eine bischöfliche Kathedrale oder ein Kloster erwähnt wird — ich erinnere nur an die Urkunden Chlodwigs I. für St. Peter in Sens,[1] Dagoberts I. für die Wormser Domkirche[2] und Chlodomers für St. Sulpice in Bourges[3] —. aber die Kritik hat jene Urkunden längst als Fälschungen einer späteren Zeit erkannt, so daß sie für die Frage, welche uns hier beschäftigt, wertlos sind. Es bleiben uns aus der ganzen Merowingerzeit nur zwei Königsurkunden, welche einen genaueren Einblick in das merowingische Marktwesen (nicht bloß das Marktzollwesen) gewähren, und zwar sind beide für ein und dasselbe Kloster ausgestellt, nämlich für das reiche und berühmte Kloster St. Denis nahe bei Paris. Beide Urkunden beziehen sich auf ein und denselben Markt, auf die jährlich zu Ehren des heiligen Dionysius stattfindende große Messe, der das Kloster zum großen Teil seinen Ruhm verdankte. Von diesen beiden Urkunden wird jede Untersuchung über das merowingische Marktwesen ausgehen müssen. Die bisherige Forschung hat gerade in diesen Privilegien die festeste Stütze der Marktregalitätstheorie erblickt. Prüfen wir, ob diese Anschauung einer genauen Interpretation standzuhalten vermag! Da die ältere der beiden Urkunden, ein Privileg König Dagoberts I.,[4] in ihrer Echtheit sehr angezweifelt ist, soll uns zunächst die zwar beinahe um drei Menschenalter jüngere, aber unzweifelhaft echte Urkunde König Childeberts III.[5] beschäftigen.

---

[1] MG. DD. Merov. spuria 2, p. 114 f. (499?).
[2] eod. 21, p. 139 (627).
[3] eod. 71, p. 188 (ca. 674).
[4] eod. 23, p. 141 (629).
[5] MG. DD. Merov. 77, p. 68 f. (710).

Der Inhalt dieser Urkunde ist im wesentlichen folgender:
Der Abt und die *agentes* des Klosters St. Denis beweisen vor
dem Königsgerichte Childeberts III. durch Urkunden seiner Vorgänger Chlodwig II. (638—656), Childerich II., Theuderich III.
und Chlodwig III. die königliche Verleihung des Zolles, welcher
im ganzen Pariser Gau von allen denen, die zur Dionysiusmesse
herbeiströmen, erhoben wird. Sie beklagen sich, daß der Graf
des Pariser Gaues, der Majordomus Grimoald, die Hälfte dieses
Zolles für sich nehme; Grimoald dagegen beruft sich zur Rechtfertigung seiner Handlungsweise darauf, daß schon unter dem
Grafen Gairinus diese Hälfte für den Fiskus vereinnahmt worden
sei. Der König bestätigt schließlich dem Abt auf sein Verlangen
den Besitz des ganzen Zolles.

Für das Bestehen eines Marktregals ergiebt dieser Inhalt
der Urkunde zweifellos nichts. Es handelt sich in ihr überhaupt
nicht um das Recht, Markt zu halten, sondern um das Recht,
Marktzoll zu erheben. An dieser Stelle hat für uns nur Interesse
der Schluß des Privilegs. Aus demselben erfahren wir, daß die
Dionysiusmesse vor Zeiten wegen Kriegsgefahr von dem Klosterdorfe, dem *vicus s. Dionysii*, nach der Stadt Paris zwischen die
Kirchen St. Martin und St. Laurent verlegt worden ist, sowie,
daß die oben erwähnten königlichen Privilegien sämtlich für den
Markt nach seiner Verlegung ausgestellt sind.[1] Endlich wird
der neue Platz der Messe bei Paris im Gegensatz zu den *terrae
ipsius baselice* erwähnt,[2] stand also offenbar nicht im Privateigen-
tume des Klosters.

Viel ausführlicher als König Childeberts Urkunde berichtet
über die Dionysiusmesse das Privileg König Dagoberts I.,
das, vielleicht mit Recht als unecht bezeichnet worden ist, aber
zweifellos noch im Laufe der Merowingerzeit entstanden sein

---

[1] *antehactis temporebus clade intercedente de ipso vigo s. Dionisii ipse
marcadus fuit emutatus et ad Parisius civetate inter s. Martini et s. Lau-
rente baselicis ipse marcadus fuit factus et inde precepcionis predictorum
principum acceperunt.*

[2] *tam quod ibidem super terras ipsius baselice resedire redintur quam
et postia ipsa vice ad Parisius.*

muß[1] und seinem Inhalte nach unbedenklich aufrecht erhalten
werden kann. In dieser Urkunde erteilt König Dagobert dem
Kloster St. Denis die Erlaubnis, am Dionysiusfeste einen vier
Wochen dauernden Jahrmarkt auf der nach Paris führenden
Straße am *pasellus s. Martini* abzuhalten.[2] Darnach scheint es,
als habe das Recht, einen Markt abzuhalten, auf königlicher
Verleihung beruht, und als ob die Vertreter der Regalitätstheorie
im Rechte seien, wenn sie sich gerade auf diese Quellenstelle be-
rufen. Thatsächlich ergiebt sich aber aus der Urkunde das
Gegenteil.

Der *pasellus s. Martini* (*pasellus = passerelle*, Brückensteg) läßt
sich heute nicht mehr nachweisen,[3] offenbar muß er aber, wie
schon sein Name sagt, in der Nähe der Kirche St. Martin und

---

[1] Die Gründe für die Unechtheit der Urkunde sind bereits von
GERMON, De veteribus regum Francorum diplomatibus. disceptatio II, 1706.
pars II, cap. 3, p. 94 und LE COINTE, Annales ecclesiastici Francorum. vol. II,
p. 824 vorgebracht worden; sowohl PARDESSUS als auch KARL PERTZ haben
sich denselben angeschlossen, ohne sich auf eine erneute Prüfung der Echt-
heitsfrage einzulassen. Dagegen haben schon MABILLON, De re diplomatica,
ed. II, p. 626 und in neuerer Zeit JACOBS in der Revue archéologique. Nouvelle Série. IV (1861). p. 187 ff. die Echtheit der Urkunde verfochten.
M. E. reichen die von GERMON, a. a. O. angeführten Gründe nicht aus, um
die Urkunde für eine Fälschung zu erklären. Jedenfalls beweist aber die
barbarische Sprache des Privilegs, die Willkür in der Verwendung der
Flexionsendungen, die Verwechselung ähnlich klingender Vokale u. s. w.,
dass dasselbe in vorkarolingischer Zeit entstanden ist. Im Jahre 753 war
die Urkunde schon vorhanden: in einer Urkunde Pipins von diesem Jahre
(TARDIF 55. p. 46 f. (Reg. I, 71); vergl. auch TARDIF 57 bis, p. 638 (Reg. I,
87)) wird bereits ein Privileg König Dagoberts für die Dionysiusmesse erwähnt, das einem ähnlichen Inhalt wie das uns erhaltene gehabt haben muss.

[2] *volumus et constituimus in honore domni et gloriosi patroni nostri*
Dionysii mercatum construendo ad missa ipsa quae evenit 7. Idus Octobris
semel in anno de omnes negotiantes in regno nostro consistentes vel de ultra
mare venientes in illa strada que vadit ad Parisius civitate in loco qui
dicitur pasellus s. Martini. Vergl. auch die damit übereinstimmende Stelle
in den vor 835 entstandenen Gesta Dagoberti I. 34 (MG. SS. rer. Merov.
II. p. 413.

[3] JACOBS in der Revue archéologique. Nouvelle Série. IV, p. 192 vermutet, der *pasellus s. Martini* sei ein Steg über den Bach von Ménilmontant
gewesen.

der porte St. Martin gelegen haben, also dicht unter den Mauern
der Altstadt Paris. Sicher ist derselbe Platz gemeint, der in der
Urkunde Childeberts als zwischen den Kirchen St. Martin und
St. Laurent gelegen bezeichnet wird. Die Dionysiusmesse ist
demnach auf der Straße bezw. an der Straße abgehalten worden,
welche den späteren Faubourg St. Denis vom Faubourg St. Martin
scheidet. Die Urkunde Dagoberts spricht von einer Begründung
dieses Marktes, dagegen erfahren wir aus der Urkunde Childeberts,
daß der Markt schon früher im *vicus s. Dionysii*, in dem unmittelbar an das Kloster anschließenden Dorfe, der heutigen Stadt
St. Denis,[1] abgehalten worden war, und daß es sich deshalb nur
um eine Verlegung des Marktes gehandelt haben kann. Daß
diese Verlegung aber unter Dagobert I. stattfand, stimmt vor-
trefflich mit der Darstellung der Urkunde Childeberts, denn nach
dieser muß die Verlegung unter Dagoberts Sohn und Nachfolger
Chlodwig II. bereits erfolgt gewesen sein.

Warum spricht die Urkunde Dagoberts nicht von einer
Verlegung, sondern von einer Gründung des Marktes? Warum
bedarf diese Verlegung bezw. Gründung des Marktes der königlichen Genehmigung? Meiner Ansicht nach offenbar deshalb,
weil der neue Platz des Marktes, wie oben dargelegt wurde,
nicht im Eigentume des Klosters stand. Wer war denn aber
der Eigentümer dieses Platzes? Ohne Zweifel der König, denn
wenn jemand anders das Eigentum besessen hätte, so wäre es
ganz undenkbar, daß er in der Urkunde nicht erwähnt worden
wäre. Damit löst sich aber das Rätsel. Der Markt begann erst
jetzt für den König zu existieren, er bedurfte erst jetzt der
königlichen Erlaubnis, als er auf einem im Eigentume des Königs
stehenden Grundstücke von einer fremden Gewalt abgehalten wurde.
Gerade die Urkunden also, auf denen die bisherige Forschung

---

[1] Keinesfalls ist der *vicus s. Dionysii* identisch mit dem Faubourg
St. Denis. Letzterer hat vielmehr seinen Namen wohl erst davon erhalten,
daß er im Anschluß an die bereits verlegte Dionysiusmesse entstanden ist.
Eine Verlegung des Marktes vom Faubourg St. Denis nach dem Faubourg
St. Martin hätte den Zweck, vor Kriegsgefahr zu schützen, nicht erfüllen
können, da beide Vorstädte gleichmäßig dicht unter den Mauern der Altstadt Paris lagen und deshalb auch gleichen Schutz genossen.

den Satz aufgebaut hat, ein Marktregal habe schon in der Merowingerzeit bestanden, können vielmehr als Beweis für den gegen-
teiligen Satz angeführt werden, daß das Recht, Markt zu halten,
ein Ausfluß der Grundherrlichkeit war. Als Grundbesitzer, nicht
als Vertreter der Staatsgewalt erteilte im vorliegenden Falle
König Dagobert die Erlaubnis, auf seinem Grund und Boden
Markt zu halten.[1]

Mit diesen beiden Urkunden sind aber auch die Nachrichten
über die rechtlichen Verhältnisse des Marktes in der Merowingerzeit erschöpft, wenn wir die Bestimmungen, welche allein den
Marktzoll betreffen, vorläufig beiseite lassen. Höchstens verdient
noch eine Stelle aus den ziemlich spät entstandenen und nicht
immer glaubwürdigen[2] *Gesta Treverorum* einige Beachtung, da
sie vielleicht auf eine authenische Nachricht zurückgeht.[3] Darnach
hat Bischof Milo von Trier einen vor der *Porta Media* seiner
Bischofsstadt stattfindenden Markt in der ersten Hälfte des
VIII. Jahrhunderts wegen Zwistigkeiten, die zwischen den Kaufleuten und Bürgern entstanden, nach Wadgassen verlegt. Von
einer königlichen Genehmigung dieser Verlegung ist nicht die Rede.

Recht dürftig sind auch die Nachrichten über das Marktwesen unter den ersten Karolingern. In den Kapitularien
Pipins und Karls des Großen findet sich nur einmal eine Bestimmung über die Märkte. In dem im Jahre 744 von dem da-
maligen Hausmeier Pipin erlassenen Capitulare von Soissons[4]
wird den Bischöfen unter anderem eingeschärft:

> „*et per omnes civitatis legitimus forus et mensuras faciat secun-
> dum habundantia temporis.*"

Nicht ein Marktrecht, sondern eine Marktpflicht ist es, die nach

---

[1] Auch die weitere Bestimmung der Urkunde Dagoberts, daß während
der Dauer des Marktes aller Handel im Bezirke (*propagus*) von Paris bei
Strafe des Königsbannes verboten ist, läßt sich nicht als Beweismittel für
das Vorhandensein eines Marktregals anführen. M. E. bedeutet diese Bestimmung nicht die Anwendung eines allgemeinen Prinzipes, sondern sie ist
eine der königlichen Banngewalt entspringende singuläre Festsetzung.

[2] Vergl. WATTENBACH, Deutschlands Geschichtsquellen⁶, Bd. II, p. 121.

[3] Gesta Treverorum 24 (MG. SS. VIII, p. 162).

[4] MG. Capitularia I, 12, § 6, p. 30.

dieser Verordnung auf den Bischöfen ruht, und zwar erstreckt
sich diese Pflicht der Bischöfe, für die regelmäßige Abhaltung
von Märkten zu sorgen, auf die Bischofssitze, die *civitates*, in
denen, wie weiter unten dargelegt werden wird, der Markt bis
in die späte Karolingerzeit und darüber hinaus ein königlicher
war. Diese Bestimmung ist ein Zeichen dafür, wie sehr es die
ersten Karolinger verstanden haben, die geistliche Gewalt auch
für die Durchführung rein weltlicher Zwecke zu benutzen. Für
das Bestehen eines Marktregals gewährt dieselbe nicht den ge-
ringsten Anhaltspunkt.

Von den Urkunden Pipins bringen die beiden Privilegien
für St. Denis von 753 und 759 zwar interessante Aufschlüsse
über das Zollwesen, für das Marktwesen sind sie ohne Bedeutung.

Auch unter Karl dem Großen ist die Zahl der Urkunden,
in denen ein Markt verliehen oder bestätigt wird, eine recht beschränkte. Ein Privileg für das Kloster Fulda, in welchem demselben ein bereits bestehender Markt zugleich mit dem Marktzolle geschenkt wird,[1] beweist natürlich ebensowenig etwas für
das Bestehen wie gegen das Bestehen eines Marktregals. Denselben Wert hat eine zweite Urkunde, in welcher Karl dem
Kloster St. Germain des Près die villa Marolles und als Zubehör
derselben den daselbst schon bestehenden Markt verleiht.[2] Dagegen besitzen wir von demselben Könige eine dritte Markt-
urkunde, die meines Erachtens ziemlich deutlich beweist, daß
in den ersten Regierungsjahren Karls von einem Marktregal selbst
in dem höher entwickelten Westfrancien keine Rede war.

Ein Privileg König Karlmanns vom Dezember 771[3] (vielleicht
das letzte überhaupt, das er ausgestellt hat) bestätigt dem Kloster
St. Denis die von seinem Vater Pipin geschenkten Villen Faverolles und Noronte mit allem Zubehör:

> „*cum terris, domibus, aedificiis, accolabus, mancipiis, vineis, silvis,
> campis, pratis, pascuis, aquis aquarumve decursibus, mobilibus et
> immobilibus, farinariis, gregis cum pastoribus.*"

---

[1] Dronke, C. dipl. Fuld. 69, p. 43 f. (779) (Reg. I, 219). Die Echtheit
der Urkunde wird von Mühlbacher angezweifelt.

[2] Tardif 85, p. 65 f. (786) (Reg. I, 267).

[3] Mabillon, De re diplomatica, ed. II, p. 645 (Reg. I, 125).

Alles wird mit großer Ausführlichkeit einzeln aufgezählt. Von einem Markte ist aber nicht die Rede.

Drei Jahre später bekräftigt Karl der Große fast in denselben Worten diese Schenkung seiner Vorgänger,[1] aber unter dem Zubehör wird außer alledem, was die Urkunde Karlmanns anführt, auch der in beiden Villen zusammenströmenden Märkte Erwähnung gethan:

„similiter et mercatis[2] *in eisdem villis confluentibus sive mercandi gratia convenientibus."*

Zur Zeit Karlmanns waren diese beiden Märkte noch nicht vorhanden, sonst hätte er sie wohl sicher unter dem Zubehör der Villen erwähnt. Ebensowenig hat in den drei zwischen den beiden Bestätigungen liegenden Jahren Karl dem Kloster für diese beiden Villen das Marktrecht verliehen, sonst würde dieser Verleihung in der Urkunde mit irgend einem Worte gedacht werden. Endlich ist die Annahme, Karlmann habe die Märkte bei der Schenkung zurückbehalten, und erst Karl habe bei der Bestätigung dieselben hinzugefügt, mit dem Wortlaute der Urkunde nicht wohl vereinbar. Im Dezember 774 sind die Märkte vorhanden, sie werden bereits als *confluentia* und *convenientia* bezeichnet. Sie sind vom Kloster einfach auf eigene Hand kraft grundherrlichen

---

[1] MABILLON, p. 645 f. (Reg. I, 171).

[2] WAITZ, Deutsche Verfassungsgeschichte, Bd. IV[1], p. 44, Anm. 4, sowie, ihm folgend, SICKEL, Die Urkunden der Karolinger, Teil II, p. 238, K. 33 halten das Wort *mercatis*, das unzweifelhaft in dem verlorenen Original der Urkunde gestanden hat, für einen Schreibfehler und ersetzen es durch *mercatoribus*. Ich halte diese Konjektur für unnütz und verfehlt. Ein *mercatum confluens* findet sich nicht nur, wie schon RATHGEN, Die Entstehung der Märkte, p. 16, Anm. 4 bemerkt hat, in einer Urkunde Karls des Kahlen von 867 (BOUQUET VIII, p. 601, n. 200), sondern auch in einem Diplom desselben Königs von 864 (eod. VIII, p. 590, n. 185). Auch ein *mercatum conveniens* wird wiederholt in Urkunden Karls des Kahlen erwähnt (BOUQUET VIII, p. 616, n. 217 (869), p. 669, n. 281 (877); vergl. auch das Edictum Pistense § 19 (MG. Capitularia II, 273, p. 318): *mercata quae tempore nostro convenire coeperunt)*. Etwas Außergewöhnliches im Ausdruck kann demnach in dem Privileg von 774 nicht gefunden werden. Dazu kommt, daß dasselbe noch einmal an anderer Stelle die Einkünfte *ex ipsis villis et mercatis* nennt. — In der zweiten Auflage seiner Verfassungsgeschichte hat WAITZ übrigens diese Konjektur fortgelassen.

Rechtes ohne königliches Privileg errichtet worden. Der König
aber erteilt auch kein nachträgliches Marktprivileg, er bestätigt
die Märkte allein als Pertinenzen der von seinen Vorgängern
geschenkten Grundstücke, ohne sie vor den übrigen Pertinenzen
irgendwie besonders hervorzuheben.

Ein ganz ähnliches Verhältnis findet sich in einer Urkunde
Ludwigs des Frommen, welche unter Berufung auf eine Verleihung König Dagoberts I. dem Kloster St. Denis das Dorf Saclas
cum mercato ibidem discurrente bestätigt.[1] Die betreffende Urkunde Dagoberts ist uns erhalten,[2] nennt aber nur das Dorf,
nicht den Markt. Auch hier hat wohl also das Kloster in der
Zwischenzeit auf eigene Hand einen Markt errichtet, der nun als
Pertinenz des Grundstückes bestätigt wird.

Vor allem ist aber für uns von hohem Werte eine Urkunde
Kaiser Ludwigs des Frommen für das westfälische Kloster Korvey.[3] In derselben bestimmt der Kaiser:

„*quia locum mercationis ipsa regio indigebat, monetam nostrae
auctoritatis publicam ultra ibi semper inesse Christo militantibus
proficuam.*"

Zwischen Vordersatz und Nachsatz besteht eine auffallende In-
kongruenz: weil die Gegend eines Marktes entbehrt, verleiht der
Kaiser dem Kloster — nicht das Marktrecht, sondern das Münzrecht. Schon Rathgen[4] hat diesen Widerspruch erkannt, aber
da ihm nicht der Gedanke gekommen ist, am Bestehen eines
Marktregals zu zweifeln, hat er die richtige Lösung nicht gefunden. Mit der Behauptung, daß in dieser vom Verkehr abgelegenen Gegend die Lebensfähigkeit eines Marktes abhängig war
von dem Vorhandensein einer öffentlichen Münze, hat er zweifellos recht, wie die zahlreichen späteren Urkunden beweisen, in
denen Marktrecht und Münzrecht gleichzeitig verliehen werden.

---

[1] Tardif 107, p. 77 (814) (Reg. I, 535).

[2] MG. DD. Mer. spur. 36, p. 154 (635). — Die Urkunde ist mit Unrecht verdächtigt worden und zweifellos echt, vergl. Stumpf in: Histor.
Zeitschr. XXIX, p. 402.

[3] Wilmans, Die Kaiserurkunden der Provinz Westfalen, Bd. 1. 13,
p. 40 (833) (Reg. 1, 893).

[4] Rathgen, Märkte, p. 17 f.

Aber das hilft uns doch nicht über die Schwierigkeit hinweg, daß im vorliegenden Falle thatsächlich nur das Münzrecht verliehen wird. Durch das bloße Vorhandensein einer Münze war dem Bedürfnis nach einem Markte noch nicht abgeholfen, wenn der Abt nicht auch das Marktrecht besaß. Nimmt man aber an, dem Abte sei das Recht, Märkte abzuhalten, bereits früher erteilt worden, wie ist es dann zu erklären, daß dieser früheren wichtigen Verleihung in der Urkunde mit keinem Worte Erwähnung gethan wird? Dem, welcher ein Marktregal schon für jene Zeit annimmt, wird die Stelle ein unlösbares Rätsel bleiben.

In Wirklichkeit löst sich der scheinbare Widerspruch auf sehr einfache Weise. Der Kaiser verlieh dem Kloster das Recht, einen Markt zu errichten, deshalb nicht, weil das gar nicht zu seiner Kompetenz gehörte. Er schuf nur die wichtigste Vorbedingung eines Marktes in jener fern vom Weltverkehr gelegenen Gegend, indem er die Erlaubnis gab, eine öffentliche Münze — wohl eine der ersten im rechtsrheinischen Deutschland[1] — zu errichten. Die Gründung des Marktes selbst, dessen die Gegend bedurfte, erforderte keine königliche Genehmigung; der Abt errichtete den Markt auf seinem Grund und Boden kraft grundherrlichen Rechtes. Also auch unter Ludwig dem Frommen giebt es — wenigstens in den sächsischen Grenzlandschaften des Karolingerreiches — kein Marktregal, die Errichtung eines Marktes steht im Belieben des Grundherrn.

Ein Marktregal hat nach alledem das Königtum unter den Merowingern und ersten Karolingern nicht beansprucht. Thatsächlich ist aber ein großer Teil der Märkte des fränkischen Reiches im Besitze des Königs gewesen. In dieser Hinsicht hatte das Königtum der Merowinger allerdings das Erbe des römischen Imperiums angetreten.

Die wichtigsten und ursprünglich wohl einzigen Marktorte im römischen Reiche waren die Munizipalstädte; in ihnen hat sich der periodische Marktverkehr der *nundinae* ausgebildet. Das

---

[1] Von rechtsrheinischen Münzstätten ist aus dem IX. Jahrhundert nur Regensburg bekannt. Vergl. Waitz, VG., Bd. IV², p. 93; Müller, Deutsche Münzgeschichte, Bd. I, p. 209.

Abhalten von Märkten an anderen Orten bedurfte der staat-
lichen Genehmigung.[1] Diese Genehmigung ist sowohl einzelnen
Personen erteilt worden wie Korporationen. In den Städten aber
und in den mit Marktrecht begabten Ortschaften gehörte der
Marktplatz ebenso wie die Straßen zu den *res publicae* im engeren
Sinne, den sogen. *res publicae publico usui destinatae.*

Dem deutschen Rechte war der römische Begriff der dem
öffentlichen Verkehr gewidmeten Sache fremd. Was nicht im
Privateigentum eines einzelnen sich befand oder zu einer gemeinen
Mark gehörte, stand zur Verfügung des Königs und unterlag
seinem Nutzungsrechte.[2] Dieser Satz galt nicht nur für die wüst-
liegenden Ländereien und die ausgebreiteten Wälder, sondern
auch in entsprechender Weise für die dem öffentlichen Verkehr
dienenden Straßen und Plätze. Die Markgenossenschaft erhob
auf diese öffentlichen Verkehrswege und Verkehrsplätze keinen
Anspruch. Auch die durch die Stadt führenden Straßen und die
in ihr liegenden Plätze gehörten ursprünglich nicht zur städtischen
Allmende, sondern waren *stratae regiae, stratae publicae.*[3] Die
Märkte aber, die auf diesen öffentlichen Straßen und Plätzen
auch nach der fränkischen Invasion abgehalten wurden, waren
zufolge dieser rechtlichen Auffassung königliche Märkte. Als Inhaber dieses ausschließlichen Verfügungsrechtes über die *stratae
regiae*, nicht aber in Ausübung eines allgemeinen Marktregals
haben die merowingischen Könige in der Folgezeit auch neue
Märkte errichtet, ebenso wie sie auf ihren Domänen kraft grund-

---

[1] Vgl. WILMANNS in Ephemeris epigraph. II, p. 279 f.; MOMMSEN,
Römisches Staatsrecht, Bd. II³, p. 887; MAYER, Zoll, Kaufmannschaft und
Markt zwischen Rhein und Loire, p. 396, Anm. 3.

[2] Vgl. BRUNNER, RG., Bd. II, p. 75.

[3] In den zahlreichen Urkunden des Klosters Fulda, welche den Kloster-
besitz in Mainz betreffen, wird wiederholt bei der Grenzbeschreibung der
einzelnen Hausstätten die *via* oder *strata publica* (DRONKE 2, 6, 18. 19, 27.
43 ff., 90) oder auch die *platea regis* (cod. 65) erwähnt. — Als unter Ludwig
dem Frommen Erzbischof Ebo von Rheims seine Kathedrale umbaute, erlaubte ihm der Kaiser *vias etiam publicas omnes, quae circa eamdem
ecclesiam vadunt et impedimento esse possunt ad claustra et servorum dei
habitacula construenda, ut transferri atque immutari possint* (BOUQUET
VI, p. 510, n. 75) (Reg. I, 777).

herrlichen Rechtes Märkte begründeten. So ist es gekommen. daß in sämtlichen alten Römerstädten der Markt unter der fränkischen Herrschaft ein königlicher war. Erst seit dem Ende der Karolingerzeit. vor allem unter den Ottonen. ist in den meisten dieser Orte der Markt ebenso wie die übrigen königlichen Rechte und Besitzungen an die bischöflichen Kirchen oder die Klöster übergegangen.

Neben diesen öffentlichen Märkten finden sich schon in römischer Zeit private Märkte, die von Großgrundbesitzern auf ihren Gütern abgehalten wurden. In fränkischer Zeit hat sich diese Art von Märkten sehr vermehrt. Vor allem waren es die Könige selbst. die auf ihren Domänen Märkte errichteten:[1] wiederholt wird uns als Zubehör einer königlichen Villa der Markt genannt.[2] Daneben haben aber auch andere Großgrundbesitzer. insbesondere die mit reichem Landbesitz ausgestatteten Domkirchen und Klöster, an ihre Besitzungen den Marktverkehr zu fesseln gesucht und auf ihrem Grund und Boden Märkte begründet. Besonders rührig scheint in dieser Marktgründung das Kloster St. Denis gewesen zu sein. Abgesehen von der Dionysiusmesse. die ja vor ihrer Verlegung nach Paris ebenfalls auf Klosterboden abgehalten wurde. finden wir Märkte des Klosters in Farerolles und Noronte.[3] in Saclas[4] und anderen Orten. Selbst mitten im heutigen Württemberg, in Eßlingen, besaß St. Denis bereits unter Ludwig dem Deutschen einen im Anschluß an eine dortige Klosterzelle errichteten Markt.[5] Deshalb wird auch in einem Immunitätsprivileg König Karlmanns der Märkte des Klosters St. Denis gedacht.[6] während z. B. in einem Immunitätsprivileg Ludwigs

---

[1] Derartige Domanialmärkte sind offenbar die im *Capitulare de villis* § 54 (GAREIS. Die Landgüterordnung Kaiser Karls des Großen. p. 53) erwähnten Märkte. deren allzuhäufiger Besuch den Fronhofsangehörigen verboten wird.

[2] DRONKE. C. d. Fuld. 69. p. 43 f. (779) BOUQUET VIII, p. 374 (341) Reg. I. 1010). 590 (564). 601 (867). 669 (877); LACOMBLET I. 74. p. 39 (887) (Reg. I. 1642).

[3] Vgl. Seite 15, Anm. 1.   [4] Vgl. Seite 16. Anm. 1.

[5] Wirt. UB. I. 141. p. 166 f. (866) (Reg. I. 1415).

[6] TARDIF 66, p. 54 (769) (Reg. I. 116): *homines qui ad foras* (statt *fora*) *in eorum villas ad negotiandum vel vino conparandum adveniunt.*

2*

des Frommen für Kloster Flavigny nur ein auf dem Boden des Klosters errichteter Markt genannt wird. [1]

Unter römischer Herrschaft bedurften diese privaten Marktgründungen, worauf bereits hingewiesen wurde, staatlicher Genehmigung. Unter den Merowingern und ersten Karolingern fällt diese staatliche Genehmigung fort. Nirgends findet sich auch nur die geringste Andeutung dafür, daß zur Markterrichtung die Einwilligung des Königs erforderlich gewesen wäre. Im Gegenteil ergeben die Quellenstellen, daß das Marktrecht dem Grundeigentümer als solchem zustand. Die merowingischen Könige haben hinsichtlich der einzelnen öffentlichen Märkte das Erbe des römischen Staates angetreten, das römische Marktsystem als Ganzes haben sie nicht übernommen.

An uns tritt die Frage heran: „Wie konnte sich auf dieser Grundlage ein Marktregal entwickeln?" Um diese Frage beantworten zu können, müssen wir näher auf das fränkische Zollrecht eingehen. Markt und Zoll stehen in einem innigen Zusammenhang. Denn der Markt gewährte dem Marktherrn nicht nur einen indirekten Nutzen, indem er ihn und seine Familie mit Handelsartikeln versorgte und ihm für seine Erzeugnisse Absatz verschaffte, sondern auch einen direkten Nutzen in Gestalt der Marktabgaben, des Marktzolles. Je mehr aber der Handelsverkehr wuchs, um so reichere Erträge flossen den Marktherren aus dem Marktzolle zu, um so mehr mußte dieser direkte Nutzen, den der Markt abwarf, in den Vordergrund treten und das in erster Linie bestimmende Motiv für die Gründung neuer Märkte werden.

Zwei Arten von Zöllen werden im fränkischen Reich unterschieden, die Transit- oder Passierzölle (*transiturae, trasturae* [2]) einerseits, die Marktzölle anderseits. [3] Die reiche Fülle der

---

[1] SICKEL, Beiträge zur Diplomatik, V, n. 10, p. 401 f. (816) (Reg. I, 600): *mercatum qui super terram ipsius monasterii constitutus est.*

[2] Da die Bezeichnung „Transitzoll" völlig den quellenmäßigen Ausdruck „*transiturae*" wiedergiebt, möchte ich ihn trotz der von WAGNER, Finanzwissenschaft, Bd. III, 1889, p. 35 und v. BELOW in Gött. Gel. Anz. 1895, p. 227, Anm. 3 erhobenen Bedenken beibehalten.

[3] Vgl. BRUNNER, RG., Bd. II, p. 238; MAYER, Zoll. Kaufmannschaft etc., p. 378 f.

ersteren mit all ihren verschiedenen Namen kommt für uns
weniger in Betracht, uns interessiert in erster Linie der Marktzoll.
Merkwürdigerweise findet sich in der merowingischen und karolingischen Periode, welche außerordentlich freigebig mit Bezeich-
nungen für die verschiedenen Transitabgaben war, kein besonderer
Name für den Marktzoll. Im römischen Kaiserreiche hieß derselbe *siliquaticum*.[1] Diese *siliquaticum* hat sich in Italien auch
unter gotischer[2] und langobardischer Herrschaft erhalten und
wird noch mehrfach in italienischen Urkunden der Karolinger
erwähnt,[3] jedoch ist die Bezeichnung im fränkischen Reiche bereits
in der Merowingerzeit völlig verschwunden. Dagegen ist wiederholt, vor allem in jüngster Zeit von E. MAYER,[4] die Ansicht ausgesprochen worden, das Wort *teloneum*, welches, wie zahlreiche
Quellenstellen ergeben, und wie auch MAYER zugesteht, jede Art
von Verkehrsabgabe umfaßte, werde daneben (nach MAYER sogar
überwiegend) im engeren Sinne allein zur Bezeichnung der Abgabe
vom Marktverkauf gebraucht. Wieweit diese Behauptung für die
späteren französischen Zollverhältnisse richtig ist, mag dahingestellt bleiben. Für die Merowingerzeit und Karolingerzeit trifft
sie nicht zu. Daß ein *teloneum mercati* erwähnt wird, ist doch kein
Beweis für MAYERS Behauptung, sondern deutet im Gegenteil
darauf hin, daß es außer dem Marktzolle noch andere *telonea*
gab. In jenen zahlreichen Formeln und Urkunden aber, in
denen neben den mannigfachen Namen für die einzelnen Verkehrs-
abgaben (*pontaticum, portaticum, ripaticum etc.*) auch das *teloneum*
genannt wird, steht es regelmäßig an erster, seltener an letzter
Stelle, nie aber inmitten der übrigen Abgaben. Man wird mit
Rücksicht auf diese Wortstellung in *teloneum* wohl den allgemeinen
Begriff sehen, der durch die darauf folgenden Einzelnamen
spezialisiert wird oder die vorausgegangenen Spezialbenennungen

---

[1] Über das *siliquaticum* vgl. MARQUARDT, Römische Staatsverwaltung,
Bd. II², p. 279; BRUNNER, RG., Bd. II, p. 240, Anm. 40; MAYER, a. a. O.,
p. 396, Anm. 3.

[2] Das *siliquaticum* und der *siliquatarius* werden wiederholt bei
Cassiodor genannt.

[3] Vgl. die Beispiele bei WAITZ, VG., Bd. IV², p. 61, Anm. 2, p. 299, Anm. 5.

[4] MAYER, a. a. O., p. 378 f.

ergänzt und zusammenfaßt, aber nicht in *teloneum* eine Einzel-
bezeichnung für einen bestimmten Zoll, den Marktzoll, erblicken
müssen.

Bisweilen hat man in dem zuerst im Privilege Dagoberts I.
für St. Denis, dann aber auch in anderen westfränkischen Urkunden [1]
genannten *foraticum*, aus dem sich in Frankreich später das *foragium* (*foraige*) entwickelt hat, eine Marktabgabe erblicken wollen.[2]
Es ist allerdings richtig, daß das spätere *foragium* sich als
Handelsabgabe, nicht als Transitzoll darstellt, und zwar als eine
Abgabe vom Detailhandel; es wird aber gerade vom Detailhandel
außerhalb des Marktes erhoben.[3] Die Ableitung des Wortes
foraticum von *forum* ist kaum haltbar, da in diesem Falle die
nirgends nachweisbare Form *foroticum* die regelmäßige sein müßte.
Anderseits spricht das seltene Vorkommen des Wortes gegen die
Annahme, daß darunter der allgemein verbreitete Marktzoll zu
verstehen sei. Richtig ist wahrscheinlich die schon von JACOBS [4]
angeregte und von MAYER ebenfalls vertretene Ableitung von *foras*,
so daß man in dem *foraticum* eine (anfangs wohl nur in vereinzelten
Fällen erhobene) Abgabe von dem außerhalb des Marktes stattfindenden Detailhandel zu erblicken hätte.

Von einigen anderen Handelsabgaben, die wahrscheinlich
mit dem Markthandel zusammenhängen, und die vereinzelt im
westfränkischen Reiche erwähnt werden, wissen wir fast nur den
Namen. Eine große Bedeutung scheinen diese Zölle, die *venditae*,
das *barganiaticum* und das vielleicht auch hierher gehörige *lau-
daticum*, nicht besessen zu haben.[5]

Was die Transitzölle betrifft, so ergab sich schon
aus der Natur derselben, daß sie regelmäßig vom König und
seinen Beamten erhoben wurden. Die Hauptverkehrsstraßen zu
Lande und zu Wasser, die wichtigsten Brücken und Landeplätze
standen ja als *strata regia* im Obereigentum des Königs. Nur

---

[1] MG. Formulae I, p. 201, n. 36; BOUQUET VI, p. 524, 525, 526. —
Für das ostfränkische Gebiet ist mir kein Beleg bekannt.

[2] Z. B. FALKE, Zollwesen, p. 19; WAITZ, VG., Bd. IIb³, p. 304.

[3] Über das *foragium* vgl. vor allem MAYER, a. a. O., p. 406 ff.

[4] Revue archéologique, Nouv. Série, IV, p. 193.

[5] Vgl. MAYER, a. a. O., p. 414 f.

ausnahmsweise kann es vorgekommen sein, daß der Handelsverkehr
seinen Durchzug auf Gebiet nahm, das sich in Privateigentum befand,
und daß auf diese Weise auch andere Grundbesitzer in der Lage
gewesen wären, Transitzölle zu fordern. Ebenso wurde natürlich auf den Märkten der Städte und des Domanialgebietes der
Marktzoll für den Grundherrn, den Fiskus, eingefordert. Anderseits entspricht es der rechtlichen Natur des Zolles, daß auf den
privaten Märkten und den privaten Verkehrsstraßen die Zollerhebung ein grundherrliches Recht war. Denn der Zoll erscheint
nach germanischer Auffassung nicht als eine von der Willkür
auferlegte Steuerzahlung, sondern als eine Gegenleistung für die
Vorteile, welche dem Handeltreibenden durch Erbauung von Straßen
und Brücken, durch Anlage von Häfen u. s. w. oder auch durch
Abhalten von Märkten gewährt werden.[1] Derjenige aber, welcher
auf den Privatstraßen und -märkten diese Vorteile gewährte, war
nicht der König, sondern der Grundherr, dem deshalb auch das
Recht der Zollerhebung zustehen mußte. Ein derartiger in der
Hand eines Privaten befindlicher Zoll wird uns auch einmal in
der Merowingerzeit erwähnt: im Jahre 726 schenkte Rohing dem
Bischof Willibrord die von ihm eingetauschte Amanduskirche in
Antwerpen, sowie *illud telonium, quod ad partem nostram ibidem
venerat, hoc est illam tertiam partem.*[2]

Die Auffassung des Zollrechtes als grundherrlichen Rechtes
wird auch bestätigt durch die Zollprivilegien der Merowinger
und ersten Karolinger. Entweder sind es Zollbefreiungen,
die der König einer Kirche oder einem Kloster an einzelnen Zollstätten oder im ganzen Reiche für die dem *fiscus noster* ge-
schuldeten Zollbeträge gewährt, beweisen also nur, daß der Fiskus
an zahlreichen Stellen im Reiche Zölle erhob. Oder es sind
Urkunden, durch welche einer Kirche oder einem Kloster eine
bereits bestehende Zollstätte oder ein Teil der Zolleinnahmen

---

[1] Auf Grund dieser Anschauung verbietet Karl der Große die Einforderung der ungerechten Zölle, *ubi vel funes tenduntur vel cum navibus
sub pontibus transitur seu et his similia, in quibus nullum adiutorium
iterantibus praestatur* (MG. Capitularia I, 44, § 13 (805); vgl. auch
eod. I, 139, § 17; 141, § 4 (818 819)).

[2] Pardessus II, 538, p. 348.

eines bestimmten Ortes geschenkt wird.[1] Nie aber wird in einer
Königsurkunde die Genehmigung zur Errichtung einer neuen
Zollstätte erteilt. Ein Zollregal läßt sich demnach aus allen
diesen Urkunden nicht herauslesen.

Für das Bestehen eines Zollregals spricht scheinbar eine
Reihe von Immunitätsurkunden, in welchen den öffentlichen Beamten ausdrücklich verboten wird, auf immunem Gebiete Zölle
einzutreiben.[2] Darnach hat es den Anschein, als ob es an und
für sich dem Fiskus freigestanden habe, auch auf privatem Grund
und Boden Zollstätten zu errichten. In Wirklichkeit handelt es
sich dabei um die Verkehrszölle auf den königlichen Straßen.
Dieselben wurden auch von denen erhoben, welche die Zollstätten
zu umgehen versuchten.[3] Um diese Zolldefraudanten aber zur
Zollzahlung heranzuziehen, mußten die königlichen Zollbeamten
selbstverständlich oft im Privatbesitz befindliches Gebiet betreten.

Die übelen wirtschaftlichen Folgen, die dieses System der
Zollerhebungsfreiheit mit sich bringen mußte, haben sich im
fränkischen Reiche schon früh gezeigt. Der Grundsatz, daß der
Zoll nur ein Entgelt für einen gewährten Vorteil sei, wurde vielfach nicht beobachtet. Sowohl die königlichen Beamten wie
Private wetteiferten darin, sich durch Vermehrung der Zollstätten
und Erhöhung der Zollsätze immer größere Einnahmen zu verschaffen. Insbesondere die Beamten des Königs, denen die großen
Verkehrsstraßen unterstanden, scheinen dies Ausbeutungssystem
eifrig betrieben zu haben. Gegen diesen Mißbrauch der königlichen Beamten richtete sich das bekannte, auf Drängen der

---

[1] Die Zölle erscheinen in diesen Urkunden oft geradezu als Pertinenzen
des Bodens, z. B. in einer Urkunde von 766, durch welche Pipin eine Villa
cum omnibus theloneis publicis verschenkt (BOUQUET V, p. 706) (Reg. I, 101).

[2] Vgl. SICKEL, Beiträge zur Diplomatik, V, p. 354 f.; WAITZ. VG.,
Bd. IV², p. 313.

[3] Gegen derartige Zollhinterziehungen richtet sich die Urkunde
Sigiberts II. von 651, welche den Klöstern Stablo und Malmedy den Zoll
einiger *portus* verleiht und verbietet, daß *aliqui ex quibuslibet personis portus
ipsos superius nominatos pro terris suis propriis transtulerint quo facilius
teloneum ipsum qui ad fiscum nostrum debuerat perrenire subtraherent*
(MG. DD. Merov. 23. p. 24). Vgl. DAHN, Zum merowingischen Finanzrecht,
p. 370 (Germ. Abhdl. z. 70. Geburtstag K. v. MAURERS, 1893).

Großen des Reiches von Chlothar II. erlassene Edikt von 614, in welchem der König u. a. auch versprach, nur dort Zölle zu erheben, wo dieselben bereits zur Zeit seiner Vorgänger Gunthram, Chilperich und Sigibert zur Erhebung gelangt waren.[1] Ein allgemeines, auch an andere als die königlichen Beamten gerichtetes Verbot, Zölle neu zu begründen, bedeutet diese Bestimmung nicht; ein derartiges Verbot wäre mit der dem ganzen Edikte innewohnenden Tendenz, die königliche Gewalt zu Gunsten der Macht der Großen einzuschränken, schlechterdings unvereinbar.

Maßregeln gegen die Überhandnahme der Zölle überhaupt hat zuerst Karl der Große ergriffen. Das Heristaller Kapitulare von 779 enthält den allgemeinen Rechtssatz, daß Zölle nur dort erhoben werden dürfen, wo sie seit alter Zeit bestanden haben.[2] Offenbar ist aber der König mit dieser Maßregel auf starken Widerstand gestoßen, denn die Bestimmung wird oft unter seiner Herrschaft und unter seinen Nachfolgern wiederholt.[3] Aber nur gegen die neu begründeten Zölle, nicht gegen die von Privaten erhobenen Zölle überhaupt richteten sich die königlichen Verordnungen. Nie haben Karl und seine Nachfolger ein ausschließliches Recht des Fiskus, Zölle zu erheben, in Anspruch genommen. Wohl aber wurde durch das Verbot Karls bewirkt, daß ohne besondere königliche Erlaubnis keine neuen Zölle entstehen konnten. So ist denn thatsächlich der Zustand eingetreten, daß das Recht, Zölle neu zu begründen, allein dem Könige vorbehalten bezw. von seiner Genehmigung abhängig gemacht worden ist. Nicht etwa das Recht überhaupt, Zoll zu erheben; die alten aus früheren Zeiten her bestehenden privaten Zölle dauerten fort. Im Laufe der Zeit ist aber vielfach das Bewußtsein verschwunden, daß diese alten Zölle nicht, wie die später begründeten, königlichen Privilegien ihr Dasein verdankten. Man führte ihr Bestehen ebenfalls auf königliche Verleihung zurück und suchte diese Behauptung eventuell durch gefälschte Urkunden zu erhärten. So hat sich am Ende der

---

[1] MG. Capitularia I, 9, § 9.

[2] eod. I, 20, § 18.

[3] eod. I, 44, § 13; 46, § 10; 57, § 7; 58, § 6; 90, § 8; 139, § 17; 143, § 1.

Karolingerzeit thatsächlich der Satz herausgebildet, daß der
Zoll Regal ist.

Das Verbot der eigenmächtigen Neubegründung von Zöllen
mußte von schwerwiegendem Einfluß gerade auf die Zölle werden,
an denen besonders Private beteiligt waren, auf die Marktzölle.
Nur dort, wo er bisher zur Erhebung gelangt war, blieb es auch
künftighin gestattet, den Marktzoll zu erheben. Alle später ent-
stehenden Märkte entbehrten des Marktzolles, soweit nicht das
Recht, denselben einzufordern, ausdrücklich verliehen wurde. Das
Interesse der Grundherren, die einen Markt begründeten, ging
natürlich darauf, für denselben vom König das Zollrecht zu er-
langen, da ihnen sonst der Hauptvorteil des Marktes entging.
Deshalb wurde es immer mehr üblich, bei der Begründung eines
Marktes die Bestätigung des Königs einzuholen und sich das
Recht der Zollerhebung verleihen zu lassen. Das Marktzoll-
regal drängte zur Bildung eines Marktregals.

Noch ein anderes Moment trug dazu bei, ein Marktregal
auszubilden. Der Satz, welcher im Privileg Dagoberts bereits für
die Dionysiusmesse ausgesprochen ist, daß während des Marktes
der Handel außerhalb desselben in einem bestimmten Bezirke
ebenfalls dem Zollrechte des betreffenden Marktherrn unterliegt,
erscheint unter Ludwig dem Frommen als allgemein geltendes
Recht.[1] Die erhöhte wirtschaftliche Bedeutung, welche durch
diese Bestimmung die Märkte erhielten, mußte dazu führen, die
freie Marktgründung zu beschränken und von der königlichen
Erlaubnis abhängig zu machen.

Völlig durchgeführt erscheint das Marktregal im *Edictum
Pistense* Karls des Kahlen.[2] Jeder Graf wird verpflichtet,
die Märkte seiner Grafschaft aufzuzeichnen, und zwar werden
folgende Kategorieen unterschieden:

1) Diejenigen Märkte, welche zur Zeit Karls des Großen bestanden haben — ein Unterschied zwischen privilegierten
   und nicht privilegierten wird nicht gemacht —.

---

[1] MG. Capitularia I, 143, § 1 (c. 820): *Quod si aliquis constituta mercata
fugiens, ne teloneum solvere cogatur, et extra praedicta loca aliquid emere
voluerit et huiusmodi inventus fuerit, constringatur et debitum telonei per-
solvere cogatur;* vgl. unten Seite 31.   [2] eod. II, 273, § 19 (864).

2) Diejenigen Märkte, die unter Ludwig dem Frommen be-
gonnen haben (*quae tempore domni et genitoris nostri esse
coeperunt*), und zwar

a) die von ihm konzessionierten (*quae illius auctoritate constituta fuerunt*),

b) die nicht konzessionierten (*quae sine auctoritate illius facta
fuerunt*).

3) Die unter Karl dem Kahlen entstandenen Märkte (*quae
tempore nostro convenire coeperunt*).

Bei letzteren wird ein Unterschied zwischen konzessionierten und
nicht konzessionierten nicht erwähnt, offenbar weil der König
über die von ihm erteilten Marktprivilegien hinreichend unterrichtet war. Endlich soll über etwaige Marktverlegungen berichtet werden, und darüber mit wessen Genehmigung die Verlegung erfolgte. Von diesen Märkten sollen die, welche *per
auctoritatem sunt*, also alle, die unter Karl dem Großen bestanden
haben, von den späteren aber bloß die mit königlicher Erlaubnis
begründeten, bestehen bleiben; von den übrigen sollen die *ne-
cessaria et utilia* erhalten, die *superflua* dagegen verboten und,
wenn sie ohne Genehmigung verlegt worden sind, auf ihre alten
Plätze zurückverlegt werden.

An diesem interessanten Dokument können wir mit ziem-
licher Sicherheit die Heranbildung des Marktregals verfolgen.
Während die in die Zeit Karls des Großen zurückreichenden
Märkte keiner königlichen Erlaubnis bedürfen, wird für die unter
Ludwig dem Frommen begründeten Märkte die Genehmigung des
Königs erforderlich und muß, wenn sie noch nicht erteilt ist,
unter Karl dem Kahlen nachgeholt werden. Damit ist das Markt-
regal geltendes Recht geworden.

Mit diesem Gange der Entwickelung stimmen auch die Urkunden überein. Während von Kaiser Karl und von Ludwig
dem Frommen selbst uns keine Verleihungen des Marktrechtes
bekannt sind, finden wir in einem der Teilreiche Kaiser Ludwigs,
in Aquitanien, bereits im Jahre 825 die ersten Spuren eines
Marktregals. Sehr charakteristisch ist es aber, daß es sich nicht
um die Neugründung eines Marktes handelt, sondern um die Bestätigung schon vorhandener Märkte. König Pipin gestattet der

Äbtissin von St. Croix bei Poitiers, daß die beiden dem Kloster gehörigen Märkte in Couhé (?) und Larochefoucauld auch künftig an diesen Orten bleiben dürfen, und verleiht die aus denselben fließenden *telonea* und *districta* dem Kloster.[1] Die Märkte bestehen also aus früherer Zeit her ohne Bestätigung. Erst jetzt, wo sich ein Marktregal herauszubilden beginnt, hält es das Kloster für ratsam, diese Märkte samt ihren Zöllen sich vom Könige bestätigen zu lassen.

Die direkte königliche Erlaubnis, einen Markt neu zu begründen, ist erst unter Lothar 1. im Jahre 833 nachweisbar. In diesem Jahre gestattete der Kaiser dem Kloster St. Denis kraft seiner Amtsgewalt (*nostra auctoritate*), in dem dem Kloster gehörigen Orte *Ilaenohim* am Comersee einen Markt zu errichten.[2] Diese bisher wenig beachtete Urkunde ist das erste Beispiel eines vollkommen entwickelten Marktregals.

Von nun an finden sich in den karolingischen Teilreichen wiederholt Verleihungen des Rechtes, einen Markt neu zu begründen. Ich nenne nur eine Urkunde Lothars I. für das Erzbistum Vienne[3] und zwei Urkunden Ludwigs II. für Volterra[4] und Bobbio,[5] von denen die erstere auf eine Verleihung Kaiser Lothars Bezug nimmt, sowie das Privileg des Aquitaniers Pipin II. für Le Monastier en Velay.[6] Besonders viele derartige Marktverleihungen sind von Karl dem Kahlen bekannt; es genügt, an die

---

[1] Bouquet VI, p. 663, n. 2. — Äbtissin und Konvent bitten, *ut mercata, quae sunt in earum villis . . . . perpetualiter in iisdem locis manere licuisset et ipsa telonea vel districta, quae ex ipsis exigi deberent, eis concederemus.*

[2] Tardif 139, p. 94 (Reg. I, 1003). — Der Abt bittet, *quatenus nostra auctoritate . . . . suis ministris nostra auctoritate quoddam liceret construere mercatum,* was ihm der Kaiser gewährt. — Man beachte die entschiedene, das Recht des Königs scharf betonende Fassung der Urkunde (charakteristisch ist die Wiederholung des *nostra auctoritate*) im Gegensatz zu den früheren Urkunden, welche den Markt nur beiläufig zu erwähnen pflegen!

[3] Forsch. z. d. G. IX, p. 432, n. 27 (848) (Reg. I, 1102).

[4] Ughelli I², p. 1427 f. (851) (Reg. I, 1147).

[5] cod. IV², p. 963 (860) (Reg. I, 1183).

[6] Bouquet VIII, p. 358, n. 4 (845).

Urkunden für Cormery,[1] Beaulieu,[2] St. Urbain,[3] St. Denis,[4] St. Bertin[5] und St. Philibert[6] zu erinnern.

Auf deutschem Boden ist bezeichnenderweise die erste Verleihung des Marktrechtes in Lothringen nachweisbar; im Jahre 861 erlaubt König Lothar II. der Abtei Prüm, in dem nahe der Abtei gelegenen Orte Rommersheim Markt und Münze zu errichten.[7] Auch das Privileg König Zwentibolds, in welchem dem Kloster Münstereifel gestattet wird, *in eodem loco mercatum habeatur et publica fiat moneta,*[8] betrifft lothringischen Besitz. Für die rechtsrheinischen Gebiete fehlen uns, abgesehen von der oben erwähnten Korveyer Urkunde und einer Urkunde Ludwigs des Deutschen über den dem Kloster St. Denis gehörigen Markt in Eßlingen,[9] die beide nichts für ein Marktregal beweisen, bis zum Tode Arnulfs jegliche Nachrichten über das Marktwesen, denn die Urkunden Arnulfs für die Bistümer Bremen,[10] Osnabrück[11] und Passau[12] werden heute fast allgemein als Fälschungen des X. Jahrhunderts angesehen. Erst unter Ludwig dem Kinde ist auch im rechtsrheinischen Gebiete zweimal eine Verleihung des Marktrechtes durch den König nachweisbar, nämlich für den Bischofssitz Eichstädt[13] und den dem Kloster Korvey gehörigen Ort *Horohusun.*[14] Am Ende der karolingischen Periode ist demnach die Anschauung, daß die Neuanlage des Marktes der königlichen Genehmigung

---

[1] BOUQUET VIII, p. 450, n. 28 (843).

[2] Cartulaire de Beaulieu p. 15 f., n. 5 (859).

[3] BOUQUET VIII, p. 584, n. 179 (862).

[4] eod. VIII, p. 616, n. 217 (869).

[5] Cartulaire de St. Bertin p. 119 f., n. 51 (874).

[6] BOUQUET VIII, p. 647, n. 253 (875).

[7] BEYER, Mlth. UB. I, 96, p. 100 (861) (Reg. I, 1260).

[8] eod. I, 147, p. 212 (898) (Reg. I, 1929).

[9] Wirtemb. UB. I, 141, p. 166 f. (866) (Reg. I, 1418).

[10] Brem. UB. I, 7, p. 7 f. (888) (Reg. I, 1744). Anderer Meinung VARGES in Ztschr. d. hist. Ver. f. Nieders. 1893, p. 345, Anm. 2.

[11] Osnabrücker UB. I, 54, p. 42 f. (889) (Reg. I, 1780).

[12] MBo. XXVIIIa, 86, p. 119 f. (898) (Reg. I, 1891).

[13] eod. XXXIa, 90, p. 178 f. (908) (Reg. I, 1992).

[14] WILMANS, Kaiserurkunden Westfalens, Bd. I, 57, p. 266 (900) (Reg. I, 1938). — Der Ort *Horohusun* ist das heutige Nieder-Marsberg an der Diemel; vgl. FRENSDORFF, Dortmunder Statuten, p. CLX, Anm. 3.

bedarf, das Marktrecht also Regal ist, in allen Teilen des Reiches
durchgedrungen.

Allerdings ist auch in späterer Zeit dies **Marktregal nicht
auf alle** zu bestimmten Zeiten an bestimmten Orten stattfindenden
Handelszusammenkünfte ausgedehnt worden. Bei jedem
Kirchweihfeste strömte von den Nachbarorten die Menge der
Gläubigen herbei, daneben benutzten aber auch zahlreiche Hausierer die günstige Gelegenheit, um vor den Kirchthüren ihre
Waren feilzubieten. So entstanden zahlreiche Märkte im kleinen,
von denen wohl nur die wenigsten, wenn sie zu einer erhöhten
wirtschaftlichen Bedeutung herangewachsen waren, die königliche
Bestätigung erhielten. Die mittelalterliche Staatsgewalt hätte
nicht vermocht, diese Handelszusammenkünfte zu unterdrücken;
sie begnügte sich damit, dieselben zu ignorieren. Nur ausnahmsweise wird einmal in den deutschen Königsurkunden ein derartiger konzessionsloser Markt erwähnt. Es ist der alte Markt
von Staffelstein in Franken. Im Jahre 1130 erlaubte König
Lothar dem Domstifte von Bamberg, in seiner Villa Staffelstein
einen Markt zu errichten;[1] die Urkunde ist ganz in der üblichen
Form der Marktrechtsverleihungen gehalten, so daß es sich um
eine völlige Neubegründung des Marktverkehrs in Staffelstein zu
handeln scheint. In Wirklichkeit hatte, wie eine 35 Jahre später
ausgestellte Urkunde Kaiser Friedrichs I.[2] ergiebt, schon vor der
Erteilung des Lothar'schen Privilegs an den Wallfahrtstagen auf
dem Kirchhofe der Pfarrkirche ein Marktverkehr sich abgespielt.
Weil dieser Kirchhof nicht Bamberger Grund und Boden war
wie der spätere Marktplatz, sondern als Würzburger Lehen dem
Herrn von Truhendingen unterstand, kam es zwischen den beiden
am Marktverkehr interessierten Gewalten zu einem Streite, der
von Kaiser Friedrich I. beigelegt wurde. Selbstverständlich mußte
in diesem Falle die den Streit schlichtende Königsurkunde auf
den ohne königliche Genehmigung entstandenen Marktverkehr zu
sprechen kommen. Im übrigen lag aber keine Veranlassung vor,
derartige außerordentliche Handelszusammenkünfte urkundlich zu

---

[1] MBo. XXIXa, 455, p. 255 f. (1130) (St. 3249).
[2] cod. 510, p. 374 ff. (1165) (St. 4043).

erwähnen. Dieselben entbehrten sämtlicher Vorrechte des öffentlichen Marktes; Zölle kamen auf ihnen nicht zur Erhebung. Ja, man betrachtete sie überhaupt nicht als Märkte; es waren, wie das Staffelsteiner Privileg sich ausdrückt,

> „minuta commertia sine theloneo et aliis praestationibus seu institutionibus ad iusticiam forensem regali vel imperiali donatione pertinentibus."

Im Anschluß an das Marktregal mag noch kurz auf eine Behauptung eingegangen werden, die jüngst E. MAYER[1] aufgestellt hat. Darnach soll sowohl in spätrömischer wie in fränkischer Zeit um der Verkaufsabgabe willen der Kauf überhaupt auf den Markt beschränkt gewesen sein. Schon an und für sich muß dieser Satz Bedenken erregen. Ein derartiges Verbot alles außerhalb der Märkte stattfindenden Handels hätte in einem so hoch entwickelten und in der Geldwirtschaft fortgeschrittenen Gemeinwesen, wie es das spätere römische Reich war, sich von vornherein als undurchführbar erweisen oder einen allgemeinen Bankerott herbeiführen müssen. Thatsächlich enthält auch die einzige Quellenstelle, auf welche MAYER seine Behauptung stützt, ein derartiges Verbot nicht. Nur für die Marktzeit tritt eine Beschränkung des Handels ein; während der Markt abgehalten wird, soll im Stadtgebiete kein anderer Handel stattfinden, sondern die Kaufleute sollen zu Markte ziehen.[2]

Von den Quellenstellen, die MAYER zum Beweise dafür anführt, daß auch in fränkischer Zeit der Handel außerhalb der Märkte verboten gewesen sei, verdient allein die Stelle aus dem *Capitulare de functionibus publicis*[3] eine nähere Berücksichtigung. Dieselbe setzt die Marktzollpflicht auch für diejenigen fest, welche außerhalb der *constituta mercata* ihre Einkäufe machen und sieht das Vermeiden dieser Märkte als unzulässig an. Nichts hindert uns

---

[1] MAYER, Zoll, Kaufmannschaft etc., p. 396.

[2] Nov. Theodosii II., Tit. XXVII, § 5 (ed. HAENEL). — Die Hauptstelle lautet: *Nulli itaque mercatori praeter hanc observationem nisi ad designata loca temporibus praestitutis ad negotionis suae species distrahendas passim licebit accedere, ut certa ratio emendi atque vendendi ibi constare possit.*

[3] MG. Capitularia I, 143, § 1 (c. 820); vgl. Seite 26, Anm. 1.

aber, auch diese Bestimmung auf eine Beschränkung der Handelsfreiheit allein während der Marktzeit zu deuten.[1] Ein zweifellos
nur für die Dauer des Marktes geltendes Verbot enthält die
Urkunde Dagoberts für die Dionysiusmesse:

> „*ut nullus negociator in propago Parisiaco audeat negociare nisi
> in illo mercado*“.[2]

Denn daran, daß der ganze Handel in Paris sich auf die wenigen
Wochen der Dionysiusmesse beschränkt und in der übrigen Zeit
Handel und Verkehr geruht habe, kann doch nicht ernstlich gedacht werden. Zum Beweise, daß in der fränkischen Zeit der
Markthandel nicht der einzige Handel war, mögen zwei Stellen
aus karolingischen Kapitularien dienen. In der einen Stelle verbietet Karl der Große den Juden, in ihren Häusern Handel zu
treiben.[3] Da dieses Verbot nur für die Juden ausgesprochen wird,
sind wir wohl zu der Annahme berechtigt, daß den Christen der
Verkauf im eigenen Hause, der Verkauf *ad fenestram*, wie er
später genannt wird, freigegeben war. Die andere Stelle steht
im *Capitulare de disciplina palatii*, sie spricht von Kaufleuten,

> „*sive in mercato sive aliubi negotientur*“,[4]

kennt also einen Handel außerhalb des Marktes.

In späteren Urkunden läßt sich allerdings sowohl in Deutschland wie in Frankreich ein mehr oder weniger stark ausgeprägter
Marktzwang nachweisen.[5] Während der Marktzeit darf in der
Stadt und dem umliegenden Gebiete kein anderer Handel als
der Markthandel stattfinden, der Handel mit bestimmten Waren,

---

[1] Vgl. auch v. Below in Gött. Gel. Anz. 1895, p. 215, Anm. 1.

[2] MG. DD. Merov. spuria 23, p. 141 (629).

[3] MG. Capitularia I, 131, § 3. — Es handelt sich um ein Verbot des
Hausverkaufs überhaupt, nicht, wie Waitz, VG., Bd. IV², p. 46, Anm. 1 annimmt, um ein Verbot des Hausverkaufs von Getreide, Wein und ähnlichen
Dingen. Unter *vinum nec annonam vel aliam rem vendere* ist doch wohl
sämtlicher Handel zu verstehen.

[4] cod. I, 146, § 2.

[5] Zahlreiche Beispiele aus der älteren nachkarolingischen Zeit bei
Mayer, a. a. O., p. 397 ff. Über die unrichtige Interpretation des Aachener
Privilegs von 1166 (Lacomblet I, 412, p. 283 f.) (St. 4062) vergl. Gött. Gel.
Anz. 1895, p. 215 f., Anm. 4.

bestimmten Personenklassen wird auf den Markt beschränkt etc.[1] Diese Versuche, den Handel möglichst auf die Märkte zu konzentrieren, sind aber, worauf v. BELOW bereits hingewiesen hat,[2] nicht Abschwächungen und Einschränkungen eines in fränkischer Zeit herrschenden allgemeinen Prinzipes, wonach sich Kauf und Verkauf überhaupt auf den Markt beschränkte, sondern sie sind gesetzliche Maßnahmen einer späteren Zeit. Fast überall tritt im Mittelalter im Laufe der Zeit nicht eine Milderung, sondern eine Verschärfung des Marktzwanges ein; unter den Stadtrechten sind es nicht die älteren, sondern die jüngeren, welche die einschneidendsten Bestimmungen über die Beschränkung des Verkehrs auf den Markt enthalten. Die Verordnung des *Statutum in favorem principum* § 3:

„*Item nemo cogatur ad aliquod forum ire invitus*"[3]

bedeutet deshalb auch keine Abschwächung eines alten Marktzwanges, sondern im Gegenteil ein Einschreiten der Reichsgewalt gegen neu aufgekommene Mißbräuche.

Zweites Kapitel.

Die einzelnen Marktansiedelungen.

§ 2.

Die Art der Marktgründung.

Unsere Aufgabe soll es sein, die rechtlichen Verhältnisse des Marktes und insbesondere die Beziehungen des Marktrechtes zum Stadtrechte zu erforschen. Bevor wir aber an die Lösung dieser Aufgabe herantreten, ist es erforderlich, daß wir einen Blick auf die verschiedenen lokalen Vorbedingungen des Marktes

---

[1] Vgl. v. BELOW, Der Ursprung der deutschen Stadtverfassung, 1892, p. 16; RATHGEN, Märkte und Messen in: Handwörterbuch der Staatswissenschaften, Bd. IV, 1892, p. 1122.

[2] v. BELOW, Ursprung, a. a. O., Anm. 1; Gött. Gel. Anz. 1895, p. 215 f.

[3] MG. Constitutiones II, 171, § 3, p. 212 (1232).

werfen, welche auch auf die rechtliche Entwickelung nicht un-
wirksam bleiben konnten. Es giebt Märkte in alten Römerstädten,
in alten deutschen Ansiedelungen und in Ortsgründungen jüngeren
Datums, es finden sich Märkte im Anschluß an königliche Pfalzen,
an Stifter und Klöster, an Fronhöfe geistlicher und weltlicher
Grundbesitzer. Sollten alle diese örtlichen Unterschiede ohne
Einfluß auf die Marktentwickelung gewesen sein? Versuchen
wir, die Orte, an denen Märkte entstanden sind, und somit
die Vorbedingung für die Gestaltung eines besonderen Marktrechtes gegeben war, nach bestimmten Gesichtspunkten zu grup-
pieren!

Bis in sehr alte Zeit reicht der Markt an jenen Orten zurück,
welche schon in römischer Zeit Zentralpunkte von Handel und
Verkehr gewesen sind, und welche auch in der ersten Hälfte
des Mittelalters völlig als die führenden Orte in der Stadtentwickelung erscheinen, in den alten Römerstädten, den *civitates* und *castella* längs des Rheines und der Donau und in den
westlich und südlich davon gelegenen Gebieten. Wohl waren in
ihre Mauern und in das vor den Mauern gelegene *suburbium*
deutsche Ackerbauer gezogen, welche das Land um die Stadt in
ähnlicher Weise wie in den Dorfansiedelungen unter sich verteilten.
Daneben hat aber an diesen Orten auch zweifellos Handel und
Gewerbe ohne Unterbrechung fortgeblüht und ein reger Marktverkehr geherrscht. Sind es doch gerade diese Städte, die in den
Quellen der Merowingerzeit als Kreuzungspunkte der Verkehrsstraßen und als Heimat der Kaufleute und Handwerker erscheinen.

Der Grundriß dieser Römerstädte ist in den hauptsächlichsten
Zügen überall der gleiche. Inmitten der alten ummauerten
Stadt erhob sich in den Kastellen meistens eine königliche Pfalz
oder eine Kloster- oder Stiftskirche, in den *civitates* die bischöfliche Kathedrale, umgeben von einer meist recht schmalen Immunität, die im wesentlichen wohl nur die Wohnungen der Kleriker umfaßte.[1] Rings um diesen Mittelpunkt lagen zerstreut die

---

[1] Einen charakteristischen Beweis für die geringe Ausdehnung der den
Dom unmittelbar umgebenden Immunität liefert das oben Seite 18, Anm. 3
angeführte, allerdings westfränkische, aber wohl auch auf deutsche Verhältnisse anwendbare Beispiel von Rheims. Hier muß der Erzbischof beim

einzelnen *areae*, von einander getrennt durch enge winkelige Gassen, unterbrochen durch einzelne Fronhöfe und durch Gärten, in buntem Gemisch von Freien, Hörigen und Unfreien bewohnt. Dort, wo die alte Römerstadt sehr umfangreich gewesen war, wie in Trier und Mainz, umschlossen die Mauern zahlreiche größere Gärten und Wingerte.[1] Meist aber dehnte sich die mittelalterliche Ansiedelung noch weit über den Mauerring hinaus, ja in einzelnen Fällen, z. B. in Straßburg, war diese außerhalb des alten Mauerbereiches gelegene Neustadt schon in früher Zeit größer als die Altstadt.[2] Nur ganz ausnahmsweise findet sich planmäßige Anlage eines Stadtteiles; das einzige sicher nachweisbare Beispiel aus dem früheren Mittelalter ist die Gründung der Judenstadt von Speier.[3] Regelmäßig ist die alte Ansiedelung, wie sich vor allem aus den Stadtplänen ersehen läßt, Schritt vor Schritt durch Anbau einzelner Häuser, teilweise auch durch Angliederung schon früher bestehender Ortschaften[4] gewachsen. Hatten diese Vorstadtansiedelungen eine größere Ausdehnung erreicht, so wurden sie in den Mauerring hineinbezogen, während das überflüssig gewordene Stück der Altstadtmauer im Laufe der

---

Umbau der Domkirche sich Teile der öffentlichen Straße schenken lassen, um nicht in der Errichtung von Klerikerwohnungen behindert zu sein.

[1] In Trier füllte die mittelalterliche Stadt den römischen Mauerring bei weitem nicht aus; vgl. Lehner, Die römische Stadtbefestigung von Trier in: Westd. Zeitschr. XV (1896), p. 211 ff., sowie den dieser Abhandlung beigegebenen Stadtplan. Über die zahlreichen Weingärten innerhalb der Mauern von Mainz vgl. Rietschel, Die Civitas, 1894, p. 69.

[2] Vgl. den Plan in den deutschen Städtechroniken, Bd. IX. Schon die Erwähnung von zwei Heimburgen in der Neustadt gegenüber dem einen Heimburgen in der Altstadt in § 9 des Straßburger Bischofsrechtes (UB. Straßburg I, p. 467) läßt auf eine größere Ausdehnung der Neustadt bereits am Ende des XII. Jahrhunderts schließen. — Über die Vorstädte von Speier, Worms und Straßburg vgl. Keutgen, Untersuchungen über den Ursprung der deutschen Stadtverfassung, 1895, p. 27 f.

[3] UB. Speier (ed. Hilgard) 11, p. 11 f. (1084); vgl. Keutgen, a. a. O., p. 200 ff.

[4] So gliederte sich Mainz 1200 die Gemeinde Selhofen, 1294 die Gemeinde Vilzbach an; vgl. Koehne, Der Ursprung der Stadtverfassung in Worms, Speier und Mainz, 1890, p. 95. Zu Köln wurden schon im XII. Jahrhundert, vielleicht sogar noch früher, die Orte Niederich und Airsbach gezogen; vgl. Liesegang, Die Sondergemeinden Kölns, 1885, p. 74 f.

Jahre zerfiel. Irgendwelche Abweichungen in der Besiedelung
von Altstadt und Neustadt lassen sich nicht nachweisen, beide
tragen dasselbe Gepräge. Nur in einzelnen Kastellen scheint insofern ein Unterschied zwischen Altstadt und Vorstadt bestanden
zu haben, als die sehr kleine Altstadt ausschließlich von der
bischöflichen oder klösterlichen *familia* bewohnt wurde, während
freie Einwohner allein in der Vorstadt ansässig waren.[1]

Der Markt liegt in fast allen Orten, die auf römische Muni-
zipalgründungen zurückgehen, innerhalb der alten Römermauer,[2]
dagegen in den aus alten Kastellen hervorgegangenen Städten,
mögen dieselben nun Bischofsstädte, wie Regensburg, Köln, Straßburg, Basel und Konstanz,[3] oder bloß der Sitz eines Klosters
oder einer Pfalz[4] geworden sein, meist außerhalb der Mauern

---

[1] Für Passau wird dieser Unterschied bewiesen durch die zwar falsche,
aber nach den Untersuchungen von UHLIRZ (Mitt. d. Inst. f. österr. GF. III,
p. 217 ff.) bereits im X. Jahrhundert entstandene Urkunde Arnulfs, welche
der bischöflichen *familia* die *suburbani* gegenüberstellt (UB. ob der Enns
II, 30, p. 42) (Reg. I, 1891).

[2] Eine Ausnahme bildet Augsburg, wo die alte Römerstadt einen
äußerst geringen Umfang einnahm. Übrigens ist es durchaus nicht zweifellos, ob die bekannte Stelle im Codex Udalrici 260 (JAFFÉ, Mon. Bamb.
p. 445 f.) auf den städtischen Markt zu beziehen ist, wie NITZSCH, Ministerialität
und Bürgertum, p. 187 ohne weiteres annimmt, oder ob es sich nicht vielmehr um einen im Anschluß an das königliche Heerlager entstandenen
vorübergehenden Marktverkehr handelt. — Daß das *claustrum negotiatorum*
in Verdun, welches seinen Namen von den darin errichteten kaufmännischen
Magazinen trug (vgl. PIRENNE, L'origine des constitutions urbaines au moyen
âge in: Revue historique LVII, p. 73, Anm. 11), außerhalb der alten Römerstadt lag, beweist selbstverständlich nichts für die Lage des Marktes von Verdun.

[3] Vgl. RIETSCHEL, Die Civitas, p. 68. Für Basel vgl. den Stadtplan
am Schlusse des Urkundenbuches der Stadt Basel, Bd. II, 1893. Für Konstanz vgl. GOTHEIN, Wirtschaftsgeschichte des Schwarzwaldes, Bd. I, p. 72.
In Regensburg lag der Markt im früheren Mittelalter neben der Ahakirche
(RIED I, 124 (1002) (St. 1329): *curtile in Ratisponensi civitate situm iuxta
mercatum vicinum loco qui dicitur Ahachircha*), welche später in das heutige
Rathaus eingebaut wurde; vgl. GRAF VON WALDERDORFF, Regensburg in
seiner Vergangenheit und Gegenwart, 4. Aufl., 1896, p. 505. Offenbar ist
unter dem Markte der heutige Rathausplatz nebst dem angrenzenden
Kohlenmarkte zu verstehen, die beide außerhalb des alten römischen Kastelles
lagen; vgl. GRAF VON WALDERDORFF, a. a. O., p. 73.

[4] Z. B. in Zürich, Bonn etc.

an einer· für den Handel günstig gelegenen Stelle. Regelmäßig
war es wohl derselbe Marktplatz, der schon in römischer Zeit
die Stätte des Markthandels und der Zentralpunkt des städtischen
Lebens gewesen war. Auch im Mittelalter verlor er diese Bedeutung nicht. Er diente nicht nur als Schauplatz des täglichen
Handelsverkehrs, sondern auch vielfach als Dingplatz des städtischen Richters,[1] er war überhaupt der Ort, auf dem sich das
gesamte öffentliche Leben der Stadt abspielte.[2] Von einer besonderen, vom Aufbau der übrigen Stadt abweichenden Anlage des
den Markt umgebenden Stadtteiles ist nichts zu spüren. Die auf
den Markt mündenden Straßen sind eben so krumm und winkelig
wie die übrigen Straßen der Stadt, es giebt kein besonderes
Marktviertel und ebensowenig eine besondere Marktparochie.
Ausdrücke wie *ecclesia forensis*, *ecclesia mercatorum* werden für
die Pfarrkirche, der die Marktanwohner in den Römerstädten
unterstanden, nie gebraucht. Nur das können wir wohl annehmen,
daß die in der Nähe des Marktes gelegenen Häuser jedenfalls
mehr von Kaufleuten als von Ackerbürgern oder Ministerialen
bewohnt wurden.[3] Dieser Altmarkt, auf dem sich der regelmäßige

---

[1] In Straßburg dingte der Schultheiß *in foro iuxta s. Martinum* (UB.
Straßb. I, p. 468, § 15). In Basel fand das Malefizgericht auf dem Hofe
des am Markte liegenden Rathauses statt; vgl. HEUSLER, Verfassungsgeschichte
der Stadt Basel, 1860, p. 203. Für Konstanz vgl. GOTHEIN, a. a. O., p. 72.

[2] Sehr gut wird die Bedeutung des Marktes für das öffentliche Leben
der Stadt durch eine Stelle aus dem Vertrage Bischof Hartmanns von Augs-
burg (UB. Augsburg 1, 9 (1251)) charakterisiert, welche als Todfall des
Censualen die *vestis melior, qua in foro· et in ecclesia usus est*, erwähnt.
Dieses bessere Gewand trug der Censuale natürlich nicht beim Einkauf seiner
Lebensbedürfnisse, sondern bei besonders feierlichen Gelegenheiten.

[3] Der in der Translatio s. Dionysii Areopagitae (MG. SS. XI, p. 353)
erwähnte Regensburger *pagus mercatorum*, welcher die den Markt ent-
haltende Neustadt umfaßte, ist nicht ausschließlich, sondern bloß zum
großen Teil von Kaufleuten und Gewerbetreibenden bewohnt gewesen.
Ebensowenig war er der einzige Wohnsitz der handeltreibenden Bevölkerung,
denn auch im *pagus cleri* in der Altstadt fehlte es nicht an *aliquibus
mercatoribus intermixtis*, und ebendaselbst lag auch die nach den in ihr
wohnenden welschen Kaufleuten benannte Wahlenstraße (lateinisch *inter
latinos* genannt; vgl. GRAF VON WALDERDORFF, a. a. O., p. 491). Überhaupt
will der Verfasser der Translatio durch seine Einteilung der Stadt in drei

Marktverkehr abspielte, wurde später zum Teil in seiner Rolle abgelöst durch einen günstiger gelegenen Neumarkt.[1] Außerdem bildeten sich auch für gewisse Waren Sondermärkte, z. B. Heumarkt, Kornmarkt, Flachsmarkt, Holzmarkt, Eisenmarkt, Fischmarkt, Roßmarkt u. s. w.[2] Die großen Jahrmärkte fanden, wenn ihr Marktherr der Stadtherr war, meistens auf dem gewöhnlichen Marktplatze und auf den angrenzenden Straßen, hie und da auch auf anderen Plätzen statt.[3] Daneben gab es in manchen Städten noch andere Jahrmärkte, die auf dem Grund und Boden irgend eines Immunitätsherrn meist vor der ummauerten Stadt abgehalten wurden, z. B. die Messe vor der *porta Media* in Trier[4] und die St. Albansmesse bei Mainz.[5] Für die rechtliche Entwickelung der Stadt sind diese grundherrlichen Märkte selbstverständlich ohne Bedeutung.

Von den Märkten der alten Römerstädte sind die unter deutscher Herrschaft entstandenen Märkte zu unterscheiden. Unter diesen muß aber ein weiterer Unterschied gemacht werden zwischen solchen Märkten, die von selbst entstanden, und solchen, die gegründet worden sind. Der älteste Handel in den rechtsrheinischen Gebieten, wie er bis in die frühe Römerzeit zurückgeht, war Hausierhandel. Die Konzentration des Handelsverkehrs auf bestimmte Orte und Zeiten, welche den Begriff des Marktes ausmacht, fehlte ihm. Im Laufe der Zeit aber haben sich an manchen Kreuzungspunkten der Handelsstraßen, an wichtigen Flußübergängen, sowie dort, wo das Vorkommen von kostbaren Bodenprodukten (Salz, Mineralien) eine Entwicke-

pagi nur die einzelnen Gegenden der Stadt charakterisieren. Eine rechtliche Einteilung Regensburgs in drei bestimmt von einander abgegrenzte Stadtbezirke ist nicht anzunehmen.

[1] Ein Neumarkt findet sich in Köln (HOENIGER, Schreinsurkunden II. 2, p. 297 im Register), in Mainz (SCHAAB, Geschichte der Stadt Mainz, Bd. I, 1841, p. 380) und anderwärts.

[2] Vgl. GENGLER, Deutsche Stadtrechtsaltertümer, 1882, p. 185 ff.

[3] Das war vor 1127 in Utrecht der Fall (v. D. BERGH, OB. I. 113, p. 73).

[4] Vgl. oben Seite 13.

[5] Translatio ss. Marcellini et Petri (MG. SS. XV, p. 263). — Auch die Dionysiusmesse von Paris gehört zu dieser Art von Märkten.

lung des Handelsverkehrs begünstigte, endlich auch an guten
Landeplätzen Märkte gebildet. Die Kaufmannskarawanen,
die *manus negotiatorum*,[1] welche alljährlich denselben Weg machten,
fanden sich zu bestimmten Jahreszeiten an den betreffenden Orten
ein, die Leute aus der Umgegend strömten zusammen, und ein
reger Warenaustausch fand statt. So entstanden jene Donau-
märkte, von denen die berühmte Raffelstettener Zollordnung berichtet,[2] so bildeten sich an der Grenze des Reiches jene Grenz-
märkte, welche im Diedenhofener Kapitulare von 805[3] aufgezählt
werden. So belebt diese Orte aber auch zur Marktzeit sein
mochten, nach Beendigung des Marktes ging die Menge auseinander,
und die Marktstätte lag wieder öde und verlassen da. Nur wenige
von diesen Märkten mögen sich zu dauernden Kaufmannsansiedelungen, zu Handelsstädten entwickelt haben. Unter den karolingischen Grenzmärkten ist es wohl allein Bardowiek und vielleicht
auch Magdeburg, wo dieser alte Markt zu einer kaufmännischen
Ansiedelung und zur Bildung einer Stadt geführt hat. Forchheim
wird in der Folgezeit nur als Königspfalz, nie aber als bedeutender Handelsplatz erwähnt, Scheeßel und Pfreimd haben in der
deutschen Wirtschaftsgeschichte nie eine Rolle gespielt, und *Ha-
lazstat*, das wir wohl in der Bamberger Gegend zu suchen haben,
ist überhaupt verschollen. Regensburg und Lorch dagegen sind
alte Römerstädte, und der Markt von Erfurt ist wohl kaum von
selbst entstanden, sondern im Anschluß an das von Bonifatius
errichtete Bistum gegründet worden.

Waren diese Karawanenmärkte auf die rechtsrheinischen
Gebiete beschränkt, so findet sich über das ganze fränkische Reich
zerstreut eine zweite Art von Märkten, die ebenfalls vielfach nicht
gegründet, sondern von selbst entstanden waren. Es sind die
Kirchweihmärkte, die Kirmessen. Am Tage des Kirchen-
heiligen strömte zu den Wallfahrtskirchen und Stiftskirchen, zu
den Pfarrkirchen und Klosterkirchen die andächtige Menge aus

---

[1] Noch in der Ottonenzeit findet sich diese Art des Handelsverkehrs
in der Meißner Gegend (C. dipl. Sax. reg. A, I, 7, p. 244 (968); vgl. MG.
DD. II, O.II, 184 (983)).

[2] MG. Capitularia II, 253, p. 250 ff.

[3] cod. I, 44, § 7, p. 123.

der Umgegend zusammen, und diesen Zusammenfluß von allerlei
Volk benutzten natürlich zahlreiche Händler, um ihre Waren
auszubieten. So entstanden oft große Jahrmärkte und Messen.
Aber zur Gründung von kaufmännischen Niederlassungen, von
Städten konnten diese Kirchweihmärkte nicht führen; die günstigen Handelsbedingungen waren nur während der Dauer des
kirchlichen Festes vorhanden. Dietkirchen bei Bonn und Neu-
kirchen in der Pfalz sind trotz ihrer ansehnlichen Jahrmärkte[1]
nie mehr als armselige Dörfer gewesen, ja der letztere Ort ist
bis auf die Kirche verschwunden, während der Jahrmarkt ihn
lange überdauert hat. So sehr ein Jahrmarkt das Aufblühen
einer bereits bestehenden Stadt begünstigen kann, eine Stadt entstehen lassen kann er nicht.

Eine kaufmännische Niederlassung kann sich nicht unter so
einfachen Bedingungen bilden wie ein Bauerndorf. Der Kaufmann ist räuberischen Angriffen viel mehr ausgesetzt als der Bauer,
er bedarf weit mehr als dieser eines sicheren Schutzes. Anderseits ist der Kaufmann in einem viel höheren Grade auf fremde
Hilfe angewiesen, wenn er zu seinem Rechte kommen will. Ge-
nossenschaftliche Hilfe reicht nicht aus; der Schutz irgend eines
geistlichen oder weltlichen Großen ist es, der dem Kaufmann allein
den nötigen Rückhalt gewährt und regelmäßig es ihm erst ermöglicht,
sich dauernd an einem Orte niederzulassen. Die mittelalterlichen
Handelsstädte des rechtsrheinischen Deutschlands sind deshalb
fast ausnahmslos im Anschluß an königliche und fürstliche Pfalzen
und Burgen, an bischöfliche Kirchen und Klöster, überhaupt im
Anschluß an solche Orte entstanden, wo eine politisch und wirtschaftlich mächtige Gewalt den Kaufleuten den nötigen Schutz bot.

In den meisten dieser Städte ist der Markt nicht aus pe-
riodisch sich wiederholenden Handelszusammenkünften hervor-
gewachsen, sondern er verdankt sein Entstehen einer Marktgründung. Für eine große Anzahl der wichtigsten Städte des
rechtsrheinischen Deutschlands besitzen wir Königsurkunden,
welche einem Bischof, einem Kloster, einem weltlichen Großen

---

[1] Vgl. v. Maurer, Geschichte der Städteverfassung in Deutschland,
Bd. I, p. 285.

die Erlaubnis, an dem betreffenden Orte einen Markt zu errichten, die *licentiam construendi mercatum*, erteilen. Wie viel andere derartige Marktprivilegien, die heute verloren sind, mag es außerdem wohl gegeben haben! Dabei muß man noch berücksichtigen, daß für die im Anschluß an Königspfalzen und Königsburgen errichteten Märkte derartige Gründungsurkunden natürlich nicht ausgestellt wurden, weil hier der König selbst der Marktgründer war. Seit dem Aufkommen des Marktregals ist es überhaupt ausgeschlossen, daß ein regelmäßiger Markt, ein *legitimus mercatus*, von selbst entsteht. Er muß vielmehr vom König oder mit königlicher Erlaubnis gegründet werden. Diese königliche Erlaubnis ist aber nie einer Gemeinde oder einer Kaufmannsgenossenschaft, sondern immer einer geistlichen oder weltlichen Einzelgewalt erteilt worden. Jeder Markt hat seinen bestimmten Marktherrn.

An welchen Orten aber haben diese Marktherren ihre Märkte errichtet? Zunächst dort, wo der Zentralpunkt ihrer Macht lag, wo sie wirtschaftlich allen anderen Gewalten weit überlegen, vielleicht sogar allgebietend waren, am Bischofssitze, am Klosterorte, an der gräflichen Stammburg. Ebenso gründete der König seine Märkte vor allem in oder neben den königlichen Pfalzen. Wenn aber im Anschluß an ein einfaches Dorf ein Markt errichtet werden sollte, so wählte der Marktherr in erster Linie natürlich solche Orte, die völlig in seinem Eigentume standen, und in denen er mit keiner anderen wirtschaftlichen Gewalt konkurrierte,[1] und nicht diejenigen Dörfer, wo er nur über wenige in der Gemengelage liegende Hufen verfügte. Mag es auch Hunderte und Tausende von Dörfern in Deutschland gegeben haben, welche ausschließlich von einer freien Gemeinde bewohnt wurden[2], oder in denen nur

---

[1] Daß es in Deutschland solche aus Hofansiedelungen erwachsenen Dörfer, die völlig im Eigentum eines Grundherrn standen, bereits im früheren Mittelalter gegeben hat, kann nicht bezweifelt werden.

[2] Es mag an dieser Stelle dahingestellt bleiben, ob die neuerdings von Wittich und Knapp für Nordwestdeutschland vertretene gegenteilige Auffassung in vollem Umfange aufrecht zu erhalten ist. Die oben vertretene Anschauung von der Grundherrlichkeit des Marktes bedarf nicht der Stütze, die ihr die Richtigkeit der Wittich'schen Theorie zweifellos gewähren würde.

einzelne Hufen verschiedenen Großgrundbesitzern zustanden, Ausgangspunkte der Markt- und Stadtentwickelung sind diese altfreien Dörfer nicht geworden.[1]

Den Markt konnte der Marktherr aber natürlich nur auf solchem Boden anlegen, über den er als Eigentümer oder dinglich Berechtigter verfügte. Diese selbstverständliche Thatsache wird auch durch die Urkunden bestätigt; wiederholt wird dieses Eigentumsverhältnis des Marktherrn angedeutet.[2] Die wichtigsten Märkte des rechtsrheinischen Deutschlands waren demnach grundherrliche Märkte.

Wiederholt hat man in der Literatur der letzten Jahrzehnte auf die Thatsache aufmerksam gemacht, daß unter den zahlreichen Marktprivilegien der sächsischen und salischen Könige verhältnismäßig selten der betreffende Markt als Jahrmarkt, Wochenmarkt oder Tagesmarkt bezeichnet, meist aber nur ganz im allgemeinen die Erlaubnis *construendi mercatum etc.* gegeben wird.[3] Diese knappe Ausdrucksweise der meisten Privilegien bietet der Forschung ein nicht ganz einfaches Problem. Wird in diesen Urkunden bloß die Errichtung eines Jahrmarktes gestattet? Bezeichnet etwa *mercatum* ohne jeden Zusatz im Gegensatz zu *nundinae* den Wochenmarkt? Oder steht es im Belieben des Urkundenempfängers, wie oft er Markt halten lassen will?

Die richtige Lösung dieser Schwierigkeit glaubt VARGES gefunden zu haben, indem er unter *mercatum* nicht den Markt, sondern das Recht des Handelsverkehrs, das Recht, Handel zu

---

[1] In der Verkennung dieser Thatsache liegt die Hauptschwäche der von v. MAURER, v. BELOW, KEUTGEN und VARGES vertretenen Landgemeindetheorie.

[2] Z. B. MG. DD. II, O.III, 135, 311, 350, 372: *in loco suo;* cod. 364, 367: *in villa (loco) ad abbatiam (coenobium) pertinente;* cod. 399: *in quadam proprietate s. Cameracensis ecclesiae.*

[3] SCHWARZ, Anfänge des Städtewesens in den Elb- und Saale-Gegenden. 1892, p. 53, Anm. 94 zählt im X. und XI. Jahrhundert in Deutschland gegenüber 68 Marktprivilegien ohne Zusatz 3 Tagesmärkte, 7 Wochenmärkte, 10 Jahrmärkte. Die von ihm übersehenen Urkunden ändern wenig an diesem Zahlenverhältnis.

treiben, versteht.[1] Er spricht infolgedessen auch nicht von Markt-,
sondern von Verkehrsprivilegien, „durch die einem Orte das Recht,
Handel zu treiben, vom König verliehen wurde." In dieser Form
ist VARGES' Satz von vornherein zu beanstanden; das Recht *mercatum construendi* wird nie einem Orte, sondern allein dem Orts-
herrn verliehen. Überhaupt wird diese willkürliche Übersetzung
eines ziemlich häufigen lateinischen Ausdruckes nicht gerade auf
Beifall rechnen können. *Mercatum* heißt „Markt", wie diejenigen
Urkunden beweisen, in denen der Wochenmarkt und der Jahrmarkt ausdrücklich als *mercatum septimanale* und *annuale* bezeichnet werden. Oder hält VARGES jene Urkunden, welche die Gründung eines *mercatum annuale* oder *septimanale* gestatten, und
welche im übrigen wörtlich mit den angeblichen Verkehrsprivilegien übereinstimmen, auch für Verkehrsprivilegien? Was will
ferner wohl der Ausdruck *construere mercatum* besagen? Und wie
ist es zu erklären, daß in den angeblichen Verkehrsprivilegien
einem Grundherrn immer nur die *potestas*, die *licentia mercatum
construendi* etc., nie aber die *potestas mercandi*, das *ius negotiandi*
oder etwas Ähnliches verliehen wird? Dabei bleibt VARGES für
seine Behauptung die Beweise durchaus schuldig; die von ihm
angeführten Quellenstellen enthalten für seine Ansicht keinerlei
Anhaltspunkte.[2] Den Schein eines Beweises könnte höchstens

---

[1] VARGES, Zur Entstehungsgeschichte Bremens in: Zeitschr. des hist.
Vereins f. Niedersachsen, Jahrg. 1893, p. 345 ff.; ders., Zur Entstehung der
deutschen Stadtverfassung in: Jahrbücher für Nationalökonomie und Statistik, 3. Folge, Bd. VI, p. 195 ff.

[2] Daß die Behauptung, die bekannten, bisher als Marktprivilegien an-
gesehenen Königsurkunden des X. und XI. Jahrhunderts seien „Verkehrsprivilegien", durch die von VARGES herangezogenen Stellen aus dem Rechts-
briefe für Herzog Heinrich von Schlesien, aus dem Rechte der alten Wik
von Braunschweig und aus den einer ganz späten Zeit angehörenden Stadtrechten von Halberstadt und Wernigerode nicht bewiesen werden kann,
versteht sich von selbst. Dagegen spricht die von VARGES angeführte bekannte Allensbacher Urkunde von 1075 eher für das Gegenteil seiner Behauptung. Allerdings könnte man den zweiten Teil dieser Urkunde als
Verkehrsprivileg bezeichnen, aber gerade dieser Teil hat nicht die geringste
Ähnlichkeit mit jenen zahlreichen Kaiserurkunden, welche einem Grundherrn
die *licentia mercatum construendi* gewähren und nach VARGES nicht Marktprivilegien, sondern Verkehrsprivilegien sind. Anderseits stimmt der auf

die nach MÜHLBACHER[1] gefälschte, nach VARGES[2] echte, sicher aber vor dem Ende des X. Jahrhunderts entstandene Urkunde Arnulfs von 888 erbringen, in welcher der König der Hamburger Kirche gestattet,

> *„negotiandi usum in eodem loco Brema nuncupato fieri . ., sicut dudum ecclesiae eiusdem rectoribus in Hamapurg concessum fuisse, sed propter infestationem paganorum nunc inibi esse non posse comperimus, sitque in potestate episcopi provisio eiusdem mercati cum iure telonii."*[3]

Die Urkunde sagt m. E. nichts weiter, als daß der bisherige Hamburger Markt nach Bremen verlegt wird, und daß sich daselbst der Marktverkehr genau in derselben Weise wie früher in Hamburg abspielen soll. Daß unter *mercatum* aber schlechthin das Recht des Handelsverkehrs zu verstehen sei, und daß das Recht, Handel zu treiben, auf königlicher Verleihung beruht habe, beweist auch diese Bremer Urkunde nicht.[4] Ein derartiges Handelsregal hat nie bestanden.

Trotzdem also die VARGES'sche Argumentation zu verwerfen ist, läßt sich nicht verkennen, daß derselben ein richtiger Gedanke zu Grunde liegt. Sicherlich war es der volkswirtschaftliche Zweck der meisten Marktprivilegien der Ottonen- und Salierzeit, an dem betreffenden Marktorte einen regen Handelsverkehr hervorzurufen und diesen Ort zu einem Handelsorte, einer „Kaufstadt", zu erheben. Aber das Marktprivileg schuf nicht diesen dauernden Handelsverkehr selbst, sondern blos seine wichtigste Vorbedingung. Damit sich an einem Orte überhaupt Kaufleute ansiedeln und ein immerwährender Handel sich entwickelt, ist im Mittelalter unbedingt erforderlich, daß in kurzen Zwischenräumen, wöchentlich

---

einem Ottonenprivilege beruhende erste Teil der Allensbacher Urkunde, welcher nach VARGES' Ausführungen ein Marktprivileg darstellt, fast wörtlich mit den angeblichen Verkehrsprivilegien überein.

[1] Reg. I, 1744.

[2] Ztschr. d. histor. Ver. für Nieders. 1893, p. 345, Anm. 2.

[3] Brem. UB. I, 7, p. 7 f.

[4] Über die scheinbare Schwierigkeit, die sich aus der Thatsache ergiebt, daß für Bremen 1035 noch ein besonderes Jahrmarktprivileg vom König erteilt wurde, vergl. unten Seite 48.

mindestens einmal, Markt abgehalten wird. Allerdings sind Handel
und Verkehr nicht an die Markttage gebunden, auch in der
übrigen Woche ruht das Geschäft nicht, aber der Hauptabsatz
des Kaufmanns und Gewerbetreibenden findet an dem Tage des
Wochenmarktes statt, an welchem die umwohnenden Landbewohner zu Markte ziehen, um Handelswaren und gewerbliche
Erzeugnisse einzukaufen. Und anderseits dient der Wochenmarkt dazu, die keinen Ackerbau treibenden Kaufleute und Handwerker des Marktortes mit Lebensmitteln und zum Teil auch mit
Rohmaterial zu versorgen. So ist es der Wochenmarkt, der überhaupt erst eine Handelsansiedelung möglich macht. Dort aber,
wo der Handelsverkehr zu bedeutender Höhe herangewachsen
ist, genügt der einfache Wochenmarkt nicht mehr den Bedürf-
nissen. Es wird an mehreren Wochentagen oder gar, wie in
Besançon[1] und Würzburg,[2] täglich (*mercatum quotidianum*) Markt-
gehalten.[3]

Aus diesem Grunde verleiht der König in den meisten Fällen
einfach das Recht, einen Markt zu errichten und Märkte abzuhalten, ohne hinsichtlich der Markttage Beschränkungen aufzu-
erlegen. Dem mit dem Marktrechte Beliehenen stand es frei, von
dem ihm gewährten Rechte in beliebigem Umfange Gebrauch zu
machen. Er konnte, wenn er wollte, bloß einmal jährlich Marktverkehr stattfinden lassen, er konnte aber auch wöchentlich, mehr-
mals in der Woche oder gar täglich Märkte abhalten. Sehr
scharf wird diese Freiheit des Beliehenen in den beiden gleichlautenden Privilegien Ottos III. hervorgehoben, in welchen den
Bischöfen von Freising und Salzburg die Errichtung eines *mercatum omni die legitimum* erlaubt wird.[4] So oft die Bischöfe wollen,
kann an ihren Bischofssitzen Markt abgehalten werden; jeder
Tag kann von ihnen zum Markttag bestimmt werden. Daß aber

---

[1] Dunod, Histoire de l'église de Besançon, Tome 1, Preuves p. 47
(1044), 52 (1045); vgl. Gallia christiana XV, Instr. p. 12, n. 10 (1049);
Stumpf, Acta imperii 72 (1067), 124 (1153).

[2] MBo. XXIXa, 333, p. 30 (1030) (St. 2008).

[3] Über die Bedeutung des wöchentlichen und täglichen Marktes vergl.
Keutgen, a. a. O., p. 183 ff.

[4] MG. DD. II, O. III, 197, 208 (996).

in Freising und Salzburg von nun an thatsächlich täglich Markt
stattgefunden hat, ist wohl mit Recht zu bezweifeln. Eine gewisse Einschränkung dieser unbedingten Freiheit bedeutet es,
wenn nur das Recht, wöchentlich einmal Markt zu halten, verliehen und wohl gar der für den Marktverkehr bestimmte Wochentag festgesetzt wird. Derartige Wochenmarktprivilegien besitzen wir für Allensbach,[1] Wasserbillig,[2] Weinheim,[3] Andlau,[4]
Oppenheim,[5] Prüm,[6] Donauwörth,[7] Kaufungen,[8] Oldenzaal,[9] Lorsch[10]
und Breitungen.[11] Von allen diesen Orten haben nur Oppenheim
und Donauwörth im späteren Mittelalter einige Bedeutung als
Handelsplätze erlangt. Das auf einen bestimmten Wochentag
beschränkte Marktrecht vermochte demnach, wie es scheint, nicht
in gleicher Weise wie das unbeschränkte zum Aufblühen. einer
Handelsniederlassung beizutragen.

Durchaus ungeeignet, eine dauernde Handelsniederlassung
hervorzurufen, ist der Jahrmarkt. So groß auch sein Nutzen
für den Kaufmann ist, so verhältnismäßig großen Gewinn letzterer
auch an den wenigen Markttagen zieht, einen bleibenden sicheren
Lebensunterhalt kann ihm der Jahrmarkt allein nicht gewähren.
Eine Jahresmesse bringt dem Inhaber des Marktrechtes dadurch,
daß auf ihr vor allem die Umsätze im großen stattfinden, einen
reichen Gewinn an Zollerträgen, sie ist das beste, bisweilen das einzige Mittel, die Kaufleute und Gewerbetreibenden eines grösseren
Gebietes mit Waren und Rohmaterialien zu versorgen und ihnen
die Teilnahme am Weltverkehr zu ermöglichen. sie vermag das
Aufblühen einer schon bestehenden Handelsansiedelung in hohem

---

[1] MG. DD. II, O.III, 280 (998).

[2] cod. 364 (c. 1000).

[3] cod. 372 (1000).

[4] Schöpflin, Als. dipl. I, 185, p. 148 (1004) (St. 1388).

[5] MG. SS. XXI, p. 403 (1008) (St. 1510).

[6] Beyer, MRh. UB. I, 291, p. 342 (1016) (St. 1679).

[7] Gengler, C. iur. munic. p. 806 f. (1030) (St. 2000).

[8] Stumpf, Acta imperii 50, p. 55 f. (1041).

[9] Muller, Het oudste Cartularium p. 91 (Liber donationum I, 54)
(1049) (St. 2373).

[10] MG. SS. XXI, p. 417 f. (1067) (St. 2704).

[11] Kuchenbecker, Anal. Hass. XII, p. 321 (1114) (St. 3117).

Grade zu begünstigen. Aber eine städtegründende Macht wohnt
dem Jahrmarkte nicht inne. Es ist deshalb wohl kein Zufall,
daß von den älteren deutschen Urkunden, in denen Jahrmärkte
erwähnt werden, ein unverhältnismäßig großer Teil den französisch-
wallonischen Grenzgebieten Lothringens angehört,[1] in denen
bereits im frühen Mittelalter, in der Merowingerzeit, ein reger
Handelsverkehr an zahlreichen Orten blühte und deshalb weniger
ein Bedürfnis vorlag, neue Handelsansiedelungen zu gründen, als
die bereits bestehenden durch Verbesserung der Verkehrs-
einrichtungen zu heben. Im eigentlichen Deutschland finden sich
nur wenige Jahrmarktprivilegien. Dabei handelt es sich regelmäßig um Orte, die sich weder zu einer Stadt noch zu einem
Marktflecken entwickelt haben, wie Heeslingen,[2] Metten[3] und Dorf
Johannisberg,[4] oder die Jahrmarktgerechtigkeit wird zugleich
mit der Wochenmarktgerechtigkeit verliehen,[5] oder endlich, was
meistens der Fall ist, der Jahrmarkt wird an einem Orte begründet, an dem bereits ein geordneter Markt- und Handelsverkehr herrscht.[6] Nur ganz ausnahmsweise läßt sich an solchen
Ortschaften, die später als Städte erscheinen, ein Jahrmarkt in
der älteren Zeit nachweisen, während ein Wochenmarkt nicht
nachweisbar ist,[7] eine Ausnahme, die sich bei der Lückenhaftig-
keit unseres Quellenmaterials leicht erklärt. Im übrigen wird

---

[1] Zu nennen sind die Jahrmärkte von Toul (MG. DD. I, H.I, 16
(927)), von St. Arnulf bei Metz (MG. DD. I, O.I, 104 (948); Calmet I,
p. 442 (1049); Gallia christiana XIII², p. 401 (c. 1075)), von St. Clément
bei Metz (Calmet I, p. 393 ff. (1090)), von St. Airy bei Verdun (eod. I,
p. 479 f. (1082)), von Visé (MG. DD. II, O.II, 308 (983); Calmet II, p. 292 f.
(1131)), von Châtenois (Calmet I, p. 470 (c. 1070), p. 438 f. (1116)), von Gon-
drecourt (eod. I, p. 532 f. (c. 1112), II, p. 339 f. (1151)), von Luxemburg
(eod. II, p. 270 f. (c. 1123), p. 272 f. (1124)).

[2] Hamb. UB. I, 69, p. 70 (1038) (St. 2118).

[3] MBo. XI, p. 440, n. 14 (1051) (St. 2411).

[4] Nass. UB. I, 179, 180, p. 108, 111 (1089—1109).

[5] in Prüm, Donauwörth, Kaufungen und Oldenzaal; vgl. Seite 46.

[6] Z. B. in Bremen (Brem. UB. I, 19, p. 18 f. (1035) (St. 2068)), Magdeburg (UB. Magdeburg I, 19, p. 12 (1035)), Halberstadt (UB. St. Paul in Halberstadt 3, p. 295 (1106—22)), Passau (MBo. XXIXb, p. 324, n. 4 (1164)) etc.

[7] Solche Orte sind Essen (Lacomblet I, 176, p. 109 f. (1041) (St. 2216))
und Nörten (Gudenus I, p. 20 f., n. 12 (1055)).

unsere Auffassung von der Bedeutung des Jahrmarktes durch die
Quellen durchaus bestätigt.

Den Umstand, daß der Hamburger Erzbischof für den Ort Bremen
888 oder 965 das Marktrecht (*construendi mercatum . . . licentiam*)
ohne Beschränkung empfangen hat,[1] aber trotzdem vom König im
im Jahre 1035 noch besonders die Erlaubnis erhält, einen Jahrmarkt zu errichten,[2] hat VARGES[3] zum Beweise seiner Behauptung
angeführt, daß *mercatum* nicht „Markt", sondern „Handelsverkehr"
bedeute. Thatsächlich ist es durchaus nichts Verwunderliches und
Seltenes, daß man sich im Mittelalter ein Recht, das man in
vollem Umfange durch den König verliehen erhalten hat, für einen
einzelnen Fall noch einmal durch eine neue Verleihungsurkunde
bestätigen läßt. Im vorliegenden Falle aber handelt es sich garnicht um eine einfache Bestätigung des verliehenen Marktrechtes,
sondern die Urkunde von 1035 enthält gegenüber den früheren
Urkunden etwas durchaus Neues, nämlich die besondere Befriedung der von außen kommenden Marktbesucher. Der 1035 verliehene Jahrmarkt genießt einen höheren Frieden als die sonstigen
Bremer Märkte;[4] deshalb war eine besondere Begründungsurkunde
für denselben erforderlich.[5]

Dafür, daß der mit der *licentia mercatum construendi* Beliehene thatsächlich für den betreffenden Marktort das Marktrecht
in vollem Umfange besessen hat, läßt sich noch ein anderer
Umstand geltend machen. Bereits WAITZ[6] hat auf das schon im
XI. und XII. Jahrhundert wiederholt bezeugte Vorkommnis aufmerksam gemacht, daß ein Bischof ohne königliche Genehmigung
ein   Marktgründungsprivileg   ausstellt,   obgleich   noch   im

---

[1] Brem. UB. I, 7, p. 7f. (Reg. I, 1744); MG. DD. I, O.I, 307.

[2] Brem. UB. I, 19, p. 18 f. (1035) (St. 2068).

[3] Zeitschr. d. hist. Vereins f. Niedersachsen 1893, p. 351 f.

[4] Überhaupt pflegen die Jahrmärkte in höherem Grade als die Wochenmärkte privilegiert zu sein. In Metz werden deshalb die Wochenmärkte
im Gegensatz zur St. Arnulfsmesse geradezu als *privata mercata octo dierum*
bezeichnet (Gallia christiana XIII², p. 401, n. 32 (c. 1075)).

[5] Genau dasselbe Verhältnis wie zwischen den beiden Bremer Urkunden
besteht zwischen den Magdeburger Urkunden von 965 (MG. DD. I, O.I,
301) und 1035 (UB. Magdeburg I, 19, p. 12).

[6] WAITZ, VG., Bd. VII, p. 387.

XIII. Jahrhundert das Marktrecht durchaus als Regal erscheint.[1] In einigen Fällen handelt es sich dabei um Marktprivilegien des Erzbischofs von Mainz,[2] dem als Erzkanzler des Reiches vielleicht bestimmte Vorrechte hinsichtlich der Marktgründung zustanden.[3] In sämtlichen anderen Fällen ist die Rede von einem Jahrmarkt, der von dem betreffendem Bischofe an seinem Bischofssitze, also dort, wo er das volle Marktrecht besaß, errichtet wurde.[4] Wir haben somit wieder eine Bestätigung unserer Ansicht, daß der mit dem einfachen Marktrecht Beliehene am Marktorte zu jeder beliebigen Zeit Markt halten lassen konnte.

Je nach der Bestimmung, die er erfüllen sollte, war die Lage des Marktplatzes verschieden. Überall dort, wo mit der Marktgründung nicht die Gründung einer Handelsansiedelung geplant war, wurde der Markt regelmäßig in unmittelbarer Nähe des marktherrlichen Sitzes abgehalten.[5] Ja, es finden sich in der Karolingerzeit nicht nur im westfränkischen Reiche,[6] sondern auch auf deutschem Boden[7] Beispiele dafür, daß Märkte „in der Kirche" stattfanden. Selbstverständlich hat man dabei nicht an einen sich innerhalb des geweihten Raumes selbst abspielenden Marktverkehr zu denken, sondern der Platz des Marktes

---

[1] Vgl. MG. Constitutiones II, 286, p. 402 (1224); RATHGEN, a. a. O., p. 54 f.

[2] Privileg für Nörten (GUDENUS I, p. 20 f., n. 12 (1055)), Privileg für Dorf Johannisberg (Nass. UB. I, 179, 180 (1089—1109)); vergl. auch das Privileg für Lüderode (WOLF, Pol. Gesch. d. Eichsfeldes, Bd. I b, 5, p. 6 f.(1143)).

[3] Die Begründung des Jahrmarktes in Schwäbisch-Hall durch Bischof Gebhard von Würzburg bedurfte, obwohl sie kraft der herzoglichen Gewalt des Bischofs *(ducatus nostri potestate)* erfolgte, doch der Genehmigung des Kaisers *(annuente imperatore)* (Wirtemb. UB. II, 354 (1156)).

[4] Jahrmarkt von St. Airy bei Verdun (CALMET I, p. 479 f. (1082)), von St. Clément bei Metz (cod. I, p. 393 f. (1090)), von St. Paul in Halberstadt (UB. St. Paul in Halberstadt 3, p. 295 (1106—22)).

[5] Z. B. BOUQUET VIII, p. 358, n. 4 (845): *iuxta ecclesiam s. Johannis . . . . mercatum agatur;* cod. VIII, p. 450, n. 28 (843): *mercatum iuxta idem monasterium.*

[6] BOUQUET VIII, p. 377, n. 16 (840) (Reg. I, 1042): *forum venalium rerum . . . . in ecclesia s. Justae;* vgl. auch die bekannte Stelle aus den Miracula s. Filiberti I, 72 (MG. SS. XV, p. 300).

[7] Wirtemb. UB. I, 141, p. 166 (866) (Reg. I, 1418): *merchatum quod in praedicta cellula Helsilinga in praesenti habetur.*

ist der die Kirche unmittelbar umgebende Raum, der Kirchhof,
Klosterhof oder Domhof. Die Sitte, auf diesem immunen Raume
Jahrmärkte abzuhalten, hat sich in Deutschland bis in späte
Zeiten erhalten. Die an Festtagen stattfindenden *minuta com-
mertia* in Staffelstein hatten ihren Platz in *cymiterio plebanae
uecclesie;*[1] in Münster und Osnabrück werden noch heute die
Jahrmärkte auf den Domhöfen abgehalten.[2] Auf diese Weise war
es für den Marktherrn am leichtesten, den Marktverkehr zu über-
wachen, denselben gegen fremde Störungen zu sichern und seine
eigenen wirtschaftlichen Bedürfnisse zu befriedigen.

In ganz anderer Weise mußte die Anlage des Marktes überall
dort erfolgen, wo derselbe bestimmt war, eine dauernde Handelsniederlassung ins Leben zu rufen. Hier mußte Raum für die
neue Gründung geschaffen werden. Der Marktplatz wurde deshalb
nicht in unmittelbarer Nähe des herrschaftlichen Sitzes, sondern
in einiger Entfernung von demselben angelegt.

Über die Art der Marktanlage und über die Wege, die man
bei der Gründung derartiger Marktansiedelungen einzuschlagen
pflegte, sollen die folgenden Paragraphen unterrichten. Und zwar
soll zunächst durch Einzeluntersuchungen festgestellt werden, ob
und inwiefern mehrere der wichtigsten Städte aus sämtlichen
Gegenden des rechtsrheinischen Deutschlands dem Markt ihre
Entstehung verdanken und auf Marktansiedelungen zurückgehen.

§ 3.
Marktansiedelungen in Ostfalen.

Die Wahl Heinrichs I. zum Könige bedeutet in der deutschen Geschichte einen entscheidenden Wendepunkt. Wie mit
einem Schlage erfuhr der Schwerpunkt des Reiches, der bisher in
den linksrheinischen Gebieten und in Bayern gelegen hatte, eine
durchgreifende Veränderung. Nicht genug, daß er die Rhein- und
Donaulinie überschritt; unter Übergehung der dem ehemals
römischen Gebiete benachbarten westfälischen und alamannisch-

---

[1] MBo. XXIX a, 510, p. 375 (1165) (St. 4043).
[2] PHILIPPI, Zur Verfassungsgeschichte der Westfälischen Bischofsstädte.
1894, p. 3.

mainfränkischen Gaue verschob er sich bis an die Ostgrenze des
Reiches, in die engrisch-ostfälischen Stammlande des
liudolfingischen Hauses. Hier im Osten fanden die sächsischen
Könige im Kampfe gegen die Stammesherzöge die Stützpunkte
ihrer Macht, hier entfaltete sich unter ihrem Schutze ein reges
geistiges und wirtschaftliches Leben, ein blühender Handel und
Verkehr. Das Dunkel, welches bisher über diesen Gegenden gelegen hat, beginnt sich auf einmal zu lichten; eine reiche Fülle
von urkundlichen und chronikalischen Berichten giebt uns
Zeugnis von dem raschen Aufblühen dieser Lande. So ist es
denn auch kein Zufall, daß die ersten wichtigen Nachrichten, die
wir über die Gründungen von neuen Handelsniederlassungen besitzen, gerade diesen Gegenden angehören. Und noch ein zweites
Moment trägt dazu bei, diese östlichen Gründungen in unseren
Augen als besonders wichtig erscheinen zu lassen. Hier im
Osten hatte die Verkehrsentwickelung nicht in gleicher Weise wie
in den übrigen deutschen Landen mit althergebrachten Zuständen
zu rechnen, sie wurde nicht durch Verhältnisse, die einer früheren
Kulturperiode angehörten, in ihrem Gange beeinflußt und modifiziert.
Daher läßt sie sich hier in ihrem Laufe weit klarer als in anderen
Gegenden verfolgen. Es empfiehlt sich deshalb auch, daß unsere
Darstellung ihren Ausgang von solchen Städten nimmt, die
während der Ottonenzeit und unter den ersten Saliern in jenen
ostsächsischen Gebieten an der Peripherie des Reiches entstanden
sind, um erst in ihrem weiteren Verlaufe das übrige Deutschland
in den Kreis der Betrachtung hineinzuziehen.

Werfen wir zunächst einen Blick auf die wichtigste Gründung
der Ottonenzeit, auf die spätere Herrscherin des Ostens, die wie
keine andere Stadt auf dem Gebiete des Stadtrechtes von nach-
haltigem Einflusse gewesen ist, auf Magdeburg.[1] Magdeburg

---

[1] Über Magdeburg vergl.: G. L. v. MAURER, Geschichte der Städte-
verfassung in Deutschland, Bd. I, 1869, p. 247 ff. — PLANCK, Das deutsche
Gerichtsverfahren im Mittelalter, Bd. I, 1879, p. 21 ff. — KRÜNE, Unter-
suchungen zur älteren Verfassungsgeschichte der Stadt Magdeburg, Teil I, Die
Grundlagen der städtischen Entwickelung in: Geschichtsbl. f. Stadt u. Land
Magdeburg XV (1880), p. 296 ff., 390 ff. — HAGEDORN, Verfassungsgeschichte
der Stadt Magdeburg bis zum Ausgang des XIII. Jahrhunderts in: Gbl. f.
St. u. L. Magdeb. XVI (1881), p. 375 ff., XVII (1882), p. 1 ff., 99 ff., 292 ff.,

ist, wie der Name besagt, eine deutsche Gründung; der Ort verdankt seine Entstehung den Kämpfen Karls des Großen gegen
die Elbslawen. In einer damals noch überwiegend von Slawen
bewohnten Gegend erhob sich an der mittleren Elbe die Burg
(*castellum, urbs, civitas*) Magdeburg. Die Stelle, auf der diese alte
Burg gestanden hat, läßt sich nicht mehr feststellen; entsprechend
ihrer militärischen Bedeutung wird sie ebenso wie die übrigen
zahlreichen Burgen der Elb- und Saalegegenden nicht von einer
Ackerbau treibenden Bevölkerung bewohnt gewesen sein, sondern
allein einer militärischen Besatzung als Aufenthaltsort gedient
haben. Zu dieser Burg gehörte auch eine bäuerliche Ansiedelung
welche der Burgbesatzung den nötigen Lebensunterhalt zu liefern
hatte. Den Mittelpunkt derselben bildete ein großer Fronhof,
die spätere Pfalz, mit den dazu gehörigen Gehöften unfreier
Bauern. Diese Pfalz lag, wie spätere Nachrichten schließen
lassen, in unmittelbarer Nähe des späteren Domes.[1] Und eben-
dort scheint auch ein anderer königlicher Hof gelegen zu haben,
dessen Hintersassen sich nicht in Magdeburg selbst, sondern in
zahlreichen Dörfern in der unmittelbaren Umgebung der Stadt
befanden, und der wohl mit Recht mit dem späteren Möllenhofe
identifiziert worden ist.[2] Endlich gehörte zu dieser Ansiedelung
wahrscheinlich auch der früher dem Markgrafen Gero gehörige,
später vom Kaiser dem Bischof Bernhard von Halberstadt auf
Lebenszeit verliehene Hof, in welchem eine Kapelle zu Ehren
des heiligen Cyriakus erbaut war.[3] Mitten in dieser aus könig-

---

XX (1885), p. 63 ff., 307 ff. — Hoffmann, Geschichte der Stadt Magdeburg,
Bd. I (neu bearbeitet von Hertel und Hülsse), 1885. — Stoeckert, Beiträge
zur Verfassungsgeschichte der Stadt Magdeburg, 1888. (Züllichauer Programm.)
— Stoeckert, Die Reichsunmittelbarkeit der Altstadt Magdeburg in: Histor.
Zeitschr. LXVI (N. F. XXX) (1891), p. 193 ff. — Liesegang, Zur Verfassungsgeschichte von Magdeburg und Salzwedel in: Forschungen zur brandenb. und
preuß. Gesch. III (1890), p. 329 ff. — Hegel, Städte und Gilden der germanischen Völker im Mittelalter, Bd. II, 1891, p. 437 ff. — Schwarz, Anfänge
des Städtewesens in den Elb- und Saale-Gegenden, 1892, p. 34 ff.

[1] Vergl. Krühne, a. a. O., p. 305 f.
[2] Vgl. eod., p. 307 f.
[3] UB. Hochst. Halberstadt I, 35, p. 17 (965); Gesta ep. Halberst. (MG.
SS. XXIII, p. 84); vgl. Krühne, a. a. O., p. 310. — Auf Grund einer Nach-

lichen Fronhöfen mit ihren Pertinenzen gebildeten Ansiedelung, welche durchaus dem späteren sogenannten „neuen Markte" entsprach, ist von Otto I. das Moritzkloster, die spätere erzbischöfliche Kathedrale, gegründet worden. Dasselbe hat bald nach seiner Gründung die alte Fronhofsansiedelung ganz oder wenigstens zum größten Teil durch königliche Schenkung erworben.[1]

Bei dieser Gelegenheit werden wir über die Bewohnerklassen jener Ansiedelung unterrichtet. Freie bäuerliche Ansiedler werden nirgends erwähnt, dagegen sprechen die Urkunden von mehreren *familiae litorum, servorum* und *colonorum*,[2] die vom König dem neu gestifteten Kloster geschenkt worden sind. Offenbar gehörten dieselben zur königlichen Pfalz und traten nunmehr unter die Immunität der Magdeburger Kirche. Auch die Urkunde Ottos II. von 973, welche sämtliche unter der Jurisdiktion des erzbischöflichen Vogtes stehende Einwohnerklassen Magdeburgs aufzählt, weiß nichts von freien Bauern, sondern bloß von *familiae lidorum vel colonorum vel servorum vel Sclavorum* zu berichten.[3] Da aber nach demselben Privileg in der ganzen Stadt Magdeburg und ihrem Gebiete niemand anders als der erzbischöfliche Vogt Gerichtsgewalt ausüben darf, ist das Vorhandensein einer freien bäuerlichen Gemeinde in Magdeburg ausgeschlossen.

---

richt der Schöppenchronik (Die Chroniken der deutschen Städte, Bd. VII, p. 54) hat man die Cyriakskapelle für identisch mit der späteren Stephanskapelle in der Nähe der Johanniskirche gehalten. Über die Unrichtigkeit dieser Ansicht vergl. v. MÜLVERSTEDT in: Gbl. f. St. u. L. Magdeburg VI, p. 262.

[1] Vgl. die Urkunden MG. DD. I, O.I, 14, 16 (937), 21 (939), 37 (941).

[2] Über die schwankende Bedeutung des Ausdruckes *coloni*, der bald für unfreie und halbfreie, bald für freie Ansiedler gebraucht wird, vgl. WAITZ, VG., Bd. V² (ed. ZEUMER), p. 218 f. Daß unter den Magdeburger Kolonen zweifellos Unfreie oder Halbfreie zu verstehen sind, ergiebt sich nicht nur aus der Art, wie über sie verfügt wird, sondern auch daraus, daß in der Urkunde Ottos II. von 973 (vergl. folg. Anm.) die *coloni* zwischen den *liti* und *servi* aufgeführt werden.

[3] MG. DD. II, O.II, 29 (973): *ne quis comes aut iudex vel vicarius publicus in Magadaburgensi civitate vel territoriis eius aliquam potestatem aut bannum habeat, nisi advocatus quem archiepiscopus illius ecclesiae secundum suum sibi libitum elegerit, et negotiatores vel Judaei ibi habitantes omnesque familiae lidorum vel colonorum vel servorum vel Sclavorum illuc pertinentes*

Allerdings kennt die erwähnte Urkunde eine freie Gemeinde in Magdeburg, aber keine aus Ackerbauern bestehende, sondern eine Kaufmannsgemeinde, eine Gemeinde der *negotiatores et Judaei*. Bereits unter Karl dem Großen nimmt, wie wir schon oben gesehen haben,[1] Magdeburg im Grenzhandel eine nicht unbedeutende Stellung ein. Schon früh mag hier ein regelmäßiger Marktverkehr stattgefunden und Handeltreibende zur dauernden Niederlassung veranlaßt haben. Dieser Marktverkehr spielte sich aber nicht in der alten Hofansiedelung, sondern in einer gewissen Entfernung von derselben ab; der Altmarkt der Altstadt Magdeburg ist völlig von der Domfreiheit, dem sogen. „neuen Markte", getrennt. Um diesen Altmarkt nun ist allmählich eine neue Ansiedelung, eine Kaufmannsstadt, entstanden. Auf dem Stadtplan[2] ist das Anwachsen dieser Kaufmannsansiedelung deutlich erkennbar. Der alte Markt bildet ihren Mittelpunkt; von ihm gehen alle die zahlreichen Straßen und Gassen aus, die später der handel- und gewerbetreibenden Bevölkerung der Altstadt zum Wohnsitz dienten. Im Jahre 965 ist diese Kaufmannsansiedelung bereits vorhanden. An demselben Tage, an welchem Kaiser Otto I. dem Magdeburger Moritzkloster den Markt verleiht und die Zoll- und Münzgerechtigkeit bestätigt,[3] erhält das Stift auch die gesamte öffentliche Gerichtsbarkeit über die in Magdeburg angesessenen *Judei et negotiatores*.[4] Acht Jahre später wird ihm dieselbe von Otto II. bestätigt.[5] Die Erklärung dieser Urkunden hat man auf verschiedene Weise versucht. Während NITZSCH[6] in denselben

---

a nullo alio nisi eodem advocato secundum leges constringantur rel iudiciales sententias patiantur. Die von KRÜHNE, a. a. O., p. 317 verfochtene Interpretation der Urkunde ist m. E. durchaus verfehlt.

[1] Vgl. Seite 39.

[2] Vgl. den Plan am Schlusse der Chroniken der deutschen Städte. Bd. VII.

[3] MG. DD. I, O.I, 301 (965); vergl. eod. 15 (937), 46 (942).

[4] MG. DD. I, O.I, 300 (965): *bannum nostrae regiae rel imperatoriae dignitatis in urbe Magadaburg . . . . offerimus; et ne rel Judei rel ceteri ibi manentes negotiatores ullam aliunde nisi ab illo qui eidem ecclesiae prefuerit districtionis aut disciplinae sententiam rel regulam sustineant.*

[5] Vgl. Seite 53 f., Anm. 3.

[6] NITZSCH, Ministerialität und Bürgertum, p. 215.

die Übertragung der Marktgerichtsbarkeit erblickt, sprechen
v. Maurer[1] und Krühne[2] von einer Verleihung der Jurisdiktion
über die Kaufleute. Arnold,[3] Heusler,[4] Waitz[5] und Hagedorn[6]
endlich entscheiden sich dafür, daß in den betreffenden Privilegien
thatsächlich die ganze öffentliche Gerichtsbarkeit in der Stadt
Magdeburg übertragen worden sei; der Satz über die Juden und
Kaufleute sei, um mit Heusler zu reden, „nur eine besonders
hervorgehobene spezielle Anwendung des vorhergehenden Haupt-
satzes." In der That handeln die betreffenden Urkunden von einer
Übertragung der gesamten öffentlichen Gerichtsbarkeit; dieselbe ist
aber mit der Gerichtsbarkeit über Kaufleute und Juden deshalb
identisch, weil Kaufleute und Juden die einzige freie Gemeinde, die
einzige öffentliche Gerichtsgemeinde der Stadt bilden. Die übrige
Bevölkerung besteht aus Liten, Kolonen und Unfreien; über diese
Bevölkerungselemente richtet der Vogt der Magdeburger Kirche
bereits kraft Immunitätsrechtes, nicht als öffentlicher Gerichtsbeamter. Deshalb wird die Jurisdiktion über sie nicht ausdrücklich übertragen, wohl aber in der Bestätigungsurkunde Ottos II.,
welche die gesamten Rechte des Erzbischofs in der Stadt aufzählt,
neben der öffentlichen Gerichtsbarkeit über die Kaufleute aufgeführt. Von einer besonderen Kaufleute- und Judengerichts-
barkeit findet sich im späteren Mittelalter in Magdeburg nicht
die geringste Spur, dagegen hat der erzbischöfliche Vogt den
Gerichtsbann über die Einwohner und Bürger der Altstadt
Magdeburg.

Es fragt sich: Was für Leute waren diese *negotiatores*? Mit
Recht hat man in der bisherigen Forschung[7] den Begriff der
negotiatores nicht allein auf die Kaufleute im engeren Sinne bezogen, sondern auch die Handwerker miteinbegriffen. Aber die

---

[1] v. Maurer, a. a. O., Bd. 1, p. 349.

[2] Krühne, a. a. O., p. 316 ff.

[3] Arnold, Verfassungsgeschichte der deutschen Freistädte, Bd. 1, p. 349.

[4] Heusler, Der Ursprung der deutschen Stadtverfassung, p. 38.

[5] Waitz, VG., Bd. VII, p. 236, 377.

[6] Hagedorn, a. a. O., XVI, p. 395 f.

[7] Vgl. Waitz, VG., Bd. V[2] (ed. Zeumer), p. 402 f.; Hegel in Neues
Archiv XVIII, p. 218; v. Below, Der Ursprung der deutschen Stadtverfassung, p. 45; Mayer, Zoll, Kaufmannschaft und Markt etc., p. 450 f.

Begründung, die man gewöhnlich zu geben pflegt, ist nicht richtig. Nicht weil der Handwerker seine gewerblichen Erzeugnisse auf dem Markte verkaufte, war er ein Kaufmann; auch der Bauer veräußerte seine landwirtschaftlichen Produkte. Der Kaufmann trägt seinen Namen vom Kaufen, nicht vom Verkaufen. Im Gegensatze zum Landmann, der sein Saatkorn selbst zog, zum Fronhofsarbeiter, der bloß fremde Sachen verarbeitete, trieb der freie Handwerker Spekulationserwerb, er kaufte sein Rohmaterial ein, um die daraus geschaffenen Produkte wieder zu veräußern.[1] Daneben bildete allerdings in noch höherem Grade als heute die entgeltliche Verarbeitung fremder Sachen, das „Lohnwerk“, den Gegenstand der handwerklichen Thätigkeit; viele Handwerker haben sicher aus Mangel an Betriebskapital thatsächlich nie etwas anderes als Lohnwerk getrieben. Aber begrifflich ist der freie Handwerker in der älteren Zeit kein bloßer Lohnarbeiter, sondern ein Kaufmann, ein *mercator*.[2]

Auch in der Folgezeit werden die Bürger der Altstadt Magdeburg als Kaufleute, als *mercatores* erwähnt, nämlich in dem Zollprivileg Ottos II. von 975[3] und in einer Zollurkunde Kaiser Lothars von Sachsen,[4] deren Echtheit allerdings zweifelhaft ist. Und noch in anderer Weise spricht sich der Ursprung der Altstadt aus einer Kaufmannsansiedelung, einer Marktansiedelung aus. Die

---

[1] Beachtenswert ist die Analogie des deutschen Handelsgesetzbuches.

[2] Die verbreitete, besonders von BÜCHER (Die Entstehung der Volkswirtschaft, 1893, p. 97 ff.; Handwörterbuch der Staatswissenschaften, Bd. III, 1892, p. 931 ff.) vertretene Ansicht, das deutsche Handwerk habe bis zum Ende des Mittelalters noch völlig auf der Stufe des Lohnwerkes gestanden, ist mit der Thatsache, daß die Handwerker häufig unter den *mercatores* miteinbegriffen werden, absolut unvereinbar, mag man nun bei der Definition des *mercator* das Hauptgewicht auf den Einkauf oder den Verkauf legen. Der frühmittelalterliche Handwerker treibt nicht nur Lohnwerk, sondern arbeitet auch, wenn er etwas Kapital hat, mit eigenem Rohmaterial für den Markt. Erst dem späteren Mittelalter und der Neuzeit gehören jene Bestimmungen an, welche zahlreiche Handwerker vom sogenannten „Preiswerke“ ausschlossen und zu Lohnwerkern herabdrückten.

[3] MG. DD. II, O.II, 112 (975); vergl. UB. Magdeburg I. 18 (1023) (St. 1871).

[4] UB. Magdeburg I, 27 (1136) (St. 3325).

Pfarrkirche der Altstadt, die St. Johanniskirche,[1] wird als Kirche der Kaufleute,[2] als Marktkirche[3] bezeichnet. Und zwar hat die letztere Benennung nicht etwa darin ihren ihren Grund, daß die Kirche am Marktplatze selbst gelegen ist; ihren Namen trägt sie deshalb, weil sie die Pfarrkirche einer Marktansiedelung, eines Marktes ist. Auch die Altstadt Magdeburg wird geradezu selbst ein *forum* genannt in einer Urkunde Erzbischof Wichmanns, welche die Gründung des Kolonistendorfes Puppendorf bestätigt und diesem Orte *insticiam et consuetudinem Magdeburgensis fori* verleiht.[4] An ein Recht des Marktverkehrs kann dabei nicht gedacht werden, denn in der Urkunde ist von der Begründung eines Marktes keine Rede, und Puppendorf ist auch nie als Marktort nachweisbar. In der Urkunde wird vielmehr das in der S t a d t Magdeburg geltende Recht auf die junge Gründung übertragen. Dem entspricht es durchaus, wenn in den Urkunden des Magdeburger öffentlichen Gerichtes aus dem XII. Jahrhundert die Ausdrücke *ius civile*,[5] *ius civitatis*[6] und *ius fori*[7] völlig als Synonyma gebraucht

---

[1] Die älteste Parochialkirche der Altstadt Magdeburg war vielleicht die kleine neben der Johanniskirche gelegene Stephanskapelle. Doch wurde sie bereits in früher Zeit in dieser Stellung durch die Johanniskirche verdrängt. Vergl. KRÜHNE, a. a. O., p. 306.

[2] Thietmar I, 12, p. 8: *in ecclesia mercatorum custodes eadem nocte vigilantes.* — Die Vermutung HEGELS (Neues Archiv XVIII, p. 218f., Anm. 2), „*mercatorum*" sei nicht mit *aecclesia*, sondern mit *custodes* zu verbinden, und es sei von einem Ereignis die Rede, welches die Wächter (Nachtwächter) der Kaufleute oder Bürger im Dom erlebt hätten, halte ich für unrichtig. Einerseits entspricht diese Voranstellung des attributiven Genitivs durchaus nicht dem sonstigen Sprachgebrauche Thietmars, anderseits hatten „Wächter der Kaufleute oder Bürger" im Dome absolut nichts zu suchen, sondern die Nachtwachen daselbst wurden zweifellos von den Domklerikern und ihren Dienern besorgt.

[3] UB. U.L. Frauen b. Magdeburg 21 (1152): *capellam s. Stephani . . . iuxta forensem ecclesiam;* vergl. cod. 38 (1170), 103 (1224), 107, 108, (1226).

[4] cod. 33 (1164).

[5] cod. 23 (1138—54), 36 (1160—70).

[6] cod. 53 (vor 1180).

[7] cod. 35, 36 (1167), 46 (1160—80), 53 (vor 1180); UB. Kloster Berge 51 (1197).

werden. Das Recht der Stadt Magdeburg ist ein Marktrecht,
weil die Stadt selbst eine Marktansiedelung, ein Markt ist.[1]

Der Umfang dieser Altstadt, die im Beginne des XI. Jahrhunderts durch eine Ringmauer umschlossen wurde,[2] beschränkte
sich auf die Johannisparochie, die Marktparochie; die Pfarrbezirke
von St. Jakob, St. Peter und St. Katharinen lagen noch im
Anfange des XIII. Jahrhunderts außerhalb der ummauerten
Stadt.[3]

Der Gegensatz zwischen der öffentlichen Gerichtsbarkeit über
die Kaufleute und Juden einerseits und der Hofgerichtsbarkeit
über die *liti*, *coloni* und *servi* anderseits, der uns in den Urkunden
der Ottonenzeit entgegentritt, hat während des ganzen Mittelalters
und darüber hinaus fortgedauert als Gegensatz zwischen der Altstadt und dem erzbischöflichen neuen Markte. Allerdings war
der oberste Richter in beiden Stadtteilen der erzbischöfliche Vogt,
welcher zugleich das Burggrafenamt verwaltete. Aber die Gerichtsbarkeit, die er auf dem alten Markte in der Altstadt aus-
übte, wird genau unterschieden von seiner Jurisdiktion auf dem
neuen Markte.[4] Die mittlere Gerichtsgewalt ruhte in den beiden
Stadtteilen in der Hand zweier verschiedener Beamten. In der
Altstadt dingte der Schultheiß, dessen Wahl im späteren Mittelalter dem Rate zustand.[5] Auf dem neuen Markte dagegen lag
die Jurisdiktion in der Hand eines erzbischöflichen Beamten, des

---

[1] Der Bezirk des *ius communis fori*, innerhalb dessen die fremden
Schuhmacher ihre Erzeugnisse nicht verkaufen dürfen (UB. Magdeburg I,
62 (1152—92)), fällt demnach wohl mit der Altstadt zusammen.

[2] König Heinrich II. *muros nichilominus urbis, quos Otto pius impe-
rator inperfectos reliquit, hic consummarit* (MG. SS. XVI, p. 168: Annal.
Magdeb. 1023). Daß die Stadtmauer nicht auch den neuen Markt einschloß,
wie HAGEDORN, a. a. O., XVI, p. 400 annimmt, ergiebt sich aus der Urkunde
UB. Magdeburg I, 188 (1294): *infra muros Magdeburgenses et in novo foro.*

[3] MG. SS. XIV, p. 420 (Gesta arch. Magd. Contin. I, 31) (1214): *suburbium civitatis scilicet ubi nunc est parrochia s. Jacobi, Petri et s. Katherine.*
Vgl. auch die Chroniken der deutschen Städte, Bd. VII, p. 139.

[4] UB. Magdeburg I, 187 (1294): Erzbischof Erich erkauft von dem
Herzog zu Sachsen *ein ledig burggravenamnmecht binnen der stadt tho Magde-
burgk uff dem alten markede und uff den nyen markede;* vgl. cod. l. 188.

[5] Über die Gerichtsgewalt des Schultheißen vgl. PLANCK, a. a. O., p. 24 f.

sogen. Möllenvogtes,[1] dessen Amt sich bis weit hinein in das
XII. Jahrhundert verfolgen läßt.[2] Beide Gerichte sind völlig von
einander geschieden. Kein Bürger der Altstadt darf vor dem
Mooshause, d. h. auf dem Dingplatze des Möllenvogtes, verklagt
oder verfestigt werden, es sei denn um handhafte That,[3] und
umgekehrt dürfen die Bürger der Altstadt

> *„uff' dem newen markte daselbst keynerley gerichte haben noch
> yemanden angreiffen noch fahen, si tun denne das mit dem vogte
> us dem mulhove."*[4]

Diese Scheidung der Gerichte beruht auf dem Gegensatz von
freier Marktgemeinde und erzbischöflicher Hofgemeinde; während
die Altstadt keinem Grundherrn gehört, ist der neue Markt, wie
es in dem Notariatsinstrument über die in dem Streite zwischen
Stadt und Erzbischof gefällte Entscheidung des Baseler Konzils
heißt,[5] von alters her *ipsius ecclesie libera proprietas.*[6] Deshalb
fallen auch nach dem Vertrage von 1497 erblose Güter, Gerade
und Heergewäte auf dem neuen Markte an den Erzbischof,
während in der Altstadt der Rat dieselben beansprucht.[7]

Derselbe Gegensatz der beiden Stadtteile wie in der mittleren
Gerichtsbarkeit zeigt sich auch in der niederen Jurisdiktion und
in der Gemeindeverfassung. Auf dem neuen Markt ist der Möllen-
vogt der einzige Richter und zugleich der einzige Gemeindebeamte;
er vereinigt in seiner Person die Funktionen des Gografen und
Bauermeisters. In der Altstadt dagegen werden die Rechte,

---

[1] Vgl. Stoeckert in Hist. Zeitschr. LXVI, p. 203 ff.

[2] Ein ministerialischer Vogt *Tidericus advocatus* wird zuerst 1158
(v. Mülverstedt, Reg. archiep. Magdeb. I, 1366) erwähnt. In den späteren
erzbischöflichen Urkunden des XII. und XIII. Jahrhunderts ist der Ministe-
rialenvogt außerordentlich häufig als Zeuge aufgeführt; im letzten Viertel
des XII. Jahrhunderts finde ich ihn nicht weniger als 24 mal urkundlich
genannt. Besonders häufig steht er in den Zeugenreihen neben dem Stadtschultheißen.

[3] UB. Magdeburg I, 251, p. 134 (1309).

[4] cod. I, 540, p. 344 (1377); vergl. die Bestätigung cod. I, 820,
p. 485 (1403).

[5] UB. Magdeburg II, 330, p. 434 (1434).

[6] Ebenso steht im Eigentume des Erzbischofs die Vorstadt Sudenburg.

[7] UB. Magdeburg III, 1028, p. 608 (1497); vgl. Stoeckert, a. a. O., p. 203.

welche dem Bauermeister nach dem Sachsenspiegel zustehen, vom
Rate ausgeübt. Der Rat ist allein die Gemeindevertretung der
Altstadt, nicht der gesamten Ansiedelung, welche den Namen
Magdeburg trägt. Wiederholt wird er, sowohl im Gegensatze zu
der Neustadt Magdeburg als auch zum neuen Markte, ausdrück-
lich als *consules antiquae civitatis*, als *ratmanne der olden stad to
Magdeborch* bezeichnet.[1] Hier in der Altstadt vertritt der Rat
aber nicht nur die Gemeinde nach außen und versammelt die
Bürger, um über städtische Angelegenheiten zu beschließen, er
übt auch genau ebenso wie der Bauermeister des Sachsenspiegels
eine niedere Gerichtsbarkeit aus.[2] Vervollständigt wird diese
Ähnlichkeit zwischen der sächsischen Landgemeinde und der
Stadtgemeinde Magdeburg dadurch, daß die unter dem Vorsitz
des Rates abgehaltenen Gemeindeversammlungen genau ebenso
wie die Versammlungen der Landgemeinde den Namen *burding*[3]
führen. Aber ein durchgreifender Unterschied besteht allerdings
zwischen der ländlichen Bauerschaft und der Magdeburger Marktgemeinde; in den ostfälischen Dörfern ist der Leiter des Burdinges eine einzelne Person, der Bauermeister, in Magdeburg dagegen ein Kollegium, der Rat. Dafür aber, daß früher auch in
Magdeburg die Leitung des Burdinges einem Bauermeister zustand, wie v. MAURER annimmt,[4] fehlt jeder Anhaltspunkt und,
wie wir sehen werden, auch alle Wahrscheinlichkeit.

Weit weniger als über Magdeburg sind wir über die beiden
anderen sächsischen Bischofsstädte an der Slawengrenze, über
Merseburg und Naumburg unterrichtet. Die urkundlichen Nachrichten über beide Orte harren bis auf wenige Ausnahmen noch
völlig der Veröffentlichung. Was wir aber über Merseburg[5]

---

[1] UB. Magdeburg I, 116 (c. 1250), 273, p. 157 (1315), 362, p. 224 (1336),
402, p. 247 (1349) etc.; cod. II, 246, p. 142 (1431).

[2] Vgl. v. MAURER, a. a. O., p. 247 ff.; PLANCK, a. a. O., p. 25 ff.

[3] Der Name findet sich zuerst in dem Magdeburg-Breslauer Recht
von 1261 §§ 3, 4 (LABAND, Magdeburger Rechtsquellen, 1869. p. 14); ferner
UB. Magdeburg I, 187 (1294); RIEDEL, C. d. Brandenb. A, XV, p. 45, n. 58
(1297) und öfter.

[4] v. MAURER, a. a. O., p. 248.

[5] Über Merseburg vergl.: v. MEDEM, Beitrag zur Geschichte der Stadt
Merseburg in: Neue Mitteil. d. thür. sächs. Ver. II (1836), p. 389 ff.

wissen, stimmt im ganzen mit den für Magdeburg gewonnenen
Ergebnissen überein. Merseburg geht zurück auf eine Burg, die
wohl bereits im IX. Jahrhundert in den Kämpfen gegen die
Slawen erbaut wurde. Dieselbe lag im Norden der heutigen Stadt
und führte schon zu Thietmars Zeit im Beginne des XI. Jahrhunderts den Namen der „Altenburg" (*antiqua civitas*),[1] einen
Namen, der noch heute an der Nordvorstadt Merseburgs haften
geblieben ist. König Heinrich I., welcher durch seine erste Ge-
mahlin Hatheburg in den Besitz eines großen Teiles dieser Altenburg und ihrer Umgebung gelangt war,[2] legte im Süden derselben
— vielleicht unter Benutzung schon vorhandener Mauerreste —
eine neue Burg an, die von einer steinernen Ringmauer umschlossen wurde, und gründete in dieser eine Kirche, welche
später die Kathedralkirche des Merseburger Bistums werden
sollte.[3] Otto I. endlich errichtete hier jenes Bistum, das allerdings einige Jahre nach seinem Tode einging, aber im Jahre 1004
von Heinrich II. wiederhergestellt wurde.[4] Seine erste reiche
Güterschenkung am Orte selbst empfing das neugegründete Bistum durch Otto II. Nach Thietmars Bericht erhielt die bischöfliche Kirche von diesem Kaiser außer einem großen Forste,

> „*quicquid Merseburgiensis murus continet urbis cum Judeis et
> mercatoribus ac moneta.*"[5]

Genaueren Aufschluß über den Inhalt dieser Schenkung giebt
uns ein Privileg Heinrichs II., welches dem erneuerten Bistum
Merseburg seinen ehemaligen Besitz zurückstellt und wahrschein-

---

[1] Thietmar I, 5, p. 4: *in urbe predicta quam antiquam civitatem nomi-
namus.* Vergl. auch die Urkunde Heinrichs II. von 1012 (HOEFER, Ztschr.
f. Archivkunde I, p. 161 f., n. 9 (St. 1565): *ecclesiam in antiqua urbe sitam*).

[2] Thietmar I, 5, p. 4.

[3] Thietmar I, 18, p. 12: *Antiquum opus Romanorum muro rex predictus in Merseburg decoravit lapideo et infra eandem ecclesiam, quae nunc
mater est aliarum, de lapidibus construi et 14. Kal. Jun. precepit dedicari.*
Der Bericht der Merseburger Bischofschronik (MG. SS. X, p. 164) verwechselt,
wie es scheint, Heinrich mit seinem Nachfolger Otto I.

[4] Vgl. HAUCK, Kirchengeschichte Deutschlands, Bd. III, 1896, p. 144 ff.,
268 ff., 409 ff.

[5] Thietmar III, 1, p. 48.

lich der verlorenen Schenkungsurkunde Ottos II. nachgebildet ist.
Darin verleiht der König der bischöflichen Kirche

> „*curtem quoque regiam cum aedificiis infra urbem Merseburg
> positam et omnia curtilia infra et extra urbem, quae negotiatores
> possident, insuper et mercatum, monetam, theloneumque ex integro
> et quicquid ibi quondam ad regalem usum pertinere videbatur,
> in wadiis aut freda solutioneque negotiatoria seu iusticiis legali-
> bus seu caeteris utensilibus, quae publici exactores in regum uti-
> litatem poscere solebant.*"[1]

Deutlich ist hier der Gegensatz zwischen den beiden Teilen von
Merseburg ausgesprochen.   Innerhalb der Burg, dicht am Dome,
liegt der Königshof mit seinen Gebäuden, die Fronhofsansiedelung.
Ihr gegenüber stehen die *curtilia* der Kaufleute und Juden, die
nur zum Teil in die Burg hineinreichen, im übrigen aber um
den außerhalb der Burg befindlichen Markt gelegen sind. Deutlich
heben sich die beiden Niederlassungen von einander auf dem
Stadtplane ab; gegenüber der unregelmäßig gebauten Domansiedelung, welche einen eigentlichen Mittelpunkt entbehrt, steht die
rings um den rechtwinkeligen Marktplatz entstandene Stadt. Während des ganzen Mittelalters und der Neuzeit sind Stadt und
Domansiedelung zwei rechtlich von einander getrennte Ortschaften
geblieben.   Erst im Jahre 1831 hat man sie gelegentlich der Ein-
führung der revidierten Städteordnung zusammen mit den beiden
Vorstädten Altenburg und Neumarkt zu einer Gesamtgemeinde
vereinigt.

Also auch hier in Merseburg hat sich ähnlich wie in Magdeburg um den in einiger Entfernung von der Domansiedelung
errichteten Markt eine Kaufmannsansiedelung gebildet. In einem
ist dieselbe jedoch von der Magdeburger Marktansiedelung verschieden. Während in Magdeburg die Kaufleute ihren Grund
und Boden offenbar zu freiem Eigen besitzen und nur die öffentliche Gerichtsgewalt über dieselben dem Moritzkloster übertragen
wird, gehören in Merseburg die *curtilia* der Kaufleute dem Bistum.
Diese Verschiedenheit ist m. E. in folgender Weise zu erklären:
In Merseburg war der um den Marktplatz liegende Grund und

---

[1] C. dipl. Sax. reg. A, I, 56, p. 282 (1004) (St. 1373); vergl. Thietmar
VI, 16, p. 143.

Boden den Kaufleuten, die sich dort ansiedelten, nicht zu freiem
Eigen, sondern gegen einen Zins verliehen worden, und dieser
Zins war es, den der König dem Domstifte schenkte.[1] Eine persönliche Unfreiheit der Kaufleute selbst war mit dieser Zinsleihe
nicht verbunden; nicht die *negotiatores* wurden vergeben, sondern
allein ihre *curtilia*. Die *negotiatores* bildeten auch hier eine freie
Gemeinde, die Gemeinde der Altstadt Merseburg. Diese Stadt
Merseburg scheint übrigens erst im Anfange des XIII. Jahrhunderts befestigt worden zu sein und bis zu dieser Zeit eine
offene Marktansiedelung gebildet zu haben. In ihr allein spielte
sich der Marktverkehr ab, sie wird deshalb geradezu selbst als
forum bezeichnet, z. B. in jener Urkunde Friedrichs I., welche
dem Bischof Eberhard gestattete,

> „*ut forum in civitate sua Merseburgk usque ad pontem extendat.*"[2]

Von einer Ausdehnung der Markt- und Handelsansiedelung, nicht
von einer Erweiterung des Marktplatzes ist in diesem Privileg die
Rede. Denn der Marktplatz von Merseburg liegt von der Saale weit
entfernt und kann nie bis an die Saalebrücke gereicht haben.
Zu gleicher Zeit hat Bischof Eberhard, ebenfalls mit kaiserlicher
Erlaubnis, jenseits der Brücke eine neue Marktansiedelung, ein
novum forum, die Vorstadt Neumarkt, gegründet.

Die Entstehung einer derartigen Kaufmannsansiedelung können wir zuerst mit einiger Sicherheit in Naumburg[3] verfolgen.
Ebenso wie bei Magdeburg und Merseburg geht die Stadt Naumburg auf eine Grenzburg zurück, die im Gegensatze zu der wenige
Kilometer davon entfernten „alten Burg" (heute Almerich genannt)
den Namen der „neuen Burg" (*Niwenburg, Nuwenburg,* endlich Naumburg) führte. Die Burg lag im äußersten Nordwesten der Stadt
auf der Stelle, wo heute das Oberlandesgericht steht; sie befand

---

[1] Vielleicht ist dieser Zins, wie KEUTGEN, Untersuchungen über den
Ursprung der deutschen Stadtverfassung, p. 204 f., Anm. 3 anzunehmen
scheint, identisch mit der im Privileg Heinrichs II. erwähnten *solutio nego-
tiatoria*.

[2] SCHULTES, Directorium diplomaticum II, 479, p. 333 (1188) (St. 4506);
vergl. die Bestätigung Heinrichs VI. (cod. II, 520, p. 370 (1195) (St. 4970)).

[3] Über Naumburg vergl.: LEPSIUS, Geschichte der Bischöfe des Hochstifts Naumburg, Bd. I, 1846. — BORKOWSKY, Aus der Vergangenheit der Stadt
Naumburg, 1893. (Naumburger Programm.)

sich im Eigentume der Ekkehardiner.[1] Dicht neben ihr gründete
man in der ersten Hälfte des XI. Jahrhunderts die beiden
Klöster zum heiligen Georg und zum heiligen Moritz.[2] Unter
Konrads II. Regierung ging die Burg in den Besitz des Bistums
Zeitz über, das in den Jahren 1028—1032 überhaupt hierher
verlegt wurde.[3] Nur wenige hundert Schritte südöstlich der
Burg entstand der bischöfliche Dom, umgeben von den Wohnungen der Domkanoniker. Aus diesen drei Immunitäten des Domes und der beiden Stifter ist der unregelmäßig gebaute Stadtteil
im Nordwesten der Altstadt Naumburg erwachsen. Derselbe war
ebenso wie der neue Markt in Magdeburg und die Domstadt in
Merseburg rechtlich durchaus von der eigentlichen Stadt geschieden.

Über die Entstehung der Altstadt Naumburg erhalten wir
Nachricht durch eine hochinteressante Urkunde, die man vielleicht
geradezu als das älteste deutsche Stadtgründungsprivileg bezeichnen kann. In dem etwa eine Wegstunde nördlich von Naumburg
gelegenen Orte Großjena an der Unstrut war im Anschluß an die
alte Stammburg der Ekkehardiner[4] eine Kaufmannsansiedelung
entstanden. Nachdem das Bistum nach Naumburg verlegt und
bei dieser Gelegenheit auch für den Ort Naumburg das Marktrecht erteilt worden war, mußte es natürlich die erste Sorge der
Bischöfe sein, den neuen Bischofsort zu heben und dort ebenso
wie in Magdeburg und Merseburg eine Kaufmannsansiedelung zu
begründen. Um nun möglichst viele Handeltreibende herbeizu-
ziehen und zugleich die Konkurrenz der Großjenaer Niederlassung zu beseitigen, forderte Bischof Cadalus die Kaufleute von
Großjena auf, sich in Naumburg niederzulassen, und verlieh ihnen
für ihre Hausstätten volle Zins- und Verfügungsfreiheit.[5] Außer-

---

[1] Vergl. BORKOWSKY, a. a. O., p. 14.
[2] Vgl. cod., p. 16.   [3] Vgl. cod., p. 22 f.
[4] Vgl. LEPSIUS, a. a. O., p. 138 f.; POSSE, Die Markgrafen von Meißen,
1881, p. 33; BORKOWSKY, a. a. O., p. 6 f.; KEUTGEN, a. a. O., p. 203 f.
[5] LEPSIUS, a. a. O., UB. 11, p. 198 und C. d. Sax. reg. A, 1, 82,
p. 297 (1033): *ut quae septa cum areis quisque insederit perpeti iure sine
censu possideat indeque licentiam faciendi quicquid voluerit habeat.* Die an
den Genuß dieses Rechtes geknüpfte Bestimmung, „*ut ius omnium negocia-
torum nostrae regionis mihi profiteantur*" wird an anderer Stelle ihrem
Inhalte nach untersucht werden; vergl. unten § 8 am Ende.

dem erhielten die neuangesiedelten Kaufleute vom Kaiser das *ius gentium*, die allgemeine Handelsfreiheit im ganzen Reiche. Aus dieser um den Markt von Naumburg entstandenen Kaufmannsansiedelung ist die Altstadt Naumburg hervorgegangen. Auf dem Stadtplane kann man es deutlich verfolgen, wie sie [sich ohne jeden Zusammenhang mit der Domansiedelung um den Markt gebildet hat, wie alle Straßen vom Markte ausgehen oder demselben parallel laufen, ganz im Gegensatze zu der planlosen Anlage der Domstadt. Deutlich erkennt man den Unterschied zwischen der allmählich entstandenen, ursprünglich bloß von Geistlichen, Ministerialen und Ackerbauern bewohnten Domansiedelung und der künstlich begründeten Kaufmannsniederlassung, der Altstadt. Im Gegensatze zu den Immunitätsgerichten der Domstadt ist das Gericht der Altstadt ein öffentliches Gericht, als freie Gemeinde hat sie eine ausgebildete Gemeindeverfassung. Auch kirchlich bildet sie eine besondere Parochie; ihre Pfarrkirche, welche dem heiligen Wenzel geweiht ist, wird schlechtweg als Stadtkirche oder Marktkirche bezeichnet. Ursprünglich war auch allein die Altstadt von der Stadtmauer umschlossen; erst am Ende des XIII. Jahrhunderts hat man die Domstadt in die städtische Befestigung hineinbezogen.[1]

Durch ihr hohes Alter besonders wertvoll sind für uns die Urkunden, welche die Kaufmannsansiedelung in Halberstadt[2] betreffen. Den Mittelpunkt der Stadt bildet die auch das Liebfrauenstift umfassende Domfreiheit, die *immunitas muri*, wie sie in der Urkunde über die Vogteirechte heißt,[3] die *urbs*[4] oder „Burg",[5]

---

[1] LEPSIUS, a. a. O., UB. 78, p. 318 (1287): *quodque episcopalis et canonicorum curie muro civitatis includantur fossatis, muris, lapidibus et lignis ac plancis seu alio quovis modo.*

[2] Über Halberstadt vergl.: VARGES, Verfassungsgeschichte der Stadt Halberstadt im Mittelalter in: Zeitschrift des Harzvereins XXIX (1896), p. 81 ff., 416 ff.

[3] UB. Halberstadt I, 6, p. 6 (1133).

[4] UB. Hochst. Halberstadt I, 315 (1186), II, 1148 (1266); UB. Halberstadt II, 697 (1402): *in circuitu ipsius ecclesie quoddam spatium, quod urbs Halb. communiter appellatur, infra cuius immunitatem eadem ecclesia necnon curie canonicales ipsius ecclesie consistunt.*

[5] UB. Halberstadt I, 458 (1339), 521 (1361), 611 (1383), 630 (1386), II, 1050 (1474).

wie sie in späteren Urkunden genannt wird. Diese immune Burg
war es, deren Frieden Bischof Arnulf auf feierliche Weise durch
kirchlichen Bann sicherte.[1]   In dieser Immunität gebot ausschließlich die geistliche Gewalt.   Nur dreimal im Jahre durfte
der Stiftsvogt innerhalb der Burgmauern im Bischofshause, dem
sogenannten Petershofe, über die ihm unterstehenden Liten Gericht abhalten.[2]

Diese Liten aber hatten ihren Wohnsitz nicht in der Immunität selbst, sondern in dem nördlich, westlich und südlich
der Burg gelegenen, unregelmäßig gebauten Stadtteil, welcher den
Namen der Vogtei führte und durchaus von der eigentlichen Stadt
unterschieden wurde.[3]   Vielleicht waren die Liten nicht die einzigen
Bewohner der Vogtei; wenigstens wohnten später Freie und Unfreie
im bunten Gemisch hier durcheinander.   Trotzdem sie zusammen
mit der übrigen Stadt von der gemeinsamen Stadtmauer um-

---

[1] UB. Halberstadt I, 6, p. 6: *Arnoldus episcopus (996—1023) missa-*
libus indutus vestibus multo cleri plebisque comitatu civitatem nostram a se
constructam circuiens consecravit et ita banno et auctoritate sua immuni-
tatem sacrorum canonum restauravit; vergl. den Bericht Annalista Saxo 996
(MG. SS. VI, p. 641). — Waitz, VG., Bd. VII, p. 379, Anm. 3 und, ihm folgend,
Sohm, Die Entstehung des deutschen Städtewesens, p. 47 f. erblicken irrtüm-
licherweise in dem geschilderten Vorgang eine Weihe der Stadtmauer und
eine Sicherung des Stadtfriedens.   Daß es sich allein um eine Weihe der
Immunitätsmauer und eine Sicherung des Immunitätsfriedens handelt, ergiebt der übrige Inhalt der angeführten Urkunde, welcher ausschließlich die
Immunität der Domfreiheit zum Gegenstande hat und die Sonderstellung
der *emunitas muri* auf diese Weihe zurückführt.   Vergl. auch Varges,
a. a. O., p. 84 f.   Damit erledigt sich die von Uhlirz in Mitt. d. Inst. f. österr.
Gf. XV, p. 512 f. gegen Sohm gerichtete Bemerkung.

[2] UB. Halberstadt I, 6, p. 6 (1133): *ab omnibus locis infra ambitum*
muri et domibus clericorum sive infra sive extra positis omnem secularem
potestatem sub anathemate seclusimus, excepto quod predictus adrocatus seu
successor suus ter in anno placita sua in domo episcopali cum litis ex ad-
vocatiae iure ad se pertinentibus habeat.

[3] UB. Halberstadt I, 133 (1269), 258 (1295), 320 (1307), 332, 335 (1311) etc.
Daß auch das im Süden der Burg gelegene, sogenannte Westendorf zur
Vogtei gehörte, ergiebt die Urkunde UB. Halberstadt II, 1164, Anm. (1492):
uf der voitie ym Westedorfe. — Über die in der Vogtei angesessenen Liten
vergl. die interessanten Bullen Bonifaz' IX. von 1401 (UB. Hochst. Halberstadt IV, 3178, 3179).

schlossen wurde,[1] war die Vogtei rechtlich von der eigentlichen
Stadt durchaus geschieden. Nicht nur in kirchlicher Hinsicht
bildete sie eine eigene Parochie, deren Seelsorge dem Johannisstifte oblag;[2] auch in bürgerlichen Angelegenheiten waren beide
Stadtteile von einander getrennt. Die Leute von der Vogtei
unterstanden nicht dem Stadtrechte, sie wurden ausdrücklich von
den *borgheren up dem wicbelde* unterschieden.[3] Vorübergehend
ist allerdings die Vogtei durch Verpfändung in den Besitz der
Stadt gelangt.[4] Damals haben die Vogteileute schwören müssen:

> *„dat we mit deme rade unde der meynheit uppe dem wicbelde*
> *hyr to Halb. schoten willen up ere radhus, wenne se schoten,*
> *unde alle wicbeldes recht mit ene holden.“*[5]

Aber am Ende des XV. Jahrhunderts ist diese Verbindung wieder
gelöst worden.[6]

Diese Vogtei nun ist thatsächlich nichts anderes als die
alte Ortsgemeinde Halberstadt, die alte Bauerschaft. Das
ergiebt sich vor allem aus dem interessanten Schiedsvertrage
Bischof Albrechts zwischen dem Kloster Michaelstein einerseits
und den Einwohnern von der Vogtei und von sechs bei
Halberstadt gelegenen Dörfern anderseits.[7] Es zeigt sich, daß
die Halberstädter Vogtei zusammen mit den genannten Dörfern
auf dem Langenberge die Holzschlaggerechtigkeit besaß, also
mit denselben durch agrarwirtschaftliche Interessen verbunden
war, ohne daß die eigentliche Stadt irgendwie dabei beteiligt
gewesen wäre. Die nächstliegende Erklärung ist, daß wir es
hier mit den Resten einer alten Markgenossenschaft zu thun
haben, welche vor Zeiten die Bauerschaft Halberstadt sowie jene
sechs Dörfer umfaßte. Bei dieser Gelegenheit erfahren wir auch,
daß die Vogtei genau ebenso wie jede andere ostfälische Bauer-

---

[1] UB. Halberstadt I, 320, 321 (1307): *advocatia intra muros civitatis Halb.*

[2] UB. Hochst. Halberstadt I, 574 (1225).

[3] UB. Halberstadt I, 560 (1371), 684 (vor 1400).

[4] cod. I, 560—564 (1371).

[5] cod. I, 561, Anm.

[6] cod. II, 1144 (1486), I, 560, Anm. (1488).

[7] cod. I, 335 (1311).

schaft ihren Bauermeister besaß; unter den Zeugen findet sich
Rotgerus magister civium in advocatia Halb.[1]

Der übrige Raum innerhalb der Stadtmauer wird, wenn wir
von den Immunitäten der beiden Stifter St. Paul und St. Moritz
absehen, durch die eigentliche Stadt ausgefüllt. Diese eigentliche
Stadt aber ist eine Markt-, eine Kaufmannsansiedelung. Allerdings unterscheidet sie sich dadurch von den meisten übrigen
Marktansiedelungen, daß Bischof Hildiward, als er 989 das Recht
erhielt, einen Markt in Halberstadt zu errichten,[2] denselben nicht
in einiger Entfernung von der Domimmunität, sondern dicht unterhalb der Domfreiheit anlegte. Die im Anschluß an diesen Markt
entstandene Ansiedelung konnte sich deshalb nicht, wie in den
anderen Städten, nach allen Seiten gleichmäßig ausdehnen. Trotzdem sieht man auf den ersten Blick, daß die Altstadt Halberstadt
im Anschluß an den Markt entstanden ist; ihre sechs Hauptstraßen, nach denen die sechs sogenannten Nachbarschaften benannt
sind,[3] nehmen sämtlich strahlenförmig vom Markte ihren Ausgang.

---

[1] Neben diesem Bauermeister, der als *burmester ut der Ridderstrate*
bezeichnet wird, nennt eine kurz vor 1400 entstandene Aufzeichnung im
Halberstädter Stadtbuche (UB. Halberstadt I, 684) noch einen anderen
Bauermeister auf vogteilichem Gebiete, den *burmester ut dem Westendorpe.*
Wahrscheinlich handelt es sich dabei um ein später begründetes Amt. Das
Westendorf selbst wird in dieser Aufzeichnung zum ersten Male erwähnt; es
ist offenbar eine jüngere Gründung auf dem zur Vogtei gehörigen Boden.
Jedenfalls scheint es, wie sein Name sagt, jünger als die eigentliche Stadt
Halberstadt zu sein, deren Westvorstadt es bildet.

[2] MG. DD. II, O. III, 55 (989); vergl. eod. 104 (992); UB. Hochst.
Halberstadt I, 60 (1002) (St. 1319).

[3] Breiteweg, Kühlinger Straße, Harsleber Straße, Schmiedestraße, Hohe-
weg, Schuhhof (Schuhstraße); vergl. UB. Halberstadt I, 684 (vor 1400). Jede dieser
Nachbarschaften hatte ihren Bauermeister. — Gerade diese Benennung der Nachbarschaften nach den sechs auf dem Markt führenden Hauptstraßen beweist,
daß wir in denselben nicht alte Bauerschaften zu erblicken haben, sondern
daß es sich um eine künstliche Stadteinteilung handelt, die bloß die Namen
neberscop und *burmester* von der sächsischen Landgemeinde entlehnt hat.
In der Stadt Halberstadt giebt es deshalb auch nicht sechs, sondern bloß
ein *burding.* — Im Jahre 1285 werden in einer Urkunde nur zwei Bauermeister erwähnt (UB. Halberstadt I, 194); daraus aber mit VAROES, a. a. O.,
p. 138 zu schließen, es habe damals überhaupt bloß diese zwei Bauermeister
gegeben, erscheint mir zu gewagt.

Bald nach ihrer Entstehung erhalten wir von dieser Marktansiedelung nähere Kunde. In einer im Original erhaltenen Urkunde bestätigt Bischof Burchard I. den

> *„mercatoribus Halverestidensibus inibi sedentibus et episcopis prae-*
> *fatae sedis rectum censum pro mercatorio usu solventibus"*

einige Wiesen, die ihnen seine Vorgänger Arnulf (996—1023)
und Brandag (1023—36) verliehen haben, und überweist ihnen
weitere Wiesen im Osten ihrer Ansiedelung (*villa*), im Süden der
Holtemme[1], zur Weide. Diese Kaufleute sind nicht etwa eine
innerhalb einer größeren Gemeinde bestehende Kaufmannsgilde.
Abgesehen davon, daß die Ausstattung einer Gilde mit Allmende
ein Unikum in der deutschen Verfassungsgeschichte wäre, und daß
die später in Halberstadt nachweisbare Kaufmannsgilde[2] nie
Wiesen besessen hat, hätten die Halberstädter Kaufleute, wenn
sie bereits Glieder einer freien Landgemeinde gewesen wären,
einer besonderen Allmende sicher nicht bedurft. Die *mercatores*
bilden vielmehr selbst eine eigene freie Ortsgemeinde, eine Kaufmannsgemeinde, die im Anschluß an den Markt aus dem Marktverkehr entstanden ist, und die aus Handel- und Gewerbetreibenden
besteht. Aus dieser Kaufmannsgemeinde, die von den Bischöfen
Arnulf, Brandag und Burchard ihre eigene Allmende erhalten hat,
ist die spätere Stadt Halberstadt hervorgegangen.

Diese Kaufleute aber werden als *mercatores episcopis praefatae
sedis rectum censum pro mercatorio usu solventes* bezeichnet.
WAITZ[3] und RATHGEN[4] verstehen unter diesem *census* eine Abgabe für die Erlaubnis, Handel zu treiben. Aber eine derartige
allgemeine Handelsabgabe läßt sich in Halberstadt in der Folgezeit nicht nachweisen. Mit glücklichem Griffe hat KEUTGEN[5] die
richtige Erklärung gefunden. Darnach ist der *pro mercatorio usu*
gezahlte Zins ein Leihezins, den die *mercatores* von ihren Hausstätten entrichten „nach dem in Marktorten oder bei Kaufleuten
üblichen Brauche." Es wird auf das Beispiel der anderen Markt-

---

[1] UB. Halberstadt I, 1, p. 1 (1036—59).
[2] cod. I, 138 (1272), 248 (1291).
[3] WAITZ, VG., Bd. V² (ed. ZEUMER), p. 397 f., Anm. 4; VIII, p. 283.
[4] RATHGEN, a. a. O., p. 50.
[5] KEUTGEN, a. a. O., p. 204 f.

ansiedelungen verwiesen, in denen, wie wir sehen werden, ein
Leihezins, der dem Marktherrn gezahlt wurde, durchaus gebräuchlich war. Diese Vermutung KEUTGENS wird durch unser Urkunden-
material vollkommen bestätigt. Thatsächlich ist bis zum Jahre 1250
am St. Gallentage ein jährlicher Zins von jeder Hausstätte in
der Stadt an den Bischof entrichtet worden.[1] Erst im genannten
Jahre hat Bischof Meinhard den Bürgern diese Zinse, soweit sie
nicht anderen zu Lehen gegeben waren, erlassen. Dieser Wortzins erschien so sehr als eine speziell von den Bürgern zu entrichtende Abgabe, daß Hausstätten, welche in das Eigentum der
Stifter St. Paul oder St. Bonifaz gelangen und bei dieser Gelegenheit dem Stadtrechte entzogen werden und unter Immunitätsrecht kommen, von diesem Zinse befreit werden.[2]

Auch aus späterer Zeit besitzen wir Urkunden, die diese
Kaufleute betreffen. König Heinrich IV. bestätigte den *negotiatores* von Halberstadt die Privilegien seiner Vorgänger und verlieh ihnen Zollfreiheit auf den königlichen Märkten im ganzen
Reiche.[3] Bischof Burchard II. ferner erteilte in einer leider sehr
verstümmelten Urkunde den *mercatores* ein Zehnt- und Send-
gerichtsprivileg und traf Bestimmungen über die Erbfolge der
Töchter.[4] Demnach hatte sich in dieser Marktansiedelung bereits
ein vom Landrecht verschiedenes Recht herausgebildet.

Vor allem aber nimmt unser Interesse die Urkunde von 1105
in Anspruch, in welcher Bischof Friedrich den *incolae loci nostri
cives videlicet forenses* die von seinen Vorgängern verliehenen *iura
et statuta civilia* bestätigte.[5] Der Inhalt dieser *iura civilia* ist
folgender:

„*ut per omnem hanc villam in illorum potestate et arbitrio sicut
antea consistat omnis censura et mensura stipendiorum carnalium
vendendo et emendo, et quod iuxta rusticitatem vel vulgaritatem*

---

[1] UB. Halberstadt I, 24 (1226), 49, 50 (1241) (wohl gegen Ende des
XIII. Jahrhunderts entstandene Fälschungen), 76 (1250); vergl. auch eod. I,
85 (1252), 116 (1261), 124 (1265).

[2] eod. I, 24 (1226), 49, 50 (1241).

[3] eod. I, 3 (1068) (St. 2714); vergl. die Bestätigungen Heinrichs V. und
Heinrichs VI. (eod. I, 5 (1108) (St. 3028), 9 (1196) (St. 4989)).

[4] eod. I, 2 (1059—88).

[5] eod. I, 4 (1105).

linguae „burmal" vocant, ipsi diligenter observent, pondus et mensuram aequam faciant, quae non sit abhominabilis apud Deum. Si quid autem natum fuerit questionis et illicitae presumptionis de venditione et emptione iniusta, ipsi vel quos huic negotio preesse voluerint hoc secundum iustitiam exigendo diiudicent et corrigant."
Die *cives forenses*, die Bürger der Halberstädter Marktansiedelung, haben also die Aufsicht über Maß und Gewicht, die Prüfung der Fleischwaren (und wohl der Lebensmittel überhaupt), demnach eine Art Marktpolizei, und endlich die Gerichtsbarkeit über allen Kauf und Verkauf. Daß diese Rechte zur Kompetenz der sächsischen Bauerschaft gehören, hat bereits v. Below[1] dargelegt. Dem entspricht es auch, wenn die Versammlung der Gemeindegenossen, in welcher dieselben ihre polizeiliche Gesetzgebung und Rechtsprechung ausüben, *burmal* (= *burding*)[2] genannt wird.[3] Dieses *burding* findet sich in der späteren Halberstädter Überlieferung wieder. In dem gegen Ende des XIV. Jahrhunderts angelegten Stadtbuche[4] trifft man unter der Überschrift:

---

[1] v. Below, Die Entstehung der deutschen Stadtgemeinde, 1889, p. 32 f. Vergl. Ssp. II, 13, § 3: *Dit selve gerichte* (nämlich des Bauermeisters) *gat over unrechte mate unde unrechte wage, over valschen kop.*

[2] Vergl. Schmidt in UB. Halberstadt I, 4, Anm. 2.

[3] Verfehlt ist die Interpretation Keutgens, a. a. O., p. 205 f., 217 f., welcher den über das *burmal* handelnden Satz völlig aus dem Zusammenhang herausreißt und darin eine Verpflichtung der Kaufleute erblickt, das *burding* der Ackerbau treibenden Bauerschaft Halberstadt zu besuchen. Nach Keutgen seien die Kaufleute von Halberstadt im Besuche dieser Gemeindeversammlung lässig gewesen, weil daselbst doch nur vorwiegend agrarische Sachen zur Sprache kamen, und um diese Interessenverschiedenheit möglichst auszugleichen, habe der Bischof an die Kaufleute jene merkwürdige Ermahnung gerichtet. — Ganz abgesehen davon, daß gerade die den Kaufleuten verliehenen Kompetenzen Rechte der Bauerschaft sind, wäre es schwer erklärlich, wie diese Ermahnung mitten unter den *iura et statuta civilia* einen Platz hätte finden können. Ferner hätten am Besuche des Burdinges durch die Kaufleute weder der Bischof noch die übrige Gemeinde das geringste Interesse gehabt, sondern es wäre der eigene Schade der Kaufleute gewesen, wenn in ihrer Abwesenheit das Burding über Allmendeangelegenheiten oder gar über Maß und Gewicht und falschen Kauf entschieden hätte. Endlich wird aber Keutgens Vermutung durch die späteren Nachrichten über das Halberstädter Burding widerlegt.

[4] UB. Halberstadt I, 686, p. 572 ff.

„*Dit sint de stucke, de men plecht to dem burdinge to kundeghene*"
ein Verzeichnis der von Rat, Innungsmeistern und Burmeistern
im Beisein der Bürgerschaft verkündeten Verordnungen. Also
nicht eine Versammlung sämtlicher Einwohner des Ortes Halberstadt (mit Einschluß der Vogtei) ist das *burding*, und ebensowenig
hält jeder der sechs Halberstädter Bauermeister in seiner „Nach-
barschaft" ein besonderes *burding* ab, sondern das *burding* ist die
Gemeindeversammlung der Altstadt Halberstadt, genau ebenso
wie es ein Vierteljahrtausend früher die Gemeindeversammlung der
cives forenses der Marktansiedelung Halberstadt gewesen ist. Die
Altstadt ist ja aus der Marktansiedelung hervorgegangen. Ebenso
aber wie in Magdeburg wird das *burding* nicht von einem einzelnen *burmester*, sondern von einer kollegial organisierten Behörde,
dem Rate, geleitet. Darin unterscheidet es sich von dem *burding*
der sächsischen Landgemeinde. Diese Verschiedenheit findet sich
bereits in unserer Urkunde angedeutet; über Kauf und Verkauf
sollen die *cives forenses* entweder selbst oder durch diejenigen
richten, *quos huic negotio preesse voluerint*. Es taucht also schon
der Gedanke eines Gemeindeausschusses auf.[1]

Ebenso wie in kommunaler nimmt auch in gerichtlicher Beziehung die eigentliche Stadt zur Vogtei eine Sonderstellung ein.
Über die älteren Gerichtsverhältnisse in Halberstadt, insbesondere
über die Befugnisse des *advocatus* und des *praefectus*, läßt sich
allerdings nichts Sicheres feststellen; immerhin ist zu vermuten,
daß beide Beamten eine ähnliche Stellung wie in Magdeburg einnahmen. Seit dem XIII. Jahrhundert aber erscheinen zwei besondere städtische Richter (*iudices*),[2] die vom Rate alljährlich
gewählt und vom Bischof bestätigt werden.[3] Einmal wird übrigens
ein derartiger Richter auch als *forensis iudex* bezeichnet.[4]

Daß die Altstadt Halberstadt einer Marktansiedelung ihr Dasein verdankt, tritt auch sonst wiederholt in Urkunden zu Tage.
Die Martinikirche, die Pfarrkirche der Stadt. wird mehrfach als

---

[1] Vergl. v. BELOW, a. a. O., p. 33; KEUTGEN, a. a. O., p. 222.
[2] Zuerst 1251 (UB. Halberstadt I, 78).
[3] UB. Halberstadt I, 507 (1358), 534 (1367), 641 (1391), 653 (1396) etc.
[4] eod. I, 349 (1314) (möglicherweise allerdings in der allgemeinen Bedeutung „weltlicher Richter").

„Marktkirche" (*ecclesia forensis*)[1] bezeichnet. Daß aber in diesem Namen mehr ausgedrückt ist als die Thatsache, daß diese Kirche am Markte liegt, ergiebt sich aus einer Urkunde des päpstlichen Legaten Konrad, welche dem Johannisstifte die Seelsorge über alle Häuser überträgt, *que extra ius fori site sunt.*[2] Die Parochialrechte der Marktkirche reichen demnach, soweit Marktrecht gilt. Marktrecht ist aber dasselbe wie Stadtrecht; *ius fori* und *ius civile* werden als Synonyma gebraucht, wenn es sich darum handelt, das Geltungsgebiet des Stadtrechtes gegenüber dem des Immunitätsrechtes abzugrenzen.[3] Das Stadtrecht von Halberstadt ist *ius fori*, weil die Stadt Halberstadt aus einer Marktansiedelung, einem *forum*, entstanden ist.

Halberstadt scheint erst im Laufe des XII. Jahrhundert ummauert worden zu sein; wenigstens wird die Kaufmannsansiedelung in den beiden Urkunden der Bischöfe Burchard 1. und Friedrich noch als *villa* bezeichnet. Jedenfalls ist die Stadt erst nach der oben erwähnten feierlichen Befriedung der Burg befestigt worden. Bischof Albrecht spricht es deshalb auch ausdrücklich aus,

„*dat de borch ghevriet is, ere de stad to Halb. bemueret wart.*"[1]

Ähnlich wie Halberstadt ist die andere alte Stadt am Ostabhange des Harzes, Quedlinburg,[5] entstanden. Nur sind hier

---

[1] UB. Halberstadt I, 7 (1186), 23 (1225) u. ö. — Charakteristisch ist die Art, wie der Ausdruck *forensis* in der ersten citierten Quellenstelle gebraucht wird; Bischof Dietrich schenkt zwei Kirchen, *unam scilicet s. Martini, que est forensis in civitate.* Darnach scheint eine „Marktkirche" regelmäßig zu einer sächsischen Stadt gehört zu haben.

[2] UB. Hochst. Halberstadt I, 574 (1225).

[3] UB. St. Paul in Halberstadt 8, p. 300 f. (1180): Befreiung von elf Kurien von St. Paul *ab omni lege forensi et civili iure;* UB. Hochst. Halberstadt I, 301 (1184): Befreiung von fünf *areae claustrales* des Liebfrauenstiftes *a lege fori;* UB. Halberstadt I, 24 (1226): Exemtion einer Hausstätte des Paulstiftes *a iure fori;* vergl. auch cod. I, 242 (1290): Befreiung des Nikolaiklosters *ab omni iure civili quod vulgariter dicitur „burrecht.*"

[4] UB. Halberstadt I, 630, p. 512 (1386).

[5] Über Quedlinburg vergl.: JANICKE, Einleitung in: UB. Quedlinburg, Bd. II, 1882. — v. BELOW, Die Entstehung der deutschen Stadtgemeinde, 1889, p. 29 ff.

Domansiedelung und Altstadt noch schärfer als in Halberstadt von einander getrennt. Das älteste Quedlinburg bestand aus einer auf dem heutigen Schloßberge erbauten Burg und einer am westlichen Fuße des Berges gelegenen königlichen Pfalz; zu der letzteren gehörte auch die in der Nähe erbaute Wipertikirche.[1] Im Jahre 936 gründete Otto I. in dieser Burg ein Nonnenkloster und machte demselben die ganze Burg mit ihren Gebäuden zum Geschenke,[2] 961 ging auch die kaiserliche Pfalz mit der Wipertikirche in den Besitz des Klosters über.[3] Von der späteren Stadt Quedlinburg ist die Klosterburg mit der Pfalzansiedelung zu ihren Füßen durchaus geschieden; im Gegensatze zur *civitas*, zur Stadt, wird sie im späteren Mittelalter als *antiqua urbs*,[4] als *castrum*[5] und in den deutschen Urkunden als Burg[6] bezeichnet. Und ebensowenig gehört zur eigentlichen Stadt das erst seit dem Beginne des XIV. Jahrhunderts nachweisbare Westendorf (*villa occidentalis*)[7] am Ostabhange der Burg, welches räumlich den Zwischenraum zwischen Burg und Altstadt ausfüllt. Die Leute des Westendorfes haben ebenso wie die Leute von der Burg in der Stadt kein Bürgerrecht,[8] das Westendorf besitzt seine eigene Feldmark,[9] seine eigene Vogtei[10] und sein eigenes Halsgericht.[11]

---

[1] Vergl. JANICKE, a. a. O., p. VII f.

[2] MG. DD. I, O.I, 1 (936).

[3] eod. I, O.I, 228, II, O.II, 1 (961).

[4] UB. Quedlinburg I, 14 (1163), 17 (1179). Der Zusammenhang lehrt, daß unter der *antiqua urbs* der Schloßberg mit seiner nächsten Umgebung zu verstehen ist und nicht, wie JANICKE annimmt, die Altstadt Quedlinburg, für welche die Bezeichnung *antiqua urbs* niemals, die Bezeichnung *antiqua civitas* erst seit der Mitte des XIII. Jahrhunderts nach der Erbauung der Neustadt nachweisbar ist.

[5] eod. I, 21 (1225) u. ö.

[6] eod. I, 97 (1324) u. ö.

[7] Zuerst 1316 erwähnt (UB. Quedlinburg I, 85).

[8] UB. Quedlinburg I, 424, p. 444 f. (1455).

[9] eod. I, 232 (1399): *up dem Westendorpeschen velde*; vergl. eod. I, 281 (1417), 493 (1473).

[10] eod. I, 162, 163, p. 135, 139 (1351): *de rogedie orer dat Westendorp*.

[11] Lehnsrevers der sächsischen Herzöge (cod. II, 572, p. 10) (1479): *das halsgerichte über die Groeper vor Quedlinburg uff dem Nurenwege unnd das Westendorff auch vor Quedlinburgk.*

Die eigentliche Stadt Quedlinburg, die Altstadt, ist aus einer
Marktansiedelung hervorgegangen. Im Jahre 994 gründete
König Otto III. in einer beträchtlichen Entfernung von der
Burg im Osten derselben einen Markt und schenkte denselben
mit allen Einkünften dem Kloster.[1] Um diesen Markt ist in
verhältnismäßig kurzer Zeit eine Kaufmannsansiedelung entstanden.
Bereits unter Konrad II. hat dieselbe ihr erstes Privileg erhalten.[2]
Allerdings ist das uns erhaltene angebliche Original des Konrad'-
schen Privileges eine Fälschung,[3] aber die wenige Jahre jüngere
Bestätigung Heinrichs III.,[4] welche die Urkunde Konrads wörtlich
wiederholt, beweist, daß der Inhalt derselben durchaus aufrecht-
zuerhalten ist. Durch diese Urkunden erhielten die Quedlinburger *negociatores* Handelsfreiheit im ganzen Reiche und dieselbe
lex ac iusticia, welche die *mercatores* von Goslar und Magdeburg
besaßen.[5] Wichtig ist vor allem aber die Bestimmung, daß die
Kaufleute

> „*de omnibus, que ad cibaria pertinent, inter se iudicent, et que
> hiis a delinquentibus pro negligencia componuntur, tres partes
> civibus, quarta pars cedat in usum iudicis.*"[6]

Genau ebenso wie in Halberstadt wird also hier den Einwohnern
der Marktansiedelung, der späteren Altstadt, die Gerichtsbarkeit
über die Lebensmittel übertragen. Und zwar werden die Gerichts-
gefälle von der Gemeinde selbst (*que hiis componuntur*) ein-
gezogen. Nur darin besteht eine Besonderheit, daß ein Viertel
der Gefälle an den öffentlichen Richter abgeliefert werden muß.
Natürlich kann diese Kompetenz nicht in ihrem vollen Umfange

---

[1] MG. DD. II, O.III, 155 (994).

[2] UB. Quedlinburg I, 8 (1038) (St. 2117).

[3] Vgl. BRESSLAU, Die Kanzlei Kaiser Konrads II., 1869, p. 155; ders., Jahrbücher des deutschen Reichs unter Konrad II., Bd. II, 1884, p. 322, Anm. 2;
STUMPF, Die Wirzburger Immunität-Urkunden, Teil II, 1876, p. 27, Anm. 44.

[4] UB. Quedlinburg I, 9 (1042) (St. 2229).

[5] Unter dieser *lex ac iusticia* sind, wie es nach der Urkunde UB.
Quedlinburg I, 10 (1134) scheint, wohl nur Handels- und Zollvorrechte zu
verstehen, dagegen ist nicht an eine Übertragung des Goslarer oder Magdeburger Stadtrechtes zu denken. Allerdings holt Quedlinburg bereits im
XIII. Jahrhundert sein Recht von Goslar (UB. Quedlinburg I, 65).

[6] Die falsche Urkunde Konrads II. hat *cedat iudici civitatis*.

von den gesamten Gemeindegenossen ausgeübt worden sein; die
Gemeinde muß sich notgedrungen ein Organ geschaffen haben.
Dieses Organ ist aber ebenso wie in Magdeburg und Halberstadt
nicht ein dem *burmester* des Sachsenspiegels entsprechender Einzel-
richter, sondern ein Kollegium, der Rat.[1] Vollständig wird diese
Ähnlichkeit mit den Magdeburger und Halberstädter Verhältnissen
aber erst dadurch, daß auch in Quedlinburg die Versammlung
der Bürger unter dem Vorsitze des Rates „*burding*" genannt wird.[2]

Fast hundert Jahre nach der Erteilung dieser ersten Privilegien haben die Quedlinburger *negotiatores,* die Marktgemeinde,
ein umfangreicheres Privileg vom Kaiser Lothar erhalten,[3] welches
ihnen nicht nur die bereits besessenen Rechte bestätigte,
sondern auch weitere Vorrechte verlieh. Auffallend ist auch
hierbei die Ähnlichkeit mit den Halberstädter Verhältnissen.
Die Quedlinburger Kaufleute genossen nicht nur ebenso wie die
Halberstädter einen exemten Gerichtsstand in Synodalsachen,
sondern auch das freie Weiderecht auf einigen im Osten der
Bode liegenden Wiesen. Dieses Weiderecht war aber verknüpft
mit einer Abgabe an die Eigentümerin der Wiesen, die Äbtissin,
und außerdem erhielt der *villicus,* der Ammann des Klosters und
Fronhofsvorsteher, für Instandhaltung der über die Bode führenden Brücke von jeder Herdstelle einen *obolus* (= ½ Denar).

Endlich enthält das kaiserliche Privileg die mit Einwilligung
der Äbtissin getroffene Bestimmung,

> „*ut mercatores lanei et linei panni et pellifices de forensibus sta-
> tionibus tributum non reddant.*"

Hier zeigt sich das Eigentum der Äbtissin am Quedlinburger
Markt; von den Marktständen müssen Standgelder an sie entrichtet werden, es ist eine Ausnahme, daß bestimmte Kaufmanns-
und Handwerkerklassen davon befreit sind. Auch noch in späterer

---

[1] Zuerst erwähnt 1265 (UB. Quedlinburg I, 42). — Die Burmeister oder
Bürgermeister von Quedlinburg gehören dem Rate an, sind aber nur *primi
inter pares.* Sie präsidieren den Sitzungen des Rates, haben aber keine
eigene Amtsgewalt.

[2] UB. Quedlinburg I, 407, p. 416 (1452): *Ok so schal de rad to Quedelingborch bynnen dissen nehstvolgenden veirteyn dagen van deme radhuse to deme
burdinge vorkundigen laten oren borgeren etc.;* vgl. cod. I, 424, p. 441 (1455).

[3] UB. Quedlinburg I, 10 (1134) (St. 3295).

Zeit findet sich diese Abgabe von den Marktständen; es ist das *stetegeldt*, welches zur Quedlinburger Vogtei gehört.[1]
Aber nicht nur der Marktplatz, sondern auch die ganze Markt-ansiedelung Quedlinburg, die Altstadt sowohl wie die Neustadt, ist auf Klosterboden erbaut worden. Das ursprüngliche Eigentum der Äbtissin findet seinen Ausdruck in einem von jeder einzelnen Hausstätte zu zahlenden Rekognitionszins. Wie scharf dieser Zins von allen anderen sonst in der Stadt vorkommenden Zinsverhältnissen unterschieden wird, zeigt eine Urkunde aus der Mitte des XIII. Jahrhunderts; eine in neun Teile zerlegte *area* in der Neustadt Quedlinburg entrichtet an die Nikolaipfarre jährlich 25 Schillinge, an die Äbtissin aber den *censum sex denariorum, qui vronetins volgariter appellatur*.[2] Dieser *vronetins* genannte Zins von 6 Denaren wird auch sonst erwähnt,[3] seine Einforderung war Sache des *villicus* der Äbtissin. In der Altstadt ist er bereits im XII. Jahrhundert zum Teil an das Wipertikloster gelangt,[4] ein anderer Teil befindet sich in den Händen des Grafen von Blankenburg[5] und des Bischofs von Halberstadt.[6] Am Ende des XV. Jahrhunderts endlich erscheint der Zins als Zubehör der Quedlinburger Vogtei.[7] Daß dieser Fronzins ein bloßer Rekognitionszins für Überlassung der Hausstätte ist, beweist seine geringe Höhe. In der oben angeführten Urkunde aus der Neustadt ist er 50 mal niedriger als der eigentliche Hausleihezins;[8] ähnlich ist das Verhältnis in anderen Leiheurkunden.

Daß die Stadtgemeinde von den Gemeinden der Burg, des Westendorfes u. s. w. sowohl in kirchlicher wie in kommunaler

---

[1] cod. II, 572, p. 11 (1479).

[2] cod. I, 34 (1252).

[3] cod. I, 37 (1255).

[4] cod. I, 17 (1179): *tredecim solidos de redditibus arearum civitatis, quos villicus civitatis robis dat annuatim.* Im Jahre 1313 befreit das Wipertikloster ein Haus *a tali censu, scilicet sex denariorum* (cod. I, 81).

[5] Blankenburger Lehnsbuch (cod. I, 32, p. 25 (1258)): ½ *curiam in Quidelingeborg et 10 solidos in vrontinse.*

[6] cod. I, 187 (1375): *de dritten ut unsem vroentinse to Quedelingborch.*

[7] eod. II, 572, p. 11 (1479).

[8] Über diesen Fronzins vgl. noch das Rechtsgutachten des Goslarer Vogtes (cod. I, 65) und den Vergleich von 1316 (cod. I, 85).

Hinsicht durchaus getrennt war, ist bereits hervorgehoben worden. Auch in gerichtlicher Beziehung bestand eine Trennung; die Stadt unterstand nicht dem *villicus*, sondern einem besonderen Stadtrichter, dem *iudex*, der uns bereits in dem Privilege Heinrichs III. entgegentritt. Der Rat war aber nicht nur Gemeindeorgan, er fungierte auch im Gerichte dieses Stadtrichters als Schöffenkollegium.[1] Übrigens war bis zum Jahre 1330 auch genau dieselbe Trennung zwischen Altstadt und Neustadt vorhanden; die Neustadt hatte bis zu dieser Zeit ihren eigenen Stadtrichter,[2] ihr eigenes Ratskollegium,[3] und ihre Bürger nahmen an den Vorrechten der Altstädter nicht ohne weiteres teil.[4] Erst im genannten Jahre sind beide Stadtteile vereinigt worden.[5]

Daß aber beide, die Altstadt und die Neustadt Quedlinburg, dem Marktverkehr ihre Entstehung verdanken, zeigt sich noch in späterer Zeit in einigen urkundlich vorkommenden Ausdrücken. Die älteste und erste Pfarrkirche der Altstadt, die Benediktuskirche, führt wiederholt den Namen „Marktkirche" (*ecclesia forensis*).[6] Ferner wird in einer päpstlichen Bulle des XII. Jahrhunderts die Mauer der Altstadt *murus forensis* genannt,[7] jedenfalls deshalb, weil sie das *forum*, die Marktansiedelung Quedlinburg einschließt. Und endlich bezeichnet das Blankenburger Lehnsbuch die Neustadt im Gegensatze zum alten *forum*, der Altstadt, als die neue Marktansiedelung, das *novum forum*.[8] [9]

---

[1] cod. I, 94 (1321): *coram iudice civitatis . . . . presentibus scabinis consulibus.* Sonst werden Schöffen in Quedlinburg nie erwähnt.

[2] cod. I, 74 (1306).

[3] eod. I, 74 (1306), 87 (1317), 95 (1322).

[4] eod. I, 38 (1256).

[5] eod. I, 112, 113 (1330).

[6] cod. I, 26 (1233), 34 (1252), 39 (1259), 42 (1265) u. ö.

[7] eod. I, 17 (1179): *parrochiam foris murum forensem.*

[8] eod. I, 32 (1258): *Novum forum in Quedelingeborg tenet comes de abbatissa cum advocatia etc.* — Mehrere Blätter später findet sich derselbe Passus wörtlich wieder, nur steht statt „*novum forum*" „*novam civitatem*".

[9] Auch die *modii forenses* (UB. Quedlinburg I, 18 (1184—1203)) sind ebenso wie die Goslarer *scepelones forenses* (UB. Goslar I, p. 332 (1181); vgl. Küntzel, Über die Verwaltung des Maß- und Gewichtswesens in Deutschland, 1894, p. 15, Anm. 2) möglicherweise nicht nur als ein beim Marktverkehr übliches Maß, sondern als das Maß der Marktansiedelung, das

Ein verhältnismäßig kleines Gebiet ist es, auf das wir bisher unsere Erörterungen beschränkt haben. Aber ein günstiges Geschick hat über der urkundlichen Überlieferung dieses Gebietes gewacht. Für jede der fünf Städte, die wir besprochen haben, und die in diesem Gebiete die ältesten Kulturzentren und die Ausgangspunkte des städtischen Lebens gewesen sind, besitzen wir ältere Nachrichten, welche uns einen Einblick in die Anfangszustände dieser Gemeinwesen gewähren. Für drei derselben liegt auch eine reichhaltige urkundliche Überlieferung in guten, den modernen historischen Anforderungen entsprechenden Publikationen gesammelt vor. Das Bild aber, das wir aus den Quellen gewonnen haben, ist in den Grundzügen bei allen diesen Städten dasselbe. Überall tritt uns in der ältesten Zeit die spätere Stadtgemeinde als eine Gesamtheit von *negotiatores*, als Kaufleutegemeinde entgegen. Überall finden wir Andeutungen, daß der Markt den Ausgangspunkt der späteren Stadt gebildet hat. Überall endlich ist die Marktgemeinde von der ursprünglichen Ansiedelung in wirtschaftlicher, rechtlicher, gerichtlicher, kommunaler und kirchlicher Beziehung durchaus getrennt. Um für die folgenden Untersuchungen eine feste Grundlage und die nötigen Gesichtspunkte zu gewinnen, haben wir die Verfassungszustände in diesen Städten in verhältnismäßig ausführlicher Weise besprochen. Kürzer können wir uns bei den folgenden Erörterungen fassen. Unsere Aufgabe soll es jetzt sein, nach den gewonnenen Gesichtspunkten eine Anzahl der wichtigsten Städte in sämtlichen übrigen Landesteilen des rechtsrheinischen Deutschlands zu untersuchen.

„Stadtmaß", im Gegensatze zum Stifts- und Pfalzmaße anzusehen. Sie entsprechen völlig den in anderen Städten vorkommenden *modii civiles;* vgl. KÜNTZEL, a. a. O., p. 64 f. Über Marktscheffel aus späterer Zeit vgl. HALTAUS, Glossarium, p. 1328.

§ 4.

Marktansiedelungen im übrigen Deutschland.

Unter den Städten des nördlichen Engerns ist es vor allem Bremen,[1] wo eine ähnliche Entwickelung der Stadt wie in den im vorigen Paragraphen besprochenen Marktgründungen festgestellt werden kann. Auf dem Terrain, welches das heutige Bremen einnimmt, lassen sich im Mittelalter mehrere Dorfschaften nachweisen.[2] Zwei derselben, Jerichow in der Gegend der Rembertikirche und Redingstede bei der Michaeliskirche, reichen mit ihren Feldmarken bis dicht an die Mauern der Altstadt heran und schließen zusammen mit der zwischen ihnen liegenden sogenannten Bürgerweide, die, wie ihr Name sagt, nicht dem Ackerbau diente, sondern allein als Viehtrift benutzt wurde, die Altstadt völlig vom Marschlande ab. Bremen selbst aber ist auf dem schmalen Dünenstreifen entstanden, der sich am rechten Ufer der unteren Weser entlang zieht. Für die Feldmark eines Dorfes fehlt es völlig an Raum, nie hat auf der Stelle der Altstadt Bremen ein Bauerndorf gestanden. Möglicherweise hat aber die Bremer Lokaltradition recht, wenn sie als die älteste Ansiedelung auf dem Boden der eigentlichen Stadt ein Fischerdorf bezeichnet, das in dem von der Balge[3] eingeschlossenen Stadtteil

---

[1] Über Bremen vergl.: DONANDT, Versuch einer Geschichte des Bremischen Stadtrechts, Bd. I, 1830. — DUNTZE, Geschichte der freien Stadt Bremen, Bd. I, 1845. — BUCHENAU, Die freie Hansestadt Bremen und ihr Gebiet, 1862. — DÜNZELMANN, Bremische Verfassungsgeschichte bis zum Jahre 1300 in: Bremisches Jahrbuch XIII (1886), p. 38 ff. — DÜNZELMANN, Die topographische Entwickelung der Stadt Bremen in: Brem. Jahrb. XIV (1888), p. 27 ff. — HEGEL, Städte und Gilden etc., Bd. II, 1891, p. 461 ff. — v. BIPPEN, Geschichte der Stadt Bremen, Bd. I, 1892. — VARGES, Zur Entstehungsgeschichte Bremens in: Zeitschrift des historischen Vereins für Niedersachsen, Jahrg. 1893, p. 337 ff. — FRITZ, Deutsche Stadtanlagen, 1894, p. 39 f. (Straßb. Programm.)

[2] Vgl. DÜNZELMANN, Verf. Gesch., p. 38 f.

[3] Die Balge war ein erst in diesem Jahrhundert überwölbter Kanal, dessen Lage sich noch heute deutlich an den Straßenzügen im Südwesten der neuen Börse erkennen läßt. Über ihren Lauf vgl. BUCHENAU, a. a. O., p. 49 f.

an der Weser zwischen der neuen Börse, St. Martin und St. Johann gelegen haben soll.[1] Wie dem auch sei, jedenfalls erhalten wir aus historischer Zeit von diesem Fischerdorfe nicht die geringste Kunde; dasselbe muß schon früh völlig verschwunden oder in der übrigen Stadt aufgegangen sein. Die Domansiedelung ist außerhalb dieses Dorfes entstanden, und auch die Altstadt Bremen hat nicht von diesem sagenhaften Dorfe, sondern von dem außerhalb desselben liegenden Markte ihren Ursprung genommen.[2]

Im Nordosten dieses von der Balge umflossenen, angeblichen Fischerdorfes ist die Stiftskirche zum heiligen Peter erbaut worden, die in späterer Zeit die Kathedrale des Erzbistums Hamburg-Bremen werden sollte. Ebenso wie in anderen Städten hat sich unmittelbar um diese Kirche eine Ansiedelung von Geistlichen, Rittern und unfreien und halbfreien Dienern des Stiftes gebildet. Diese Domansiedelung ist das *oppidum*, die *civitas* Bremen, die unter den Erzbischöfen Liewizo I. (988—1013)[3] und Unwan (1013—29)[4] mit einem Walle umgeben und unter Hermann (1032—35)[5] und Bezelin (1035—43)[6] durch eine Ringmauer ge-

---

[1] Vgl. Donandt, a. a. O., p. 15; Duntze, a. a. O., p. 45; Buchenau, a. a. O., p. 49. Das Vorhandensein eines Fischerdorfes leugnen Dünzelmann, Verf. Gesch., p. 38 und v. Bippen, a. a. O., p. 374, m. E. mit unzureichender Begründung.

[2] Das Gegenteil behauptet Varges, a. a. O., p. 361. v. Bippen, a. a. O., p. 376 läßt die Kaufmannsansiedelung Bremen auf diesem von der Balge umflossenen, vom Markte entfernten Stadtteile entstehen, was nicht nur mit dem Gange der Entwickelung, den wir in anderen Städten feststellen können, im Widerspruch steht, sondern auch auf Unkenntnis der mittelalterlichen Marktverhältnisse beruht.

[3] Adami Gesta Hammab. eccl. pontif.[2] (ed. Lappenberg) II, 31, p. 64: *ipsa Brema vallo muniri coepit firmissimo.*

[4] Adam II, 46, p. 73: *Ipso tempore ferunt aggerem Bremensis oppidi firmatum.*

[5] Adam II, 66, p. 86: *murum civitati circumdare voluit vixque iactis fundamentis cum opere vitam finivit.*

[6] Adam II, 67, p. 88: *Deinde murum civitatis ab Herimanno decessore orsum in giro construens in aliquibus eum locis usque ad propugnacula erexit, alias quinque aut septem cubitorum altitudine semiperfectum dimisit. Cui ab occasu contra forum porta grandis inhaesit, superque portam firmissima turris opere Italico munita et septem ornata cameris ad diversam oppidi necessitatem.*

schützt wurde,[1] deren Fundamente man beim Bau der neuen Börse gefunden hat.[2][3]

Ob bereits in der Karolingerzeit in der Nähe dieser Domansiedelung Markt gehalten worden ist, wissen wir nicht; die darauf bezügliche Urkunde Arnulfs[4] ist wahrscheinlich eine Fälschung. Sicher bezeugt wird die Marktgründung erst unter Otto I.; im Jahre 965 hat Erzbischof Adaldag die Erlaubnis erhalten, einen Markt in Bremen zu errichten. Zugleich finden wir die Anfänge einer Kaufmannsansiedelung; den *negotiatores eiusdem incolas loci* werden dieselben Rechte verliehen, welche die *ceterarum regalium institores urbium* besitzen.[5] Also die (sei es schon vorhandenen, sei es zukünftigen) Einwohner der Marktansiedelung, des *locus*

---

[1] Erzbischof Adalbert (1043—72) ließ diese Mauer wieder abbrechen (Adam III, 3, p. 97 f.).

[2] Vgl. Dünzelmann, Topogr. Entwickelung, p. 36.

[3] Daß die Wall- und Mauerbauten nur auf die Domstadt, nicht aber auf die Ansiedelung um den Markt oder auf das alte Fischerdorf in dem von der Balge umflossenen Stadtteile bezogen werden können, ergiebt sich nicht nur aus der oben Seite 81, Anm. 6 citierten Quellenstelle, wonach der Markt außerhalb der Befestigung und zwar im Westen derselben gelegen war, sondern auch aus dem Gange der Entwickelung in den meisten anderen sächsischen Bischofs- und Stiftsstädten. Überall ist die älteste *civitas*, die Burg, identisch mit der Domimmunität, z. B. in Osnabrück, Münster, Hildesheim, Halberstadt etc. Regelmäßig hat die Domansiedelung früher als die bürgerliche Ansiedelung eine Mauer erhalten; galt es doch in erster Linie, die Kirche und ihre Diener gegen feindliche Angriffe zu schützen. Varges. a. a. O., p. 360 f. bezieht mit Unrecht die angeführten Stellen aus Adam auf eine Ummauerung der im Süden des Marktes liegenden Balgeansiedelung. Ebensowenig hat v. Bippen, a. a. O., p. 378 recht, wenn er eine Ummauerung annimmt, welche die Dom- und Balgeansiedelung einschloß, den Markt dagegen ausschloß. Die Lage der einzelnen Stadtteile spricht zu deutlich gegen diese Vermutung. Auch mit den Anschauungen Dünzelmanns, Top. Entw., p. 34 ff., welcher die Nachrichten über die Ummauerung willkürlich teils auf die Umwallung der Stadt, teils auf die Ummauerung der Domfreiheit deutet, wird man sich nicht befreunden können.

[4] Brem. UB. I, 7 (888) (Reg. I, 1744). Über diese Urkunde vgl. oben Seite 44.

[5] MG. DD. I, O.I, 307 (965); vgl. die Bestätigungen eod. II, O.III, 40 (988); Brem. UB. I, 15 (1003), 16 (1014), 48 (1158). Wahrscheinlich handelte es sich in der Urkunde um bloße Handelsvorrechte. Über die *institores regalium urbium* vgl. unten § 8 am Ende.

Bremen sind Kaufleute. Dieser Markt aber und die im Anschluß
an ihn entstandene Ansiedelung liegen vor den Thoren der Domfreiheit,[1] auch die älteste und bis 1229[2] einzige Pfarrkirche der
Stadt, die als Marktkirche[3] wiederholt bezeichnete Liebfrauen-
kirche (früher dem heiligen Veit geweiht), befindet sich außerhalb der ummauerten Immunität.[4] Daß die Altstadt Bremen
von diesem Marktplatze ihren Ausgang genommen hat, ist auf
dem Stadtplane deutlich erkennbar; von dort gehen die regelmäßig gebauten, geraden Hauptstraßen der Stadt aus, in denen
sich im Mittelalter vor allem das städtische Leben Bremens abspielte. Übrigens muß schon in früher Zeit dieser Altstadt auch
der von der Balge umströmte Stadtteil einverleibt worden sein.
Erst später erfolgte die Inkorporation der sogenannten Stephans-
stadt, die bis zum Anfang des XIV. Jahrhunderts außerhalb der
Stadtmauer lag[5] und noch im XII. Jahrhundert eine eigene Gemeinweide besaß.[6] Die Mauer der eigentlichen Altstadt ist am
Ende des XII. Jahrhunderts erbaut worden.[7]

Wie die Ansiedelung der *negotiatores* in Bremen erfolgt ist,
ob ihnen ihre Hausstätten zu freiem Eigen oder gegen einen
Zins übergeben worden sind, läßt sich nicht mit Sicherheit feststellen. Allerdings erhebt jährlich am Martinstage der erzbischöfliche Vogt in der Stadt den sogenannten Königszins,[8] der,
wie eine Urkunde beweist, ein freier Wortzins ist.[9] Ob aber alle
Häuser der Stadt, insbesondere auch die altstädtischen Häuser

---

[1] Vgl. Seite 81, Anm. 6; sowie Brem. UB. I, 25 (c. 1091): *mercatum
apud Bremam.*

[2] Brem. UB I, 150 (1229): Teilung der *parrochia s. Marie* in die drei
Kirchspiele St. Marien, St. Martin und St. Ansgar.

[3] Brem. UB. I, 32 (1139), 79 (1190/94) u. ö.

[4] Adam II, 46, p. 73: *basilicam s. Viti extra oppidum;* vgl. Brem.
UB. I, 17, Anm. 3.

[5] Vgl. Buchenau, a. a. O., p. 55.

[6] Brem. UB. I, 32 (1139).

[7] Vgl. Buchenau, a. a. O., p. 52 f.; Dünzelmann, Topogr. Entw., p. 40.

[8] Brem. UB. I, 299, p. 338 (1259): *Ock schal de vaget van wegen des
koeninges gerechticheit alle jar up s. Martens dach by sunnenschin den
koeningtins entfangen.*

[9] cod. I, 417 (1284).

6*

diesen Zins zu entrichten hatten, wissen wir nicht. Die wenigen Häuser, die nachweisbar den Königszins zahlen, und deren Lage sich feststellen läßt, liegen außerhalb der Altstadt.[1] Auch findet sich der Königszins wiederholt auf dem platten Lande.[2]

Gerichtlich steht Bremen unter einem vom Erzbischofe bestellten Stadtvogt, dessen Kompetenzen in späterer Zeit durch die Stadtgemeinde und ihr Organ, den städtischen Rat, eingeengt worden sind. Diese Stadtgemeinde erscheint gleich nach ihrem Auftreten als selbständige Markgenossenschaft, sie verfügt von Anfang an, wie es scheint, über einen nicht unbedeutenden Weidelandkomplex, die sogenannte Bürgerweide.[3] Aber entsprechend ihrem kaufmännisch-gewerblichen Charakter fehlt ihr jeder Besitz an Ackerland. Die bereits im XII. Jahrhundert gemachten Versuche, Teile dieser Bürgerweide in Felder zu verwandeln, gehen von Elementen aus, die außerhalb der Bürgerschaft stehen. Die Bürgerschaft selbst ist dagegen durchaus bestrebt, den Allmendecharakter der Bürgerweide zu wahren.

An der Spitze dieser Gemeinde steht wiederum nicht ein einzelner Bauermeister, sondern ein Kollegium, der Rat. Derselbe versieht sämtliche Funktionen des Gemeindeorgans; auch eine niedere Gerichtsbarkeit in Maß- und Gewichtssachen, wie sie dem Bauermeister zusteht, übt er aus, allerdings in Gemeinschaft mit dem erzbischöflichen Vogte.[4] Ob diese Anteilnahme des Vogtes etwas Ursprüngliches ist, vermögen wir heute nicht mehr zu beurteilen.[5]

---

[1] Brem. UB. III, 141 (1359), 216 (1363).

[2] Vgl. DÜNZELMANN, Verf. Gesch., p. 45.

[3] Brem. UB. I, 49 (1159): Die *cives Bremenses, multis circa civitatem paludibus in agriculturam redactis pascua pecorum suorum timentes posse coartari,* lassen sich vom Erzbischof *terminos pascuorum suorum, quae ab antiquo possederant, et campum insuper ad curiam nostram Berchore specialiter attinentem* als Gemeinweide bestätigen.

[4] eod. I, 234, p. 270 (1246) (sog. Gerhardische Reversalen): *Item super furto, quod frequenter fit in mensura, iniquis ponderibus et aliis, que libre et statere exigunt equitatem, iudex vel advocatus cum consulibus iudicet, et proventus exinde emergentes dividant, ut iustum est.* — Schöffen hat es in Bremen nie gegeben.

[5] Ich vermute, daß die Mitwirkung des Vogtes bei Ausübung der Maß- und Gewichtsjurisdiktion erst seit den Gerhardischen Reversalen

Über Hildesheim[1] besitzen wir nur wenige ältere Nachrichten, doch ermöglichen es uns spätere Urkunden und vor allem
ein Blick auf die Lage der Stadt, über die Entstehung dieses
Gemeinwesens einiges festzustellen. Die älteste Ansiedelung,
welche den Namen Hildesheim trug, war ein Bauerndorf in der
Nähe der heutigen Stadt. Wiederholt wird uns in den Urkunden
des XII. und XIII. Jahrhunderts dieses älteste Hildesheim genannt.
Einen eigenen Namen besitzt es nicht, es heißt einfach im Gegensatz zur Stadt „das alte Dorf" (*Vetus* oder *Antiqua villa*).[2] Dasselbe hat genau ebenso wie die anderen sächsischen Dörfer seinen
Bauermeister[3] und bildet eine besondere Ortsgemeinde. In gerichtlicher Beziehung untersteht das alte Dorf nicht dem Stadtgerichte, sondern dem Landgerichte, dem Goding, das im Dorfe
selbst abgehalten wird.[4] Übrigens scheinen im XII. und
XIII. Jahrhundert die zu dem Dorfe gehörigen Hufen zum
größten Teil im Eigentum des Bischofs und der städtischen
Klöster und Stifter gestanden zu haben.[5]

Von diesem alten Dorfe ist die Stadt Hildesheim völlig getrennt. Den ältesten Teil derselben bildet der Dom mit seinen
Nebengebäuden, den Wohnungen der Kleriker und der *familia*
des Bischofs und Domkapitels. Diese unter einem besonderen
Vogte stehende,[6] von der eigentlichen Stadt durchaus unabhängige

---

stattfand, während früher diese Gerichtsbarkeit allein dem Rate zustand.

[1] Über Hildesheim vergl.: DOEBNER, Die Stadtverfassung Hildesheims
im Mittelalter in: Hansische Geschichtsblätter 1880, p. 15 ff. — BAUER,
Geschichte der Stadt Hildesheim, 1892 (ist für die ältere Zeit durchaus un-
zureichend und berührt die Verfassungsverhältnisse fast gar nicht).

[2] UB. Hildesheim I, 20 (1146), 44 (1180—90), 47 (1195), 78 (1219), 89
(1224) etc.; vgl. auch BAUER, a. a. O., p. 4.

[3] UB. Hildesheim I, 89 (1224): *Rothmannus magister civium de Antiqua villa.*

[4] cod. III, Nachtr. 45 (1290): *coram nostro gogravio presidente eo
iudicio in Veteri villa apud Hildensem.*

[5] Vgl. die zahlreichen urkundlichen Belege in UB. Hildesheim I. 20.
44, 47, 78, 156, 240, 396, 442, 443, 468 ff., III, Nachtr. 10.

[6] cod. I, 136 (1235): *advocatiam urbis in civitate Hyldensemensi.*

Domimmunität heißt in den lateinischen Urkunden *urbs*,[1] in den deutschen „Burg".[2] Sie ist von einer besonderen Mauer umgeben.[3]

Im Norden der Domfreiheit ist wohl bereits in früher Zeit die spätere Altstadt gegründet worden. Der älteste Umfang derselben kann noch auf dem MERIAN'schen Grundriß von 1653[4] deutlich erkannt werden. Eine einzige Hauptstraße ist es, die diese älteste Stadt von Westen nach Osten durchzieht, der sogenannte „alte Markt" mit seiner erst seit Anfang des XV. Jahrhunderts nachweisbar den Namen „Erchmekerstraße" führenden Fortsetzung. Im Anschluß an diesen alten Markt, der bereits im XII. Jahrhundert durch den im Nordosten der ältesten Stadt liegenden Altstädter Markt in seiner Bedeutung verdrängt ist,[5] scheint die Stadt entstanden zu sein. Wie sich hier eine Ansiedelung gebildet hat, läßt sich aus den Quellen nicht direkt entnehmen. Jedenfalls führt aber die in dieser ältesten Ansiedelung liegende Andreaskirche, die älteste Pfarrkirche der Altstadt, den Namen Marktkirche,[6] obwohl sie weder am alten Markte, noch am Altstädter Markte gelegen ist; sie ist offenbar deshalb so genannt, weil sie die Pfarrkirche einer alten Marktansiedelung ist.[7] In gerichtlicher Beziehung steht die Stadt unter einem eigenen Stadtvogte,[8] der nach Stadtrecht richtet. Gemeinde-

---

[1] eod. I, 73 (1216), 132 (1234), 231 (1253), 238 (1255); vgl. auch Miracula s. Bernwardi 10 (MG. SS. IV, p. 784): *per civitatem versus urbis murum.*

[2] UB. Hildesheim I, 870 (1333), 875 (1332/33), 958 (1346) etc.

[3] Vgl. Anm. 1.

[4] Derselbe ist in UB. Hildesheim, Bd. IV reproduziert.

[5] Die Bezeichnung *vetus forum* findet sich bereits 1146: *Cono de Veteri foro* (UB. Hildesheim I, 23). Also muß es damals schon einen neuen Markt gegeben haben.

[6] UB. Hildesheim I, 51 (ca. 1200): *Johannes forensis* unter den Geistlichen. Derselbe Johannes wird von 1195 bis 1204 als *sacerdos* oder *plebanus s. Andree* erwähnt (eod. I, 50, 111, Nachtr. 4, 5).

[7] Ob der UB. Hildesheim I, 807 (1329) erwähnte bischöfliche *vrontins* in Hildesheim dem Quedlinburger Fronzius entspricht, vermag ich nicht zu entscheiden.

[8] Über die *advocatia civitatis* vgl. UB. Hildesheim I. 73 (1216), 85 (1221), 91 (1225), 369 (1279) etc.

behörde ist, wie in allen anderen Städten, der seit 1236[1] nachweisbare Rat. Ein Bauermeister kommt in der Altstadt Hildesheim niemals vor; das Wort „burmester" findet sich nur als Familienname.[2]

Zu den ältesten niedersächsischen Städten gehört die in der Hildesheimer Diöcese liegende Klosterstadt Gandersheim. Hier ist kein altes Dorf vorhanden, das den Ausgangspunkt der späteren Stadt gebildet haben könnte. Mitten in einem mächtigen Eichenwalde ist das Kloster Gandersheim auf einem einsamen Maierhofe des Grafen Liudolf im Jahre 856 erbaut worden.[3] Im Jahre 990 erhielt die Äbtissin für ihren Ort das Marktrecht, und zugleich wird auch einer dort entstandenen oder noch zu erwartenden Kaufmannsansiedelung Erwähnung gethan. Es wird bestimmt,

„ut negotiatores et habitatores eiusdem loci eadem lege utantur. qua caeteri emptores Trotmannie aliorumque locorum utuntur."[4]

Was unter dieser lex zu verstehen ist, ob civilrechtliche, strafrechtliche oder prozessuale Vergünstigungen oder bloße Handels- und Verkehrsvorrechte, mag dahingestellt bleiben. Jedenfalls deutet das Privileg auf das Bestehen einer gewerblich-kaufmännischen Ansiedelung. Und noch zweihundert Jahre später erscheinen in dem interessanten Vogtweistum[5] die Bürger als Marktleute, als forenses, zum Unterschiede von den Immunitätsleuten, den litones.

Eine der wichtigsten unter den auf kirchlichem Boden entstandenen Städten im Osten der Weser ist die thüringische Stiftsstadt Erfurt.[6] Wenige Städte Deutschlands haben eine so interessante alte urkundliche Überlieferung wie Erfurt, aber auch wenige

---

[1] UB. Hildesheim III, Nachtr. 13.

[2] cod. I, 230 (1253): Albertus et Henricus fratres Burmester; cod. I, 515 (1297): Hildebrando et Thederico dictis Burmester.

[3] Vgl. Hrotsuithae Primordia Gandersheim. v. 185 ff. (MG. SS. IV. p. 309); vgl. Hauck, Kirchengeschichte Deutschlands, Bd. III, p. 270.

[4] MG. DD. II, O.III, 66 (990).

[5] Harenberg, Historia ecclesiae Gandersheimensis, 1734, p. 130 f. (1188).

[6] Über Erfurt vergl.: Lambert, Die ältere Geschichte u. Verfassung der Stadt Erfurt, 1868. Kirchhoff, Erfurts Verfassungszustände im Mittelalter in: Neue Mitteilungen aus dem Gebiet hist. ant. Forsch. d. thür. sächs. Vereins XII (1869), p. 53 ff. — Kirchhoff, Die ältesten Weistümer der

Städte bieten so verwickelte Verfassungszustände, deren Aufhellung der bisherigen Forschung noch keineswegs gelungen ist. Hier kann selbstverständlich nur auf einige wichtige Momente in der Erfurter Verfassung eingegangen werden. In Erfurt gründete Bonifatius jenes alte thüringische Bistum, das, wenn es überhaupt ins Leben getreten ist, jedenfalls bald nach seiner Errichtung wieder mit dem Mainzer Erzbistum vereinigt wurde. Gelegentlich dieser Gründung wird Erfurt als ein Ort bezeichnet,

> „qui fuit iam olim urbs paganorum rusticorum.“[1]

Regelmäßig hat man aus dieser Stelle geschlossen, Erfurt sei damals ein ziemlich volkreicher Ort gewesen. M. E. ergiebt sich aus derselben das Gegenteil. Urbs ist die wörtliche Übersetzung des deutschen Wortes „Burg“; wenn Erfurt aber eine „Burg“ war, kann man darunter nicht einen bewohnten Ort, sondern allein einen auf einer Anhöhe liegenden Zufluchtsort der umwohnenden Landbewohner verstehen.[2] Diese umwohnenden Landbewohner aber sind es, welche Bonifatius in seinem Briefe als pagani rustici bezeichnet. Es sind keine Bewohner der urbs, keine urbani, sondern Bewohner des platten Landes, des Gaues. Mit dieser Erklärung stimmen auch die örtlichen Verhältnisse überein. Die urbs paganorum rusticorum ist nichts anderes als der Petersberg, auf dessen Gipfel oder an dessen Fuße die Gründung des Bonifatius lag. Daß neben diesem Berge auch ein Dorf gestanden hat, ist möglich. Es liegt aber nicht der geringste Grund vor, dasselbe als besonders volkreich anzunehmen.

Bereits in der ältesten Urkunde, die uns über Erfurter Grundbesitzverhältnisse unterrichtet, finden wir jenes eigentümliche Zinsverhältnis, das unter dem Namen der „Freizinsen“ außerordentlich häufig in der späteren Überlieferung erwähnt wird. Der Mainzer Erzbischof Ruthard verleiht der Abtei Reinhardtsbrunn eine curtis in Erfurt

---

Stadt Erfurt, 1870. — KIRCHHOFF, Erfurt im XIII. Jahrhundert, 1870. — VOLLBAUM, Die Spezialgemeinden der Stadt Erfurt, 1881.

[1] Brief des Bonifatius an Papst Zacharias 742 (UB. Erfurt I, 1: MG. Epistolae III, p. 299, n. 50).

[2] Vgl. RIETSCHEL, Die Civitas, p. 100. — Eine „Stadt“, die von pagani rustici bewohnt wird, ist ein innerer Widerspruch.

„ea libertate et iustitia . ., qua unicuique libero viro quevis curtis
ibidem perfruenda conceditur, scilicet, ut tres solidos pro censu
villico ville illius ad usum ministerii nostri quotannis ad missam
s. Martini persolvat.“

Im übrigen soll die Abtei über den Hof völlig freie Verfügung haben.[1] Diese freie Erbleihe ist also in Erfurt eine allgemein verbreitete Einrichtung. Von der gewöhnlichen Zinsleihe
wird sie in den Urkunden streng unterschieden. Im Gegensatz
zur Hofleihe ist sie die Leihe der freien Leute; die Güter, die
dem Erzbischof bloß diese Freizinsen zahlen, werden als *vrigut*,[2]
als *vri bona*[3] bezeichnet. Völlig zinsfreies Eigentum läßt sich
nirgends in Erfurt nachweisen, vielmehr ist es gerade die Ent-
richtung des Freizinses, welche die volle Bürgerfreiheit gewährt.[4]
Die Empfänger dieser Freizinsen sind aber immer der Mainzer
Erzbischof oder seine Lehnsleute.[5]

Sehr merkwürdig ist nun, daß noch im XIV. Jahrhundert
und später die Erlegung dieser erzbischöflichen Freizinsen an
zwei ganz verschiedenen Einnahmestellen stattfindet. Ein Teil
der Freizinsen wird dicht in der Nähe des Domes in der alten
Severikirche, der andere Teil in der am rechten Ufer der Gera
gelegenen „Kaufmannskirche“ (*ecclesia mercatorum*) entrichtet.[6]
Was aber am Ende des XIII. und im XIV. Jahrhundert nur ein
Unterschied in der Erlegungsstelle ist, erscheint in früherer Zeit
als eine Einteilung der Stadt in die beiden *officia* des Schultheißen vom Brühl und des Marktmeisters (*magister fori*).[7] Der
Schultheiß vom Brühl ist zum Unterschiede vom Stadtschultheißen der Hofgerichtsbeamte des Erzbischofs; er dingt über die

---

[1] UB. Erfurt I, 9 (1108).

[2] cod. I, 80 (1217).

[3] cod. I, 202 (1265), 208 (1266), 311 (1281).

[4] eod. I, 359 (1285).

[5] Die Familien Virdeling und Vitztum, welche sich im Genusse von
Freizinsen befinden (cod. I, 147 (c. 1250)), sind erzbischöfliche Ministerialen.

[6] Weistum von 1289 § 55, Bibra-Büchlein § 123 (KIRCHHOFF, Weistümer, p. 29, 86 f.).

[7] Vgl. KIRCHHOFF, Verfassungszustände, p. 62. — UB. Erfurt I, 13 (1120):
curtes . . . . que censum suum partim magistro fori partim sculteto de
Brulario persolvunt.

Hintersassen des Erzbischofs in den umliegenden Dörfern,[1] wahrscheinlich ist aber seine Gerichtsgewalt früher weit ausgedehnter gewesen. Soweit sich aus den gedruckten Urkunden feststellen läßt,[2] liegen die sämtlichen Grundstücke, die ihren Zins in der Severikirche an den Brühler Schultheißen entrichten, in der den Dom und seine Nebengebäude enthaltenden, westlichen Stadthälfte am linken Geraufer.[3] Dagegen zinst das rechte Geraufer an den Marktmeister;[4] die hierher gehörigen Häuser werden als *casalia forensia*,[5] als in *officio fori*[6] gelegen bezeichnet.[7] Berücksichtigt man noch den Umstand, daß die Kirche, in welcher der Marktmeister seine Zinsen einnimmt, die „Kaufmannskirche" heißt, so dürfte es wohl kaum zu gewagt sein, diese Scheidung der beiden *officia* auf einen von alters her in der Stadt Erfurt bestehenden Dualismus der Ansiedelung zurückzuführen und in den zum *officium* des Brühler Schultheißen gehörigen Gütern die alte Domansiedelung, dagegen in den in der Kaufmannskirche zinsenden, in *officio fori* stehenden Hausstätten eine später gegründete Marktansiedelung zu erblicken. Wahrscheinlich ist früher auch der *scultetus civitatis* bloß Richter der Marktansiedelung gewesen, während der Brühler Schultheiß über die links der Gera liegende Domstadt Gericht hielt, bis durch die allmähliche Ausdehnung des Stadtrechtes sein Wirkungskreis immer mehr eingeschränkt wurde, und er allein die Einnahme der Zinsen in der Domstadt, aus denen ja seine Hauptbesoldung floß,[8] und die Gerichtsbarkeit über die

---

[1] KIRCHHOFF, Weistümer, p. 159 f. — Charakteristisch ist auch die Bezeichnung des Brühler Schultheißen als *scultetus de allodio archiepiscopi* (UB. Erfurt I, 169 (1259)).

[2] Genaueren Aufschluß über diese Verhältnisse vermögen voraussichtlich erst die leider noch ungedruckten Freizinsregister der Erzbischöfe zu geben.

[3] UB. Erfurt I, 9 (1108), 13 (1120), 69 (1210).

[4] eod. I, 69 (1210).

[5] eod. I, 22 (1140).

[6] eod. I, 69 (1210).

[7] Später wurde der Marktmeister in dieser Funktion durch den Stadtschultheißen abgelöst, dessen Amt am Ende des XIII. Jahrhunderts mit dem Brühler Schultheißenamte vereinigt wurde; vgl. KIRCHHOFF. Weistümer, p. 227, 216.

[8] Weistum von 1289 §§ 4, 6. 9 (KIRCHHOFF, Weistümer, p. 9. 11).

erzbischöflichen Hufen in einigen Dörfern behielt. Sicheres wird sich allerdings über diese ältesten Zustände wohl niemals feststellen lassen.

Von den königlichen Pfalzorten im nordöstlichen Deutschland scheint es zuerst Goslar[1] zu einer städtischen Entwickelung gebracht zu haben. Schon in verhältnismäßig früher Zeit hat hier Handel und Verkehr geblüht, bereits in der Quedlinburger Urkunde von 1042 werden neben den Magdeburgern die *mercatores de Goslaria* als diejenigen erwähnt, deren Recht die *negotiatores* von Quedlinburg genießen sollen.[2] Demnach scheint es auch in Goslar eine Kaufmannsgemeinde gegeben zu haben. Daß aber die Mitglieder dieser Kaufmannsgemeinde ebenso wie die Quedlinburger eine niedere Handelsgerichtsbarkeit ausübten, dafür spricht das Privileg Friedrichs II., laut welchem die Gerichtsbarkeit über Marktsachen dem öffentlichen Richter, dem Vogte, entzogen und den Bürgern vorbehalten ist.[3]

Ebenso wie in den übrigen ostfälischen Marktstädten besteht in Goslar eine entschiedene Trennung zwischen der alten Fronhofsansiedelung und der eigentlichen Stadt. Die Abzucht bildete die Grenze zwischen beiden. Rechts derselben liegt die älteste Ansiedelung, die kaiserliche Pfalz, und ebendaselbst befinden sich auch die Wohnsitze der von den *cives* scharf unterschiedenen *silvani et montani*,[4] der hauptsächlich Bergbau treibenden, nichtstädtischen Bevölkerung. Diese *silvani et montani* sind rechtlich und gerichtlich von der Bürgerschaft völlig getrennt, sie haben ihr eigenes

—·—

[1] Über Goslar vergl.: Wolfstieg, Verfassungsgeschichte von Goslar bis zur Abfassung der Statuten und des Bergrechtes, 1885. — Weiland, Goslar als Kaiserpfalz in: Hansische Geschichtsblätter 1884, p. 3 ff. — Weiland, Die Rats- und Gerichtsverfassung von Goslar im Mittelalter in: Hansische Geschichtsblätter 1885, p. 13 ff. — Hegel, Städte u. Gilden etc.. Bd. II, 1891, p. 397 ff. — Bode, Geschichtliche Einleitung in: UB. Goslar, Bd. I, 1893, p. 1 ff., Bd. II, 1896, p. 1 ff.

[2] UB. Quedlinburg 1, 9 (St. 2229).

[3] UB. Goslar I, 401, § 44 (1219) (Reg. V, 1025): Der Vogt *cum renali foro civitatis nichil debet disponere, nisi per burgenses trahatur ad ipsum*.

[4] eod. I, 401, § 49 (1219); vgl. Wolfstieg, p. 29 f.; Bode, I, p. 50 ff.. II, p. 47 ff.

iudicium trans aquam,[1] die sogenannte *advocatia minor,* das *lutteke richte.*[2] Nur der oberste Richter, der Reichsvogt, der im Kaiserhause seine Dingstätte hat, besitzt ursprünglich als Richter des ganzen Reichsgebietes sowohl über die *cives* wie über die *silvani et montani* die höchste Gerichtsgewalt.[3]

Dieser ältesten Ansiedelung gegenüber erhebt sich auf der anderen Seite der Abzucht die eigentliche Stadt, der Wohnsitz der *cives.* Sie ist sowohl als Rechts- und Gerichtsgebiet wie als Gemeinde durchaus selbständig; ihre Richter sind außer dem Reichsvogt die bereits im Privileg von 1219 erwähnten vier *iudices,*[4] die späteren Schultheißen,[5] ihr Gemeindeorgan ist der ebendaselbst zuerst genannte,[6] aber wohl bedeutend ältere Stadtrat. Die älteste Pfarrkirche dieser Ansiedelung aber ist die als Marktkirche[7] bezeichnete Kirche zu St. Cosmas und Damianus. Diese Stadt ist auf Boden erbaut worden, der dem Reiche gehörte, und dieser Reichsboden ist den Ansiedlern nicht ohne Entgelt bewilligt worden. Deshalb hat jede Hofstätte in der Stadt dem Könige an einem bestimmten Tage im Jahre einen Wortzins zu entrichten;[8] Versäumnis dieser Zinszahlung um mehr als einen Monat zieht die Strafe des Königsbannes nach sich.[9] Die Eintreibung dieses Zinses, der bereits in früher Zeit in das Eigentum des Stiftes von St. Simon und Judas übergegangen ist,[10] liegt in der Hand des Reichsvogtes. Also auch hier in Goslar ist offenbar neben der alten Fronhofsansiedelung die spätere Stadt als Marktansiedelung auf grundherrlichem Boden gegründet worden. Goslar scheint erst im Anfange des XII. Jahrhunderts ummauert

---

[1] UB. Goslar II, 412 (1290).

[2] Vgl. WOLFSTIEG, p. 72 f.; WEILAND, Ratsverfassung, p. 44 ff.; BODE, I, p. 50 ff., II, p. 76 ff.

[3] Vgl. BODE, I, p. 48 ff.

[4] UB. Goslar I, 401, §§ 35, 45.

[5] Vgl. BODE, I, p. 49.

[6] UB. Goslar I, 401, § 48.

[7] cod. I, 212 (1151): *in forensi aecclesia.*

[8] Vgl. WOLFSTIEG, p. 77 f.; WEILAND, Kaiserpfalz, p. 24 f.; BODE, I, p. 70.

[9] UB. Goslar I, 429 (1223) (Reg. V, 3898).

[10] WEILAND, Kaiserpfalz, p. 25, Anm. 2; vgl. die Bestätigung UB. Goslar I, 535 (1234) (Reg. V, 4331).

worden zu sein; bis 1108 ist immer nur von einer *villa* Goslar die Rede,[1] während die Bezeichnung *civitas* nicht früher als 1131 vorkommt.[2]

Genau ebenso wie in Goslar sind in den beiden thüringischen Pfalzstädten Nordhausen[3] und Mühlhausen[4] sämtliche Hausstätten dem Könige zinspflichtig. In der den Goslarer Wortzins betreffenden Urkunde König Heinrichs[5] wird ausdrücklich auf das gleiche Zinsverhältnis in Nordhausen und Mühlhausen Bezug genommen. In Nordhausen befindet sich dieser Arealzins, ebenso wie Markt, Münze und Zoll,[6] kraft königlicher Verleihung im Besitze des Heiligkreuzklosters.[7] Ob er in Mühlhausen mit der der Blasiuskirche zustehenden *elemosina regis*[8] zu identifizieren ist, wie STEPHAN angenommen hat, mag dahingestellt bleiben. In Nordhausen war die eigentliche Stadt von den ältesten Ansiedelungen durchaus getrennt; sowohl das „alte Dorf" wie die bereits am Ende des XIII. Jahrhunderts zerstörte[9] Königsburg und der seit 1158 dem Heiligkreuzkloster gehörige[10] Königshof[11] lagen außerhalb der Altstadt.[12] Die älteste Pfarrkirche der Alt-

---

[1] UB. Goslar I, 82 (1062), 93, 94 (1064), 107 (1068), 120. 121 (1073), 150 (1107), 152 (1108); vgl. BODE, I, p. 90.

[2] UB. Goslar I. 181 (1131), 219 (1152) etc.

[3] Über Nordhausen vergl.: LESSER.] Historische Nachrichten von der Freyen Stadt Nordhausen, 1740. — FÖRSTEMANN, Urkundliche Geschichte der Stadt Nordhausen, Abt. I, II, 1827—1840.

[4] Über Mühlhausen vergl.: STEPHAN. Neue Stofflieferungen für die deutsche Geschichte, Bd. I, II, 1846, 1847. — LAMBERT. Die Ratsgesetzgebung der freien Reichsstadt Mühlhausen in Thüringen, 1870. — STEPHAN, Verfassungsgeschichte der Reichsstadt Mühlhausen in Thüringen bis 1350. 1886.

[5] UB. Goslar I, 429 (1223) (Reg. V. 3898).

[6] MG. DD. II, O.II, 5 (962).

[7] FÖRSTEMANN. Abt. II. 1, p. 2 (1220) (Reg. V, 1144).

[8] UB. Mühlhausen I, 83 (1232) (Reg. V. 4262).

[9] FÖRSTEMANN, Abt. II, 8, p. 10 (1290): *castri imperialis apud Northusen diruti*.

[10] [LESSER, p. 141 (St. 3804): vergl. FÖRSTEMANN, Abt. I. p. 25.

[11] Noch heute führt eine bestimmte Stelle auf der Höhe außerhalb der Altstadt den Namen „Königshof".

[12] Vgl. FÖRSTEMANN, Abt. I. p. 42 f. — Die daselbst angeführten Gründe für das Vorhandensein einer Königsburg in der Altstadt sind nicht stichhaltig. Das *castrum imperiale* lag bei, nicht in der Stadt; vgl. Anm. 9.

stadt aber ist die wiederholt als Marktkirche bezeichnete Nikolai-
kirche.[1] In Mühlhausen heißt noch heute die Stelle, wo die alte,
bereits am Anfang des XIV. Jahrhunderts nicht mehr vorhandene[2]
Reichsburg gestanden hat, „auf der Burg"; dieselbe liegt im Norden
der Stadt außerhalb der Stadtmauer.[3] Von der Stadt wird diese
Burg in den Urkunden durchaus unterschieden.[4] Vor allem aber
lag auch die älteste Dorfansiedelung, welche sowohl der Stadt
wie der Burg den Namen gegeben hat, nicht auf dem Boden der
Unterstadt, der Altstadt;[5] wir haben sie vielmehr im Nordosten
der heutigen Stadt zu suchen. Dort befindet sich die noch im
XVIII. Jahrhundert als Altmühlhausen bezeichnete Georgenvorstadt,[6]
und südlich grenzt unmittelbar an diese Vorstadt ein Stadtteil,
der sich scharf von der übrigen Stadt abhebt und in seiner Anlage an ein Dorf erinnert; es ist die Umgebung der uralten
Kilianskirche,[7] unter deren großer Linde noch im späteren Mittelalter vom Heimburgen das Flurgericht abgehalten wurde.[8] Dieser
Heimburge, dessen Befugnisse sich nur auf Feld- und Weide-
angelegenheiten erstrecken, ist offenbar der Beamte des hier bei
St. Kilian gelegenen alten Dorfes. Seitdem dieses Dorf mit seiner
Feldmark in der Stadt aufgegangen ist, wird er von allen Bürgern
gewählt. Keinesfalls aber darf man in ihm den ursprünglichen
Gemeindebeamten der gesamten Ansiedelung Mühlhausen erblicken. In Nordhausen, wo das alte Dorf nicht in der Stadt
aufging, läßt sich ein Heimburge der letzteren nicht nachweisen.

Von den norddeutschen Städten, welche weder im Anschluß
an ein Bistum noch an ein Kloster noch an eine Königspfalz

---

[1] FÖRSTEMANN, Abt. II, 1, p. 2 (1220) (Reg. V, 1144): *parochias vero
b. Nicolai in foro et b. Petri in monte civitatis;* eod. 44, p. 45 (1242):
Arnoldus parochianus forensis.

[2] UB. Mühlhausen 739 (1318): *aream ante oppidum Mulhusen, ubi
quondam castrum fuisse dinoscitur.*

[3] Vgl. STEPHAN, Verfassungsgeschichte, p. 8.

[4] UB. Mühlhausen 116 (1251) (Reg. V, 4555), 135, 136 (1256) etc.; vgl.
STEPHAN, a. a. O., p. 8 ff.

[5] Vgl. STEPHAN, a. a. O., p. 22.

[6] Vgl. LAMBERT, a. a. O., p. 6 f.

[7] Vgl. STEPHAN, Neue Stofflieferungen, Bd. I, p. 6 ff.

[8] Ältestes Stadtrecht (etwa 1230—1250) (UB. Mühlhausen p. 628 f.).

entstanden sind, ist eine der ältesten und wichtigsten Braunschweig.[1] Das heutige Braunschweig ist aus fünf von einander
gesonderten Städten erwachsen, die um die alte Burg der
Brunonen und Welfen, Dankwarderode, gelagert sind.[2] Diese
Burg (*urbs*) bildete noch in späterer Zeit einen besonderen, die
„Burgfreiheit" genannten Bezirk, der durch Graben und Mauer
von der übrigen Stadt getrennt war, und in dem das Stadtrecht
keine Geltung besaß.[3] Der älteste Teil der eigentlichen Stadt
ist die am östlichen Okerufer entstandene „alte Wik", in den
Urkunden des XII. Jahrhunderts zum Unterschiede von der Altstadt als *vicus Bruneswik* oder als *Vetus vicus* bezeichnet,[4] ein
regellos gebautes, grundhöriges Dorf,[5] welches erst im XIII. Jahrhundert Stadtrecht erhielt.[6] Die im Jahre 1031 geweihte, in der
alten Wik gelegene Magnuskirche ist die älteste Pfarrkirche Braun-
schweigs; ihr Sprengel umfaßte ursprünglich noch siebzehn be-
nachbarte Ortschaften.[7]

Westlich von diesem alten Dorfe erwuchs die Altstadt.
HÄNSELMANN[8] sowohl wie VARGES[9] haben die Behauptung auf-

---

[1] Über Braunschweig vergl.: DÜRRE, Geschichte der Stadt Braun-
schweig im Mittelalter, 1861, 2. Ausg., 1875. — HÄNSELMANN, Einleitung in:
Die Chroniken der deutschen Städte, Bd. VI, 1868, p. XIII ff. — VARGES, Die
Gerichtsverfassung der Stadt Braunschweig bis zum Jahre 1374, 1890. —
VARGES, Die Entstehung der Stadt Braunschweig in: Zeitschrift des Harz-
vereins XXV (1892), p. 102 ff. — VARGES, Die Polizeigesetzgebung der Stadt
Braunschweig im Mittelalter in: Zeitschr. f. d. Kulturg., N.F., Bd. III
(1893), p. 194 ff. — HEGEL, Städte u. Gilden etc., Bd. II, 1891, p. 414 ff. —
FRITZ, Deutsche Stadtanlagen, 1894, p. 41 f. (Straßb. Progr.)

[2] Vgl. DÜRRE, p. 671; HÄNSELMANN, p. XIII. Die Grenzen der einzelnen
Weichbilde sind am besten auf dem Plan bei DÜRRE erkennbar.

[3] Vgl. DÜRRE, p. 673 ff.

[4] Vgl. DÜRRE, p. 729; HÄNSELMANN, p. XIII.

[5] Vgl. VARGES, Entstehung, p. 118 f.

[6] Die von VARGES, Gerichtsverfassung, p. 25 aufgestellte Behauptung,
die alte Wik sei 1245 mit dem Rechte der Altstadt bewidmet worden,
gründet sich auf eine unrichtige Interpretation der Urkunde UB. Braunschweig I, 5; vgl. UHLIRZ in Mitt. d. Inst. f. österr. GF. XVII, p. 338; MACK,
Die Finanzverwaltung der Stadt Braunschweig, 1889, p. 20, Anm. 1.

[7] UB. Braunschweig II, 1 (1031); vgl. DÜRRE, p. 47.

[8] HÄNSELMANN, p. XIII f.

[9] VARGES, Gerichtsverfassung, p. 22; Entstehung, p. 103 f.

gestellt, die Altstadt sei aus einer alten freien Bauernansiede-
lung hervorgegangen. Die Reste dieses alten Dorfes wollen die
genannten Forscher in den vier sogen. „Vorwerken" (*allodia*) wieder-
erkennen, die inmitten städtischer Anbauten noch im XV. Jahrhundert ihren agrarischen Charakter bewahrt hatten. Aber diese
vier Vorwerke liegen nicht in der Mitte, sondern an der Peripherie der Altstadt, und über ihre Entstehung ist uns nicht das
Geringste bekannt. Dagegen steht die Thatsache außer Zweifel,
daß die Herzöge. oder das von ihnen gestiftete Blasiusstift den
Patronat über sämtliche Pfarrkirchen der Stadt besaßen,[1] ein
Recht, das regelmäßig dem Grundeigentümer zustand. Es wäre
doch seltsam, wenn nur gerade die Areale, auf denen die Kirchen
standen, Eigentum einer Grundherrschaft gewesen wären. Vor
allem hat aber in jüngster Zeit FRITZ[2] auf Grund der ganzen
Anlage der Altstadt den Nachweis geführt, daß dieser Stadtteil
unmöglich aus einer bäuerlichen Ansiedelung entstanden, sondern
planmäßig gegründet worden ist. Man braucht bloß den Plan
der Altstadt mit dem der alten Wik zu vergleichen, um den
schroffen Gegensatz zwischen der neugegründeten Stadt und dem
später mit Stadtrecht bewidmeten alten Dorfe zu erkennen. Den
Mittelpunkt der Altstadt bildet der Markt mit der Hauptkirche
der Altstadt, der als Marktkirche[3] bezeichneten Martinskirche:
von hier aus verlaufen fast geradlinig die Straßen nach den Stadt-
thoren, durchschnitten von ebenfalls geradlinigen, unter sich ziemlich parallel verlaufenden Querstraßen. Der Markt ist der Ausgangspunkt der Stadtgründung gewesen, er ist von den Inhabern der
Burg Dankwarderode auf ihrem Eigen gegründet worden, und um
diesen Markt haben sich allmählich Kaufleute und Gewerbetreibende auf den ihnen von den Herzögen überlassenen Hausstellen angesiedelt. Ein Wortzins scheint nicht verlangt worden

---

[1] Vgl. HÄNSELMANN, p. XIV, Anm. 2. — Nur der Pfarrer von St. Michael
wird von der Gemeinde gewählt, aber vom Dekan des Blasiusstiftes in-
vestiert (UB. Braunschweig II, 10 (1158)).

[2] FRITZ, a. a. O., p. 41 f.

[3] UB. Braunschweig II, 33 (1204) (Reg. V, 233): König Otto IV.
schenkt den Bürgern das Patronatrecht über *ecclesia nostra scilicet s.
Martini que forensis dicitur* unter Vorbehalt der Investitur.

zu sein, die Besiedelung ist demnach wohl in ähnlicher Weise
wie in Naumburg erfolgt. Eine Erinnerung aber an diese Gründung der Altstadt als Kaufmannsstadt klingt noch fort in dem
späteren Berichte einer niedersächsischen Chronik:

> *„Hertoge Bruno gaff sine stidde den koplüden und hantwercks-*
> *lüden, de makeden de stad vullens rede.“*[1]

In gerichtlicher Hinsicht bildete die Altstadt einen eigenen Bezirk;
ihre Dingstätte ist wahrscheinlich der Kirchhof von St. Martin
am Markte gewesen.[2] Gemeindeorgan war der erst 1231 urkundlich erwähnte,[3] aber schon früher vorhandene Rat. Die vier
Bauerschaften der Altstadt,[4] deren jede einen besonderen Bauermeister besitzt, bedeuten nichts weiter als eine künstlich geschaffene Einteilung der Stadt in Verwaltungsbezirke[5], sind aber
keine alten Dorfgemeinden.[6]

Einer älteren Entwickelungsstufe als die östlich der Weser
gelegenen sächsischen Städte gehören die ältesten westfälischen
Bischofs- und Klosterstädte an. In H e r f o r d[7] reicht die
Marktgerechtigkeit der Äbtissin bereits in die Karolingerzeit
zurück. Die Urkunde Ottos I., welche der Äbtissin gestattet, in
ihrem Orte Odenhausen einen Markt zu errichten, ist lediglich
eine Bestätigung einer Karolingerurkunde[8], sei es nun Ludwigs

---

[1] Vgl. Dürre, p. 41.

[2] Vgl. Varges, Gerichtsverfassung, p. 26, 30.

[3] UB. Braunschweig I, 3, p. 8.

[4] Vgl. Dürre, p. 671 f. Auch die beiden anderen nicht aus hörigen
Dörfern hervorgegangenen, sondern neugegründeten Weichbilde, der
Hagen und die Neustadt, sind in mehrere Bauerschaften eingeteilt, während
bezeichnenderweise die alte Wik noch um 1400 nur e i n e Bauerschaft bildet,
obwohl sie an Größe der Altstadt wohl nur wenig nachgestanden hat.

[5] Vgl. Dürre, p. 310, 326, 337; Gengler, Deutsche Stadtrechtsaltertümer, 1882, p. 56. — Varges (Polizeigesetzgebung, p. 201 f.; Jahrb. f.
Nationalök. u. Stat., 3. Folge, Bd. VIII, p. 808 ff.) läßt aus durchaus unzu-
reichenden Gründen die Altstadt Braunschweig durch Synoikismus entstehen.
Schon ein Blick auf den Stadtplan hätte ihn eines Besseren belehren müssen.

[6] Über die drei später entstandenen Weichbilde vgl. Dürre, p. 704 ff.

[7] Über Herford vergl.: Ilgen, Zur Herforder Stadt- und Gerichtsverfassung in: Zeitschr. f. vaterl. Gesch. u. Altertumskunde (Westfalens)
IL, Abt. 1 (1891), p. 1 ff.

[8] MG. DD. I, O.I, 430 (973).

des Deutschen, Ludwigs des Jüngeren oder Ludwigs des Kindes.
Diesem Markte verdankt die spätere Altstadt Herford ihre Entstehung. Derselbe wurde nicht in dem Abteihofe Odenhausen selbst
gegründet; noch in späterer Zeit liegt der Hof Odenhausen, ebenso
wie der Abteihof Oldenhervorde, welcher dem Stift und der Stadt
den Namen gegeben hat, außerhalb der Altstadt.[1] Markt und Stadt
sind auf dem Gebiete der genannten Höfe in einiger Entfernung von
denselben völlig neu erbaut worden. Der Grund und Boden wurde
in Worten aufgeteilt und an Ansiedler zu einem freien Zinse
verliehen. Möglich ist, daß auf diesem Areal bereits ein oder
der andere Hintersasse der Äbtissin ansässig war. Freie, auf
ihrem Eigen sitzende Bauern hat es jedenfalls auf diesem Terrain
nicht gegeben, denn noch im XIII. Jahrhundert besitzt die Äbtissin die Grundherrlichkeit über die ganze Altstadt. Das Herforder Stadtrecht spricht es ausdrücklich aus:

„*Omnes aree in ipso opido sue* (nämlich *abbatisse*) *sunt vel ab
ipsa tenentur, quilibet suo iure.*"[2]

Deshalb muß auch bei Besitzwechsel von jedem Hause ein Ehrschatz
von 18 Denaren an die Äbtissin entrichtet werden.[3] Die Pfarr-

---

[1] Vgl. ILGEN, p. 12 f.

[2] Gedruckt bei ILGEN, p. 4. — ILGEN nimmt an, daß es auch Häuser
in der Altstadt Herford gegeben habe, die freies Eigen gewesen seien, und
beruft sich zum Beweise auf den Schluß des Stadtrechtes: *Si quis domum
suam vendiderit, que pertinet abbatisse, dabit ei 18 den.* Also — schließt er
— gab es auch Häuser, die nicht der Äbtissin gehörten. Der Schluß ist
m. E. irrig. Der Relativsatz „*que pertinet abbatisse*" dient allein dazu, die
Erlegung des Ehrschatzes zu motivieren, nicht aber, um einen Teil der Häuser
als abteiliche von anderen Häusern zu unterscheiden. Die Sätze „*Omnes
aree sue sunt*" und weiter unten „*Quicquid arearum vacat in opido, per eam
locabitur*" lauten doch zu bestimmt, um nach ILGENS Vorgang hinzuzudenken
„soweit sie nicht freies Eigen sind". Daß im XIV. Jahrhundert das Vogtgericht zuständig ist in allen Sachen *umme vry unde umme eghen, dat to
Hervorde gheleghen is* (Herforder Rechtsbuch § 17 bei WIGAND, Archiv für
Geschichte und Altertumskunde Westfalens, Bd. II, 1828, p. 24), beweist
nichts dagegen, denn zu Herford gehören im XIV. Jahrhundert nicht bloß
Altstadt und Neustadt, sondern auch die ganze von der Landwehr um-
schlossene „Woldemene" (vgl. Westfäl. UB. IV, 625 (1255 oder 1256); ILGEN,
p. 9)).

[3] Vgl. vor. Anm.

kirche dieser Altstadt ist die Marktkirche (*forensis ecclesia*).[1] Die
Altstadt Herford bildet eine selbständige Gemeinde, deren Organ
der zuerst in der Zeit von 1219 bis 1226 erwähnte[2] Rat ist, und
einen eigenen Gerichtsbezirk.[3] Das eigentliche Stadtgericht ist
das Burggericht, das *indicium urbis*, welches seit 1256 von der
Äbtissin an je vier Bürger zu Lehen gegeben wird, während es
früher einem Ministerialen der Abtei zustand.[4] Zur Kompetenz
des Burggerichtes gehört außer der Jurisdiktion über Weichbildgut
die Gerichtsbarkeit über den Verkauf von Lebensmitteln und über
unrechte Maße und Gewichte.[5] Es entspricht demnach zum Teil
dem Gericht der Kaufleute in den Halberstädter und Quedlinburger Urkunden. Verschieden vom Burggericht ist das Burgericht,
in welchem vor dem *bedellus civitatis*[6] die kleineren, täglich vorkommenden Civilsachen zur Verhandlung kommen,[7] während die
kleineren Strafsachen im Burggerichte ihre Aburteilung finden.[8][9]

---

[1] Westfäl. UB. IV, 876 (1261), 1576 (1279), 2359 (1295).

[2] eod. III, 144, 1706.

[3] Vgl. ILGEN, p. 39 ff.

[4] Westfäl. UB. IV, 641 (1256); vgl. ILGEN, p. 7 f.

[5] ILGEN, p. 4: *Iurisdictionem habet in ipso opido, quod burigre vocatur,
de venditionibus et emtionibus cibariorum et censibus arearum;* Rechtsbuch § 2,
p. 10: *Over allerhande spise kop unde over allerhande wanmate unde unrechte
waghe unde unrechte schepele unde umme scheldwort, umme stote unde umme
sleghe wat al solikes ghevelle. Se richtet ok umme wicbelde got, dat hir ghelegen is.*

[6] Vgl. Westfäl. UB. IV, 1642 (1226—38): *De causis quotidianis, que
geruntur coram bedello civitatis, sex ipsi tantum denarii vadiantur.*

[7] Rechtsbuch § 20, p. 28: *Hir is ok burgherichte, dar van richte men
de sake de deghelikes vallet alze umme schuld, umme gheld etc.*

[8] Vgl. Anm. 5.

[9] Von den beiden anderen Herforder Gerichten ist das unter Königsbann stattfindende Vogtgericht anfänglich für einen über das Stadtgebiet
hinausgehenden, größeren Bezirk kompetent; es richtet über Hals und Hand
und über Frei und Eigen. Das Goding dagegen, welches auf dem Heyenlo
bei Herford oder auf den Wüllen vor der Rennepforte im Namen des Kölner
Erzbischofs abgehalten wird, ist für die eigentliche Stadt nicht zuständig,
sondern allein für *dat kerspel up der olden stadt to Herrorde de buten
wonet* und sechs andere Kirchspiele (Rechtsbuch § 19, p. 27). Daß dasselbe im Register des Westfälischen Marschallamtes vom Ende des
XIII. Jahrhunderts ungenau als *iudicium gograviatus Hervordensis in
utroque opido et extra per XV parochias* bezeichnet wird, erklärt sich aus

7*

Von den westfälischen Bischofsstädten ist Minden[1] die-
jenige, in welcher am meisten Spuren darauf hinweisen, daß die
Stadt aus einer Marktansiedelung entstanden ist. Als den ältesten Teil des Ortes Minden nimmt W. SCHRÖDER[2] wohl mit Recht
die an der Weser gelegene sogenannte Fischerstadt an, welche
wahrscheinlich aus einem alten Fischerdorfe hervorgegangen ist.
Noch in späterer Zeit lag dieselbe außerhalb der Stadtmauer.
Von der eigentlichen Stadt scheint der größere Teil, die im
Westen und Südwesten auf einem Landrücken sich hinziehende
Oberstadt, erst im XI. Jahrhundert zur Stadt gezogen worden
zu sein.[3]   Der älteste Stadtteil ist demnach die in der Niederung
liegende Domimmunität mit dem Markt und der im Norden gelegenen Johannisparochie.[4]   Daß sich auf diesem Gebiete früher
eine bäuerliche Ansiedelung befand, ist nicht anzunehmen, da das
Terrain fast ganz aus Bruchland besteht.   Auf diesem Bruchland
ist zunächst in einiger Entfernung von dem alten Fischerdorfe
im Südwesten desselben die Domimmunität begründet worden.
Im Jahre 977 hat Bischof Milo von Kaiser Otto II. das Marktrecht erhalten.[5]   Der Sprachgebrauch der kaiserlichen Urkunde
weicht von den meisten Marktrechtsprivilegien ab; nicht ein *mercatum*, sondern ein *macellum publicum* darf der Bischof errichten.
Auch die Bestätigung Heinrichs II.[6] spricht von einem *macellum*

der auch aus anderen Stellen erkennbaren Tendenz dieser Rechtsaufzeichnung,
die Rechte des Erzbischofs möglichst umfangreich erscheinen zu lassen
(vgl. SEIBERTZ, UB. I, 484, p. 637). Gegen ILGENS Annahme, neben diesem
Gogerichte habe ein besonderes städtisches Gogericht bestanden, spricht
durchaus das Herforder Rechtsbuch, welches von dem Goding auf dem
Heyenlo unter der einfachen Überschrift: „*Wo de gogreve scal Godingh
holden*" handelt, ein anderes Goding aber nie erwähnt und demnach überhaupt nicht zu kennen scheint.

[1] Über Minden vergl.: W. SCHRÖDER, Die älteste Verfassung der Stadt
Minden, 1890. (Mindener Programm.) — PHILIPPI, Zur Verfassungsgeschichte
der Westfälischen Bischofsstädte, 1894.

[2] Vgl. SCHRÖDER, p. 6.   [3] Vgl. eod., p. 6 f.

[4] Vgl. den Plan bei PHILIPPI, p. 9.

[5] MG. DD. II, O.II, 147 (977).

[6] WILMANS - PHILIPPI, Kaiserurkunden Westfalens II, 133 (1009) (St. 1511).
— In ähnlicher Bedeutung findet sich *macellum* in den Privilegien für
Meschede und für Hornbach (MG. DD. I, O.I, 190 (958), 424 (972)).

publicum. Statt des regelmäßig den Markt bezeichnenden Ausdruckes wird ein Wort gewählt, das gewöhnlich nur „Verkaufs-
stand" bedeutet. Merkwürdigerweise besitzt Minden nun keinen
eigentlichen Marktplatz; der sogenannte Marktplatz ist nur die
Verbreiterung einer Straße, die sich um die West- und Nordseite
der Immunität zieht, und auf der im Mittelalter die Marktstände
errichtet waren.[1] Diese Straße ist der eigentliche Markt von
Minden. Von diesem Markte aus hat sich der älteste, im Norden
gelegene Stadtteil, die Johannisparochie, als Marktansiedelung gebildet. Die Pfarrkirche von St. Johann heißt Marktkirche,[2] obwohl sie sowohl vom Marktplatze wie von den genannten Verkaufsständen durchaus entfernt ist und an der entgegengesetzten
Seite der Altstadt liegt. Dafür aber, daß sich hier, ähnlich
wie in den ostfälischen Städten, eine Kaufmannsgemeinde gebildet
hat, spricht vor allem eine Urkunde Bischof Egilberts vom
Jahre 1075.[3] Dieselbe bestätigt den Wiederaufbau der 1062
verbrannten *ecclesia s. Johannis Baptiste* und bestimmt, daß bei
derselben, wie in den Zeiten vor Bischof Sigibert (1022—36), die
*sepultura mercatorum . . . insuper omnium peregrinorum atque ad-
venarum et qui propriis carent mansionibus* sein soll. An fremde
Kaufleute ist wohl nicht zu denken, denn diese sind ja in den *pere-
grini atque advenae* bereits einbegriffen. Eine besondere Begräbnis-
stätte aber für die Mindener Kaufmannsgilde ist nicht nachzuweisen, nur die Ministerialen haben in Minden ihr besonderes
Begräbnisrecht.[4] Meines Erachtens sind die *mercatores*, ebenso
wie in Magdeburg, Halberstadt u. s. w., nichts anderes als die
Bürger der Marktgemeinde, der Kaufmannsgemeinde Minden, aus
welcher die spätere Stadt hervorgegangen ist. Später hat man
die übrigen Stadtteile, die teilweise aus ländlichen Ansiedelungen
erwachsen sind, in die Stadt einbezogen. Gemeindeorgan der
Stadt ist der Rat,[5] welcher auch die Gerichtsbarkeit über

---

[1] Vgl. Philippi, p. 13.
[2] Vgl. eod., p. 14.
[3] Würdtwein, Subs. dipl. VI, 98, p. 309 ff. (1075).
[4] Würdtwein, Nova Subs. dipl. IX, 38, p. 85 ff. (1277).
[5] Zuerst 1244 erwähnt (UB. Loccum 103; Westfäl. UB. VI, 416).

Maß und Gewicht hat.[1] Im übrigen teilen sich in die Gerichtsbarkeit der Stadt, abgesehen von dem Stiftsvogte[2], der in seinen Funktionen dem ländlichen Gografen entsprechende Wichgraf[3] und der *iudex civitatis*,[4] der Richter, der über *hovelik gut richten scal*.[5]

Die heutige Stadt Münster[6] steht auf dem Boden mehrerer alter Höfe,[7] die noch in späterer Zeit in Urkunden wiederholt genannt werden, und deren Lage sich mit ziemlicher Sicherheit bestimmen läßt. Diese sämtlichen Höfe befanden sich nachweislich von alters her im Eigentum der Münsterer Kirche, später gehörten sie den Bischöfen oder dem Kapitel des Domes oder endlich auch dem von den Bischöfen dotierten Kloster Überwasser. Dieses alte Eigentumsverhältnis findet seinen Ausdruck in den zahlreichen Wortgeldern, welche Bischof, Domkapitel und Kloster Überwasser in allen Gegenden der Stadt erhoben, und welche für die einzelne Hausstätte nur einen oder einige wenige Denare betrugen.[8]

Auf dem Grund und Boden des ausgedehntesten dieser Höfe, des Brokhofes, ist der Markt von Münster begründet worden. Und zwar hat man ihn dicht an der Ostseite der Domimmunität, der *urbs*,[9] nur durch einen Graben von derselben geschieden, er-

---

[1] Vaterl. Archiv f. Niedersachsen 1844, p. 407; vgl. PHILIPPI, p. 71.

[2] Vgl. LÖVINSON, Beiträge zur Verfassungsgeschichte der Westfälischen Reichsstiftsstädte, 1889, p. 22 f.

[3] Vgl. LÖVINSON, a. a. O., p. 49 ff.

[4] Westfäl. UB. IV, 1603 (1280): *Johannes Molendinarius iudex.*

[5] Vgl. PHILIPPI, p. 62.

[6] Über Münster vergl.: v. MAURER, Geschichte der Städteverfassung. Bd. I, p. 58 ff. — TIBUS, Die Stadt Münster, 1882. — HEGEL, Städte und Gilden etc., Bd. II, 1891, p. 372 ff. — GEISBERG, Die Anfänge der Stadt Münster in: Ztschr. f. vaterl. Gesch. u. Altertumsk. (Westfalens) XLVII, Abt. 1 (1889), p. 1 ff., XLVIII, Abt. 1 (1890), p. 1 ff. — PHILIPPI, Zur Verfassungsgeschichte der Westfälischen Bischofsstädte, 1894.

[7] Bispinghof, Jodefeld, Kampvordesbek, Brokhof, Altenhof, Spiekerhof etc. Dieselben gehören verschiedenen Bauerschaften an; vgl. GEISBERG, XLVIII, p. 21. — Über diese Höfe vgl. TIBUS, p. 34 ff.; GEISBERG, XLVIII, p. 1 ff.

[8] Vgl. GEISBERG, XLVIII, p. 19 f.

[9] Vgl. TIBUS, p. 47 ff.

richtet. Von hier aus scheint sich die eigentliche Stadt entwickelt zu haben. Die Marktkirche,[1] die Lambertikirche, ist die
älteste und ursprünglich einzige Pfarrkirche der rechts der Aa
gelegenen Stadt.[2] Die Häuser aber an diesem Markte und an
den die Fortsetzung desselben längs der Immunitätsmauer bilden-
den Straßen verraten noch heute durch ihre Bauart, daß sie
durch den Ausbau von Marktbuden entstanden sind.[3] Hier erwuchs im Gegensatz zu den umliegenden bäuerlichen Hofansiedelungen eine Ansiedelung von Kaufleuten und Gewerbetreibenden.
eine Marktansiedelung. Ob diese Ansiedelung in früherer Zeit
einmal eine besondere selbständige Ortsgemeinde und Rechtsgemeinde gebildet hat, läßt sich nicht feststellen. Bemerkenswert
ist nur, daß in dem interessanten, ein volles Jahrhundert dauernden Prozesse[4] zwischen dem Domkapitel und der Stadt über
das Eigentum des in der Lambertipfarre gelegenen[5], vom Michaelis-
bis zum Nikolaithore reichenden, ehemaligen Immunitätsgrabens
die Bürger sich auf das *ius forense* berufen.[6]

Deutlicher als in Münster hebt sich die Marktansiedelung
in Osnabrück[7] aus der übrigen Stadt heraus. Von sämtlichen
bisher besprochenen Städten unterscheidet Osnabrück sich dadurch, daß hier der Markt innerhalb der ältesten Ummauerung,
der Burg (*urbs*) liegt.[8] Rechtlich ist er jedoch von der gleichfalls

---

[1] Vgl. Philippi, p. 14.

[2] Westfäl. UB. II, 507 (1190—92): *parrochiam civitatis nostre, cui prius usque ad ea tempora solus sacerdos Ernestus preerat, scilicet qui ecclesie b. Lamberti presidebat, pluribus sacerdotibus assignavimus et de una plures parochias instituimus.*

[3] Vgl. Philippi, p. 14.

[4] Vgl. über diesen Prozeß Geisberg, XLVIII, p. 33 ff.

[5] Westfäl. UB. III, 855 (1270).

[6] cod. II, 432 (1183).

[7] Über Osnabrück vergl.: Stüve, Topographische Bemerkungen über die Stadt Osnabrück, Markt- und Gewerbsleben derselben in: Mitteilungen des hist. Vereins zu Osnabrück IV (1855), p. 321 ff. — Philippi, Zur Geschichte der Osnabrücker Stadtverfassung in: Hansische Geschichtsblätter 1889, p. 155 ff. — Philippi, Zur Verfassungsgeschichte der Westfälischen Bischofsstädte, 1894.

[8] Vgl. Stüve, p. 323 ff.; Philippi, Verfassungsgeschichte, p. 6; sowie die den genannten Abhandlungen beigegebenen Stadtpläne.

innerhalb der Burg gelegenen Domfreiheit natürlich durchaus geschieden. Man kann aber auf dem Stadtplane noch deutlich erkennen, daß der Markt mit seiner nächsten Umgebung, sowie ein
Teil der angrenzenden Haselaischaft in früher Zeit offenbar aus
der Immunität ausgeschieden worden sind. Wohl im X. Jahrhundert haben die Bischöfe auf Grund des wahrscheinlich ge-
fälschten, aber noch unter den Ottonen entstandenen Privileges
Arnulfs[1] hier in unmittelbarer Nähe ihres Domes auf kirchlichem
Gebiete einen Markt begründet. Dieser Markt bezeichnet den
Ausgangspunkt der Osnabrücker Stadtentwickelung. Daß er mit
seiner Umgebung wohl einst eine besondere Gemeinde gebildet
hat, ist noch im XIV. Jahrhundert deutlich erkennbar. Nach
dem Statut über die Ratswahl von 1348[2] zerfällt die Stadt
Osnabrück, von der Domfreiheit und den Klosterfreiheiten abgesehen, in einzelne, Laischaften genannte Bezirke, von denen der
eine, welcher nur den Markt und die angrenzenden Häuser, sowie
die *ecclesia forensis*,[3] die Marienkirche, umfaßt, als „Binnenburg"
bezeichnet wird. In anderen Quellen des XIV. Jahrhunderts
trägt diese Laischaft, die kleinste von allen, den Namen „Markt-
laischaft".[4] Diese Einteilung der Stadt in Laischaften ist nun
nicht etwa eine künstlich geschaffene Bezirkseinteilung;[5] der
unverhältnismäßige Größenunterschied zwischen den einzelnen
Laischaften widerlegt diese Annahme. Aber ebensowenig kann
ich die von PHILIPPI[6] vertretene Anschauung teilen, daß diese

---

[1] Osnabrücker UB. I, 54 (889) (Reg. I, 1780); vgl. eod. I, 118
(1002), 128 (1023), 133 (1028), 149 (1057) (St. 1314, 1807, 1974, 2541).

[2] Vgl. PHILIPPI, Hans. Gbl. 1889, p. 159 ff.; PHILIPPI. Verfassungsgeschichte, p. 95 ff.

[3] Osnabrücker UB. II, 97 (1218).

[4] Vgl. PHILIPPI, Hans. Gbl. 1889, p. 165.

[5] Dagegen halte ich für eine derartige künstliche Stadteinteilung die
Münsterer Laischaften, deren Grenzen in keiner Weise den alten Bauer-
schaftsgrenzen entsprechen (höchstens die Laischaft Jüdefeld ist aus-
zunehmen), und die auch keinesfalls das allmähliche Wachstum der Stadt
Münster verdeutlichen. Gehören doch die Häuser am Markt nicht weniger
als vier verschiedenen Laischaften an. Auf eine künstliche Bezirkseinteilung
deutet übrigens schon die gleichmäßige Größe der einzelnen Laischaften hin.

[6] Vgl. PHILIPPI, Hans. Gbl. 1889, p. 163 ff.; PHILIPPI, Verfassungsgeschichte, p. 53 f.

Laischaften ursprünglich selbständige Bauerschaften gewesen seien,
deren Vorstände durch Zusammentreten den städtischen Rat ge-
bildet hätten.[1] Nicht die geringste Spur von älteren, den späteren
Laischaften entsprechenden Dorfgemeinden läßt sich nachweisen.
Die Namen der Laischaften selbst sind aber viel zu farblos, um
alte Bauerschaftsnamen zu sein. Dagegen bestätigen uns diese
Namen eine andere Thatsache, nämlich daß die Osnabrücker
Laischaften das Bild der allmählichen, vom Markte ausgehenden
Stadtentwickelung darstellen. Der Markt, die spätere Markt-
laischaft, ist der Kern der Altstadt, an die sich im Norden und
Westen die beiden Vorstädte ansetzten, von denen die eine, zum
Teil in die alte Ummauerung einbezogene wegen ihrer Lage am
Flusse den Namen „Haselaischaft", die andere, ganz außerhalb der
Burg liegende den Namen „Butenburg" empfing. Wahrscheinlich
im XII. Jahrhundert, jedenfalls vor der in das erste Viertel des
XIII. Jahrhunderts fallenden Gründung der Katharinenkirche,[2]
ist auch der im Süden der Altstadt liegende Stadtteil entstanden
und in das Gebiet des Stadtrechtes eingeschlossen worden; derselbe unterstand in kirchlicher Hinsicht damals noch dem außerhalb der Altstadt liegenden Johannisstifte und erhielt deshalb
den Namen „Johannislaischaft". Diese ursprünglich lediglich historische Stadteinteilung ist die Grundlage für eine spätere admini-
strative Einteilung geworden. Aber für die Behauptung, in den
altstädter Laischaften habe man fünf anfänglich selbständige Dorfgemeinden zu erblicken, fehlt nicht nur jeder Beweis,[3] sondern auch
jede Wahrscheinlichkeit.[4] Auch in Osnabrück bildet also der
Markt den Ausgangspunkt der städtischen Entwickelung. Das
allerdings ist zweifellos, daß in Osnabrück, ebenso wie in Münster,

---

[1] Nur die Neustadt Osnabrück, welche die Neustädter Laischaft
bildete, ist thatsächlich vor ihrer 1306 erfolgten Vereinigung mit der Altstadt ein selbständiges Gemeinwesen gewesen.

[2] Vgl. PHILIPPI, Hans. Gbl. 1889, p. 164.

[3] Der Name „Laischaft", welcher „Bauerschaft" bedeutet, ist kein
Beweis. Die Halberstädter Nachbarschaften und Braunschweiger Bauer-
schaften sind nicht alte Landgemeinden, sondern spätere, künstlich geschaffene
Stadtbezirke; vgl. oben Seite 68, 97.

[4] Über die Osnabrücker Laischaften vgl. auch KEUTGEN, a. a. O.,
p. 195 f.

eine ziemlich große Anzahl von agrarischen Niederlassungen bereits in früher Zeit in die Altstadt einbezogen worden ist und den ursprünglich rein kaufmännisch-gewerblichen Charakter der Marktansiedelung verwischt hat. Noch in späterer Zeit sind die großen Höfe[1] am Rande der Butenburg und der Johannis-laischaft Denkmäler der alten, bäuerlichen Ansiedelungen.

Weniger als in Norddeutschland läßt sich das Vorhandensein einer ursprünglichen Marktansiedelung in den älteren Städten Süddeutschlands konstatieren. Hier sind es bis tief hinein in die Stauferzeit die alten Römerstädte, welche die Führung in der Entwickelung einnehmen, und für welche allein die Nachrichten aus älterer Zeit reichlicher fließen. Daneben kommt noch Würz-burg in Betracht, das bereits vor seiner Erhebung zum Bischofs-sitz Wohnort einer großen freien Gemeinde,[2] ja vielleicht auch Marktort[3] gewesen ist. Im übrigen liegt über der Entstehung der ältesten süddeutschen Städte fast völliges Dunkel. Jedoch läßt sich vereinzelt auch hier der Markt als Ausgangspunkt der Stadtentwickelung nachweisen.

Als erstes Beispiel ist Brixen[4] zu nennen. Brixen ist hervorgegangen aus einem alten, dem Säbener Bistum gehörigen Maierhofe, in den im X. Jahrhundert die Bischöfe ihre Residenz verlegten.[5] Dieser bischöfliche Fronhof ist bald nach der Verlegung um 1030 von Bischof Hartwig mit Mauern um-geben worden;[6] in den Urkunden des XI. Jahrhunderts wird er als *urbs*, als Burg bezeichnet.[7] Außerhalb dieser Burg liegt der zuerst am Ende des XI. Jahrhunderts erwähnte Markt;[8] seine

---

[1] Diese Höfe sind auf dem Stadtplan in Hans. Gbl. 1889 verzeichnet.

[2] Das ergiebt die berühmte alte Markbeschreibung bei MÜLLENHOFF und SCHERER, Denkmäler I[3], 64, p. 224 ff.

[3] MG. DD. I, K.I, 35 (918); MBo. XXIXa, 333, p. 30 (1030) (St. 2008).

[4] Über Brixen vergl.: SINNACHER, Beyträge zur Geschichte der bischöf-lichen Kirche Säben und Brixen in Tyrol, Bd. I—IV, 1821—24. — Oester-reichische Weistümer, Bd. V, 1888, p. 376 ff., Anm.

[5] Vgl. Österr. Weist., Bd. V, p. 377; HAUCK, Kirchengeschichte Deutsch-lands, Bd. III, p. 165. Anm. 4.

[6] Über diesen Mauerbau vgl. SINNACHER, Bd. II, p. 206 ff.

[7] Acta Tirolensia I, 149, 150 (1050—65), 385 (1085—97).

[8] eod. I, 385 (1085—97): *in Brixinensi mercato foris urbem.*

Anwohner, die *forenses*,[1] sind die Einwohner der ältesten städtischen Ansiedelung.[2] Aus dieser Ansiedelung um dem Markt aber ist die Stadt Brixen hervorgegangen. Ihr Recht wird deshalb in einer Urkunde des Jahrhunderts als

„*ius forense quod vulgo marchrecht dicitur*"

bezeichnet.[3]

Während Brixen es nie zu einer größeren Bedeutung gebracht hat, ist bei einer anderen Bischofsstadt Süddeutschlands, die ebenfalls auf eine Marktansiedelung zurückgeht, die Entwickelung günstiger verlaufen, nämlich bei Bamberg.[4] Die älteste Ansiedelung Bambergs ist die *civitas*, die Burg Babenberg, welche Kaiser Otto II. kurz vor seinem Tode seinem Vetter Heinrich schenkte,[5] und auf welcher König Heinrich II. den Dom des künftigen Bistums erbaute.[6] Noch in späterer Zeit wird diese Domansiedelung als „Burg" (*urbs*) durchaus von der Stadt (*civitas*) unterschieden.[7] Die Stadt selbst hat ihren Ursprung am anderen Regnitzufer genommen, und zwar im Anschluß an den dort gelegenen Markt als eine Marktansiedelung, die, rasch anwachsend, bereits früh auf das linke Ufer hinübergriff. Anfangs scheint der

---

[1] Eine *Judita forensis* wird c. 1140 erwähnt (Acta Tirol. I, 453 c).

[2] Die Leute *de urbe* werden von den Leuten *de Brixina* unterschieden; vgl. eod. I, 464 (1140—47): *Engildie de Brixina . . . Hezilo de urbe, Chûnrath de Brixina.*

[3] UB. Neustift (Fontes rer. Austr. B, XXXIV) 293 (1266).

[4] Über Bamberg vergl.: Schweitzer, Der Lauf der Rednitz durch die Stadt Bamberg in der ältesten Zeit in: Berichte des histor. Vereins zu Bamberg XXIX (1866), p. 172 ff. — Schuberth, Histor. Versuch über die geistliche und weltliche Staats- und Gerichtsverfassung des Hochstifts Bamberg, 1790; Nachträge, 1792. — Zoepfl, Das alte Bamberger Recht als Quelle der Carolina, 1839. — Gengler, Beiträge zur Rechtsgeschichte Bayerns, Bd. IV, 1894, p. 155 ff.

[5] MG. DD. II. O.II, 44 (973).

[6] Daß die alte Burg Babenberg auf dem heutigen Domberge lag und nicht mit der sogenannten „Altenburg" bei Bamberg zu identifizieren ist, hat Rudhart (Ist die Altenburg bei Bamberg wirklich das Castrum Babenbergk, 1835) nachgewiesen; vgl. Gengler, p. 18. Anm. 7.

[7] Bamberger Domkalender zum 12. April und 22. Dezember: *cum exitur de urbe ad civitatem* (ed. Schweitzer in Berichte d. hist. Ver. z. Bamberg VII, p. 153, 314).

Boden, auf dem sie stand, königliches Eigengut gewesen zu sein, erst unter Bischof Otto (1102—39) gelangte sie in das Eigentum der Bamberger Kirche. Und zwar wird sie in dem Berichte über die Erwerbung als

„*forum Babenberg cum areis ex utraque parte fluminis*"[1]

bezeichnet. Auch in späteren Urkunden offenbart sich diese Entstehung Bambergs aus einer Marktansiedelung. Im XII. Jahrhundert nennt sich ihr oberster Richter, der *advocatus burgi*,[2] auch *advocatus fori*;[3] das *burgum* Bamberg ist zugleich ein *forum*, eine Marktansiedelung. Das Recht der Stadt aber heißt im XIII. Jahrhundert *ius forense*[4] oder noch ausführlicher

„*ius fori et civitatis, quod vulgariter Marcketgerett dicitur.*"[5]

---

[1] MG. SS. XV, p. 1164.

[2] MBo. XXIXa, 500, p. 351 (1160) (St. 3888): *Rapoto de Abenberc advocatus burgi Babenberc.* — Das Wort „*burgum*" bedeutet im XII. und XIII. Jahrhundert nicht „Burg", sondern die unterhalb der Mauern einer Burg gelegene Ansiedelung, das *suburbium (faubourg)* einer Burg. Vgl. z. B. Cod. dipl. Anhalt. I, 606 (1181): *castrum Stadii et burgum*: ferner Regesten der Pfalzgrafen am Rhein I, 203 (1225): *castrum in Heidelberg cum burgo ipsius castri.* — JÄGER, Geschichte der landständischen Verfassung Tirols, Bd. I, 1881, p. 663, 668 identifiziert übrigens geradezu *burgum* mit *forum* „Marktansiedelung" im Gegensatze zur ummauerten Stadt (*civitas*).

[3] OESTERREICHER, Geschichte der Herrschaft Banz, UB. 30, p. 48 (1189): Graf Friedrich von Frensdorf verkauft dem Bischof die *advocatia fori in civitate Babenberc.* — USSERMANN, Episcopatus Bamberg., p. XXXVI f.; SCHUBERTH, Versuch, p. 27 ff. und neuerdings noch GENGLER, p. 155 ff. übersetzen *burgum* mit „Burg" (= „Oberstadt") und unterscheiden deshalb von dem *advocatus burgi* einen besonderen *advocatus fori*. Thatsächlich sind beide ein und dieselbe Person, denn der 1189 erwähnte Inhaber der *advocatia fori*, Graf Friedrich von Frensdorf, ist der Sohn des 1160 genannten *advocatus burgi* Rapoto von Abenberg, der ebenfalls mehrfach den Titel eines Grafen von Frensdorf führt (MBo. V, p. 354 (1139), XXIV, p. 36 (1156)). Über die Grafen von Abenberg und Frensdorf vgl. STEIN, Geschichte Frankens, Bd. I, p. 232 f., Bd. II, p. 345.

[4] Kopialbuch v. St. Stephan in Bamberg (ed. SCHWEITZER in Berichte d. hist. Ver. z. Bamberg XIX, p. 10) (1299): *iure forensi civitatis Bambergensis.*

[5] HÖFLER, Friedrichs von Hohenlohe Rechtsbuch, p. 20 (1275).

§ 5.

Später begründete Marktansiedelungen.

Mit dem XII. Jahrhundert beginnt in Deutschland ein neuer
Aufschwung der Stadtgründung. Waren es bisher so gut wie
ausschließlich die Zentralpunkte des kirchlichen Lebens und die
Pfalzen, an denen Handel und Gewerbe eine dauernde Stätte
fanden, so begann man jetzt auch an solchen Orten, welche jeder
politischen und kirchlichen Bedeutung entbehrten und nur durch
ihre für den Handelsverkehr günstige Lage geeignet schienen,
dauernde Marktansiedelungen zu gründen. Zugleich erhalten wir
genaueren Einblick in den Gründungsvorgang. Das X. und XI.
Jahrhundert ist die Zeit der Marktprivilegien. In welchem Umfange aber die mit dem Marktrechte Beliehenen von demselben
Gebrauch gemacht haben, ob sie bloß vorübergehend Märkte stattfinden ließen oder ständige Marktansiedelungen errichteten, ent-
zieht sich regelmäßig unserer unmittelbaren Erkenntnis und läßt
sich bloß aus späteren Nachrichten erschließen. Außer der interessanten, aber auch nichts weniger als ausführlichen Naumburger
Urkunde besitzen wir kein einziges Dokument, welches den Gründungsvorgang selbst zum Gegenstande hat. Im XII. Jahrhundert
verschwinden die Marktprivilegien, welche einfach das Marktrecht
ohne jeden beschränkenden Zusatz verleihen. Sie werden ersetzt
einerseits durch die Jahrmarktprivilegien, andererseits durch die
Stadtgründungsurkunden.[1] An die Stelle der Privilegien, durch
welche sich der Marktherr sein Marktrecht vom Kaiser verbriefen
läßt, treten die Urkunden des Marktherrn selbst, welche den Ansiedlern der neuen Marktgründung, den *mercatores*, ihre Rechte
verbriefen.

Den Anfang dieser Periode bezeichnet, abgesehen von dem
Allensbacher Privileg von 1075, das an anderer Stelle besprochen
werden wird,[2] die in jüngster Zeit vielgenannte und vielumstrittene

---

[1] Vgl. RATHGEN, Entstehung der Märkte, p. 68.

[2] Vgl. unten Seite 144 ff.

Gründungsurkunde von Radolfzell.[1] Seitdem dieses wertvolle Dokument im Jahre 1890 von ALOYS SCHULTE veröffentlicht worden ist, hat sich eine ganze Literatur gebildet, welche die Schwierigkeiten in der Erklärung desselben zu heben und die Bedeutung desselben für die Geschichte der deutschen Stadtverfassung festzustellen sucht.[2] Auch die folgenden Zeilen sollen sich mit der Lösung dieser Frage beschäftigen. Der Inhalt der Urkunde ist folgender:

Abt Ulrich von Reichenau errichtet mit Genehmigung des Vogtes, des *villicus* und der Geistlichen des mit der Abtei Reichenau verbundenen Stiftes Radolfzell auf Grund einer Ermächtigung Kaiser Heinrichs IV. einen Markt (*forum*) *in villa Ratolfi*. Diese *villa Ratolfi* ist nun kein freies Dorf, sondern, wie der Name sagt, eine im Anschluß an die *cella Ratolfi* entstandene Fronhofsansiedelung.[3] Ihre Einwohner sind die von den Marktansiedlern verschiedenen *famuli ecclesie*. Aus der Allmende dieser Fronhofsansiedelung, dieses hörigen Dorfes, und nicht, wie SCHULTE annimmt, aus dem Salland,[4] wird ein Gebiet ausgesondert, zum

---

[1] Ediert von SCHULTE in Zeitschr. f. Gesch. d. Oberrh. N.F. V (1890), p. 141. Darnach auch bei KAUFMANN, Zur Entstehung des Städtewesens, Teil I, 1891, p. 25 f. — Der Abdruck bei ALTMANN und BERNHEIM, Ausgewählte Urkunden[2] p. 349 f. reproduziert SCHULTES Text, ohne erkennen zu lassen, was im Original an Stelle von SCHULTES Konjekturen gestanden hat.

[2] Besonders zu erwähnen sind: SCHULTE, Über Reichenauer Städtegründungen in: Zeitschr. f. Gesch. d. Oberrh. N.F. V (1890), p. 137 ff. — SCHAUBE in Zeitschr. f. Gesch. d. Oberrh. N.F. VI (1891), p. 296 ff., VIII (1893), p. 626 ff. — KÜNTZEL in Zeitschr. f. Gesch. d. Oberrh. N.F. VIII (1893), p. 373 ff. — SOHM, Entstehung d. d. Städtewesens, 1890, p. 83 f. — GOTHEIN, Wirtschaftsgeschichte des Schwarzwaldes, Bd. I, 1892, p. 68. — v. BELOW, Der Ursprung der deutschen Stadtverfassung, 1892, p. 27 f., 104. — KEUTGEN, Untersuchungen über den Ursprung der deutschen Stadtverfassung, 1894, p. 173 f. — UHLIRZ in Mitt. d. Inst. f. österr. GF. XV (1894), p. 501 ff. — ALBERT in Alemannia XXIV (1896), p. 87 ff. (vgl. auch CARTELLIERI in Zeitschr. f. Gesch. d. Oberrh. N.F. XI (1896), p. 141).

[3] Die *villa* heißt nach dem von Bischof Ratolfus von Verona gegründeten Stift, nicht umgekehrt das Stift nach der *villa*. Deshalb ist auch anzunehmen, daß sie jünger als das Stift, also im Anschluß an dasselbe und durch dasselbe entstanden ist.

[4] SCHULTE, p. 143. — Die *famuli* werden durch die neue Gründung in ihrer Allmende eingeschränkt (*ligna copiose et pascua late antea possiderunt, postea strictius habuerunt*).

forum bestimmt und mit dem *ius fori* beschenkt. Auf diesem Gebiete kann jedermann (*omnis homo cuiuscunque condicionis*), gleichviel ob frei oder unfrei, Grund und Boden erwerben, als Allod besitzen und frei verkaufen, nur muß der Käufer dem *villicus* eine Quart Wein entrichten. Ein bestimmtes Maß der dem einzelnen zu überlassenden Bodenfläche wird nicht festgesetzt, dem Belieben des Käufers wird freie Hand gelassen.[1] Aber es folgt schon aus der räumlichen Begrenzung des zum *forum* bestimmten Bodens, der gerade so groß ist, daß er zur Anlage eines *forum*, einer Marktansiedelung ausreicht (*partem ville quae foro sufficeret*), daß dieser Boden nur in größere oder kleinere Hausstätten (*areae*) geteilt werden soll, eine Überlassung von größeren Bodenflächen (*iugera, mansi*) zu agrarischen Zwecken dagegen nicht beabsichtigt ist. Die erwarteten Ansiedler sind Kaufleute und Gewerbetreibende, aber keine Bauern. Dieses *forum* steht *sub nullo districtu*. Von den meisten Forschern ist *districtus* als Gerichtsbarkeit gedeutet worden, und demgemäß hat man aus dieser Stelle die gerichtliche Exemtion des *forum* herausgelesen. Aber eine Befreiung von jeder Gerichtsbarkeit ist selbstverständlich ein Unding. SOHM ergänzt deshalb „auswärtige Gerichtsbarkeit“, was nicht dem Wortlaute entspricht, KEUTGEN versteht unter der Freiheit vom *districtus* erbrechtliche Befreiungen, UHLIRZ will sie als Freiheit des Verkehrs oder Freiheit des Besitzes auffassen. Meiner Ansicht nach ist *districtus* nicht zu eng zu fassen, vielmehr ist darunter jede Einmischung irgend einer Gewalt in die inneren Angelegenheiten des *forum*, jede Erhebung von Steuern und Gefällen zu verstehen. Die Freiheit von diesem *districtus* wird den Marktbewohnern zugesichert, das *forum* soll — wie die Urkunde fortführt —

„*iusticiam et libertatem Constantiensem quae ius fori est*“ genießen. Allerdings aber bildet dieses neue *forum* auch eine besondere Rechts- und Gerichtsgemeinde. In der alten *villa* gilt Hofrecht, im *forum* gilt öffentliches Recht, *ius fori*. Daran ändert auch die Thatsache nichts, daß, wie sich aus einer späteren Stelle

---

[1] *Sive multum sive paucum de terra emat.* — Vielleicht ist auch an Wiederverkäufer oder Leiheherren zu denken, die Land für mehrere Hausstellen erwerben; vgl. KEUTGEN, p. 173, Anm. 3.

der Urkunde ergiebt, Vogt und *villicus* die Gerichtsbarkeit auch im *forum* ausüben.[1] Das von ihnen geleitete *iudicium fori* ist vom Hofgericht völlig verschieden. Auch eine eigene wirtschaftliche Gemeinde bilden die Marktansiedler; an der Allmende haben sie keinen Teil, vielmehr erscheinen als die einzigen Allmendenutznießer die Hofleute, die *famuli*.[2][3] Von der Stellung dieser *famuli* dem *ius fori* gegenüber redet der vielumstrittene, aber für die allgemeine Auffassung weniger wichtige letzte Teil der Urkunde.[4] In demselben wird die scharfe Scheidung zwischen Hofleuten und Marktleuten für einige zweifelhafte Fälle noch besonders hervorgehoben. Die *famuli* stehen selbst dann nicht unter dem Marktgericht, wenn sie auf dem Markte verkaufen oder kaufen, ja nicht einmal dann, wenn sie innerhalb des Marktes Allod erworben haben. Die Tendenz dieser Bestimmungen scheint mir ziemlich klar zu sein: Der Abt will verhindern, daß seine Eigenleute sich dadurch, daß sie Marktansiedler werden, seiner Dienstbarkeit entziehen. Über anderthalb Jahrhunderte haben diese beiden An-

---

[1] *Nec adrocatus nec villicus nec aliqua secularis potestas ipsum occasione allodii iudicio fori vocet ad presenciam sui.*

[2] Vgl. Seite 110, Anm. 4.

[3] v. Below, a. a. O., p. 28, Anm. 1 nimmt das Gegenteil an mit Rücksicht auf die Urkunde von 1267 (vgl. Seite 113, Anm. 1), laut welcher die beiden Ansiedelungen, das *forum* und die alte *villa*, nur ein *opidum*, eine „Ortsgemeinde", bildeten. M. E. ist es ein Irrtum, anzunehmen, daß ein *opidum* immer nur aus einer Ortsgemeinde bestehen kann. Auch *civitas* ist der Gesamtname für manchen Ort, der aus mehreren Ortsgemeinden besteht, z. B. für die aus mehreren selbständigen Gemeinden bestehende Gesamtstadt Braunschweig. Daß die *famuli* in der Nutzung ihrer Allmende geschädigt sind, erklärt sich daraus, daß ein Teil der Allmende ihnen entzogen und in Marktgebiet verwandelt ist, aber nicht daraus, daß die Marktansiedler an der Nutzung der Allmende teilnehmen. Ein derartiges Mitnutzungsrecht wäre wohl erwähnt worden.

[4] Ich halte die Emendationen Schultes „*rolumus*" statt „*nolumus*", „*poscat*" statt „*ponat*" und das vor „*iudicio*" eingeschobene „*a*" für unrichtig und behalte die Lesart der Vorlage bei (ebenso Uhlirz und Albert, sowie zum Teil auch Schaube und Küntzel). Das einzelne „*n*" oder „*u*" mit dem nachfolgenden „sinnlosen" (?) Haken ist entweder, wie Schaube annimmt, mit „*nec*" zu erklären oder, was wahrscheinlicher ist, nach dem Vorgang Alberts „*ut*" zu lesen. Die Lesart „*nisi*" halte ich für zweifellos unrichtig.

siedelungen, die Marktansiedelung und die bäuerliche Fronhofsansiedelung, nebeneinander bestanden. Erst im Jahre 1267,
nachdem beide bereits von einer gemeinsamen Mauer umgeben
worden waren, ist das *ius fori* auf den ganzen Ort, das ganze
opidum ausgedehnt worden. [1]

Eine größere Bedeutung als das kleine Bodenseestädtchen
Radolfzell hat eine andere süddeutsche Marktgründung erlangt,
nämlich **Freiburg** im Breisgau. [2] Über die Gründungsvorgänge
erhalten wir Aufschluß durch das Freiburger Stadtrecht, [3] welches
allerdings nicht, wie man früher meinte, eine gleichzeitige Be-
urkundung des Gründungsaktes darstellt, aber, wenigstens in
seinem älteren ersten Teile, bald nach der Gründung aufgezeichnet
worden ist. [4] Darnach hat Herzog Konrad im Jahre 1120 auf
seinem Eigengute Freiburg (*in loco mei proprii iuris scilicet Friburg*) eine Marktansiedelung, ein *forum* errichtet. Ein altes
Zähringer Hofgut bestand bereits bei der Gründung und besaß
auch seine eigene Kirche, St. Peter, welche bis zum Jahre 1247
zugleich die einzige Pfarrkirche der Stadt Freiburg war. [5] Aber
ebenso wie bei anderen Gründungen blieb auch bei der Gründung
von Freiburg diese älteste agrarische Ansiedelung von der neuen
Marktansiedelung durchaus getrennt; noch im Jahre 1266 lag
St. Peter außerhalb der Mauer der Stadt. [6] Die Ansiedler des
forum hießen **mercatores**, es waren ausschließlich Handel- und Gewerbetreibende. Diesem ihrem Berufe entspricht auch die Art

---

[1] Urkunde von 1267, ediert von v. WEECH in Zeitschr. f. Gesch. d.
Oberrh. XXXVII, p. 20 f. und von KAUFMANN, a. a. O., p. 27 f.

[2] Über Freiburg vergl.: GOTHEIN, a. a. O., p. 92 ff.

[3] Ediert von GAUPP, Deutsche Stadtrechte II, p. 19 ff. und von
H. MAURER in Zeitschr. f. Gesch. d. Oberrh. N.F. I, p. 193 ff. Über die
letztere Ausgabe vgl. HEGEL in Zeitschr. f. Gesch. d. Oberrh. N.F. XI,
p. 277 ff. — Die Ausgabe von ALTMANN und BERNHEIM (Ausgew. Urk.[2]
p. 350 ff.) hat die MAURER'schen „Verbesserungen" übernommen, läßt aber
nicht die Abweichungen der überlieferten Fassung erkennen.

[4] Über das Alter des Freiburger Stadtrechtes vgl. HEGEL in der Kieler
Monatsschrift 1854, p. 705; Zeitschr. f. Gesch. d. Oberrh. N.F. XI, p. 277 ff.;
H. MAURER, a. a. O., p. 170 ff.

[5] Vgl. GOTHEIN, a. a. O., p. 99.

[6] UB. Freiburg 1, 17, p. 67: *ecclesia s. Petri extra muros de Friburg.*

der Ansiedelung. Kein Ackerland wurde ausgegeben, vielmehr erhielt der einzelne allein zum Bau eines Hauses (*ad domos* .....
edificandas) eine *area* von 100 Fuß Länge und 50 Fuß Breite,
also eine Bodenfläche, die höchstens für ein Wohnhaus mit Hof
und Gärtchen genügenden Raum bot. Auf allen diesen Hausstellen lastete gleichmäßig ein am Martinstage zu entrichtender
Zins von einem Solidus. Während Ackerland, wie gesagt, den Ansiedlern überhaupt nicht gegeben wurde, scheint die neue Ansiedelung bereits von Anfang an eine unbedeutende Allmende besessen zu haben.[1] Als Rechts- und Gerichtsgebiet bildete das neue
forum eine selbständige Einheit, es hatte sein eigenes Recht und
seinen eigenen Schultheißen.[2] Auch eine eigene Gemeinde war diese
Marktansiedelung. An ihrer Spitze standen als Gemeindeorgan
die 24 *coniuratores*, die wohl bereits bei der Gründung die Mittler-
rolle zwischen dem Herzog und der Masse der *mercatores* gebildet
hatten.[3] Sie sind der Ursprung des späteren Rates.

Auch Breisach[4] bietet uns ein gutes Beispiel für eine der-
artige Marktgründung. Schon in früher Zeit wird die Burg
Breisach erwähnt, im Jahre 1139 wird der zu der Burg gehörige
Hof Breisach als Besitz der Baseler Kirche genannt.[5] Wenige
Jahre später ist in einer Urkunde Papst Eugens III. die Rede
von einer

„*villa Brisachum, que in proprietate Basiliensis ecclesie noviter
edificata est.*“[6]

Diese *villa* Breisach ist also eine völlige Neugründung. Aber sie

---

[1] Vgl. GOTHEIN, a. a. O., p. 100.

[2] Vgl. eod., p. 95 ff.

[3] Vgl. eod., p. 194 f. — GOTHEINS Auffassung, die 24 *coniuratores* seien
keine Behörde, sondern eine Gilde, läßt sich nicht rechtfertigen. Daß sie
sich durch Kooptation ergänzen, ist m. E. nicht beweisend. *Coniuratores*
heißen sie nicht, weil sie unter einander durch einen Genossenschaftseid
verbunden waren, sondern weil sie zusammen als Organ, als Vertreter der
mercatores den Eid des Herzogs entgegengenommen haben. Ihre Thätigkeit
aber, das Aufbewahren und Verteilen des erblosen Gutes und das Eichen
der Maße, ist zweifellos Verwaltungsakt.

[4] Über Breisach vergl.: GOTHEIN, a. a. O., p. 107 ff.

[5] TROUILLAT I, 182 (1139).

[6] eod. I, 194 (1146).

ist nicht etwa ein Kolonistendorf, sondern eine Marktansiedelung, eine Kaufmannsniederlassung. Das bestätigt eine Urkunde Heinrichs VI.,[1] welche über die Belehnung des Kaisers mit der Hälfte des Ortes Breisach ausgestellt ist. Zwei verschiedene Ansiedelungen werden in Breisach unterschieden: die *curtis*, die alte Hofansiedelung, und der *mons*. Der *mons* aber ist ausschließlich von *mercatores* bewohnt, der Kaiser muß ausdrücklich versprechen:

> *„Nulli in monte illo assignabimus mansionem, nisi mercatus officium voluerit exercere.“*

Diese Ansiedelung *in monte*, auf dem Berge, ist der Ausgangspunkt der späteren Stadt Breisach, sie ist identisch mit der *villa* der Bulle Papst Eugens. Als *civitas* wird sie deshalb nicht bezeichnet, weil sie noch der Mauern entbehrte.[2] Diese Kaufmannsstadt auf dem Berge bildete einen eigenen Gerichtsbezirk[3] und ein eigenes Rechtsgebiet; sie hatte einen eigenen Schultheißen, der bereits in dem Privilege Heinrichs VI. genannt wird.[4] Als Kaufmannsgemeinde aber verfügte die Stadtgemeinde über keine besonders nutzbringende Allmende; vor allem aber besaß sie kein Ackerland.[5]

Endlich mag von den schwäbischen Marktgründungen noch Isny[6] genannt werden. Hier ist im Jahre 1171 von Graf Wolfrad von Veringen eine Marktansiedelung gegründet worden; die Gründung erfolgte neben dem alten Klosterdorfe auf einigen *mansiones ecclesiae in foro ville Ysni istius cum agro sibi contiguo*, welche der Graf vom Kloster eingetauscht hatte, um sie zu zerteilen und auf ihnen Markthäuser *(forenses mansiones)* zu errichten.[7] Hier sind also der Herr der ursprünglichen Dorfgemeinde und der Herr der neuen Marktansiedelung verschiedene Personen.

---

[1] Trouillat I, 260 (1185) (St. 4575).

[2] Erst 1315 ist Breisach mit einer Ringmauer umgeben worden; vgl. GOTHEIN, a. a. O., p. 113.

[3] Vgl. cod., p. 112 ff.

[4] *Nullus ibidem* (nämlich *in monte) instituetur scultetus absque pari utriusque nostrum voluntate.*

[5] Vgl. GOTHEIN, a. a. O., p. 111.

[6] Über Isny vergl.: BAUMANN, Geschichte des Allgäus, Bd. I, 1882, p. 318 f.

[7] Isnyer Geschichtsquellen des XII. Jahrhunderts, I, Traditiones (ed. BAUMANN im Neuen Archiv VIII, p. 154).

Dieselbe Verschiedenheit zwischen den beiden Gemeindeherren findet sich bei einer der interessantesten Marktgründungen auf bayrisch-österreichischem Boden, bei Innsbruck.[1] Am nördlichen Abhange des Iselberges an der Sill lag in römischer Zeit die alte Ortschaft *Veldidena*, welche den Eingang zur Brennerstraße bildete. Das alte Laurentius-Gottesbaus in ihr hat die germanische Eroberung überdauert, und um dasselbe erhielt sich auch eine Ansiedelung, die den alten römischen Namen in der germanisierten Form „Wilten" beibehielt. Im Jahre 1140 wurde diese Kirche Sitz eines Prämonstratenserklosters. Getrennt von diesem Klosterdorfe entstand das heutige Innsbruck auf Boden, der in älterer Zeit im Eigentume des Wiltener Klosters sich befand. Jenseits des Inns, wo heute die Vorstädte Mariahilf und St. Nikolaus stehen, gehörte das Land den Andechser Grafen. Hier hatte sich bereits in verhältnismäßig früher Zeit auf dem schmalen Streifen zwischen Fluß und Gebirge eine Marktansiedelung gebildet. Bald reichte dieselbe für den anwachsenden Handelsverkehr nicht mehr aus, die Blicke der Andechser richteten sich deshalb verlangend auf die rechts des Inns gelegene weite Klosterau. Im Jahre 1180 erwarb Herzog Berthold III. vom Wiltener Abte, der, wie es scheint, Eigentümer des gesamten Landes zwischen Inn und Sill war, einen Streifen Landes rechts vom Flusse. Hierher verlegte er die bisher am linken Ufer gelegene Marktansiedelung,[2] die seitdem wegen ihrer Lage an der wichtigen Innbrücke den Namen Innsbruck empfing. Die Anlage des Ortes war eine völlige Neugründung, bisher hatte auf dieser Stelle nur eine einsame Jakobskapelle gestanden,[3] die jetzt die Pfarrkirche der neuen Marktniederlassung, die *ecclesia forensis*,

---

[1] Über Innsbruck vergl.: ZOLLER, Geschichte und Denkwürdigkeiten der Stadt Innsbruck, 1816. — JÄGER, Geschichte der landständischen Verfassung Tirols, Bd. I, 1881, p. 630 ff. — HIRN, Innsbrucks historischer Boden in: Mitteilungen des deutschen und österreichischen Alpenvereins, Jahrg. 1896. p. 217 ff., 237 ff.

[2] v. SCHWIND u. DOPSCH, Ausgew. Urk. 21, p. 35 (1188—1204) (enthält in unauthentischer Fassung das Privileg von 1180 inseriert): *ut in possessione adiacentis monasterii forum nostrum trans pontem poneremus.*

[3] Vgl. HIRN, p. 218.

wurde.[1] Wiederholt geschieht der Einwohner der neuen Gründung Erwähnung, und zwar werden sie in den Urkunden bis zum
Beginne des XIII. Jahrhunderts immer als *forenses*[2] oder — wie
auch anderwärts — als *negotiatores*[3] bezeichnet. Es sind ausschließlich Handel- und Gewerbetreibende, eine Kaufmanns-,
keine Bauerngemeinde. Bis auf die Bewohner von drei Häusern,
die dem Stifte Wilten zinsten, hatten sie sämtlich von ihren
Häusern den Andechser Herzögen einen Zins zu entrichten.[4] Diese
Marktansiedelung aber bildete einen eigenen Gerichtsbezirk unter
einem Schultheißen, welcher, entsprechend der Bezeichnung der
ganzen Ansiedelung als *forum*[5], den Titel *prefectus forensis*[6] führte.
Bis zum Jahre 1232 hat sich der Name „*forum*" für Innsbruck
als Ortsbenennung erhalten;[7] erst im folgenden Jahre kommt
zum ersten Male der Name „*civitas*" vor.[8] Wenige Jahre darauf
haben die *civitas nostra Insbruke et universi cives in ea manentes*
ihr erstes geschriebenes Stadtrecht von Herzog Otto von Meran
empfangen.[9]

Überhaupt ist es in den deutsch-österreichischen Ländern eine allgemein verbreitete Erscheinung, daß die späteren Städte
in den Urkunden des XII. Jahrhunderts als *fora* bezeichnet werden.[10]

---

[1] v. Schwind u. Dopsch 21 (1188—1204): *ecclesia in foro;* v. Hormayr,
Beiträge II, 68, p. 143 (1210): *ecclesia forensis.*

[2] v. Schwind u. Dopsch 21 (1188—1204); Sammler f. Gesch. v. Tirol IV,
p. 257 ff. (1188); v. Hormayr, Beiträge II, 68, p. 142 ff. (1210).

[3] Sammler f. Gesch. v. Tirol IV, p. 257 ff. (1188).

[4] v. Schwind u. Dopsch 21: Das Kloster *in eodem foro tres domos in sua
possessione retineat, quarum habitatores omnia, que alii nostro iuri exhibent,
ecclesie persolvant.*

[5] Vgl. Jäger, p. 633.

[6] v. Schwind u. Dopsch 21; v. Hormayr, Beitr. II, 68. — Dem *prefectus
forensis* steht der *prefectus exterior,* der Landrichter, gegenüber.

[7] v. Oefele, Geschichte der Grafen von Andechs, 1877, Regesten 611 (1232).

[8] eod. 615 (1233).

[9] Gedruckt bei Gaupp, Deutsche Stadtrechte II, p. 253 ff. und bei
v. Schwind u. Dopsch, Ausgew. Urk. 37, p. 80 ff. (1239).

[10] Vgl. Luschin von Ebengreuth, Österreichische Reichsgeschichte, Teil I,
1895, p. 242.

Enns,[1] St. Pölten,[2] Graz,[3] Friesach,[4] St. Veit[5] und andere
Städte erscheinen ebenso wie die heutigen Flecken Königs-
wiesen,[6] Neunkirchen,[7] Fischau[8] u. s. w. im XII. Jahrhundert
als *fora*, als „Märkte". Ihre Einwohner heißen *forenses*[9] oder
forenses cives,[10] ihre Häuser sind *forenses domus*,[11] ihr Recht heißt
ius fori[12] oder *ius forense*.[13] Der Markt ist es, der in Österreich
die meisten Städte hervorgerufen hat; die Marktansiedelungen.
die „Märkte", sind die Vorläufer der Städte.[14]

Wenden wir uns Norddeutschland zu, so werden wir als die
eigentliche Heimat der Marktgründung und der Städtegründung
überhaupt im XII. und XIII. Jahrhundert das östliche Kolonisationsgebiet bezeichnen müssen. Aber auch in den westlichen
Gebieten fehlen nicht derartige Neugründungen von Marktansiedelungen. Ein Beispiel bietet unter anderen die Gründung der
Neustadt Hamburg.[15] Graf Adolf von Schauenburg gab hier im
Jahre 1188 oder 1189 durch Vermittelung des Wirad von Boitzen-
burg seine Burg (*urbem*)[16] Hamburg mit dem dabei liegenden Ge-

---

[1] UB. Steiermark I, 677 (1186): *apud Anesim forum;* eod. I, 415 (c.
1160): *forensem villam Ensam.*

[2] UB. St. Pölten I, 3 (1058) (St. 2562).

[3] UB. Steiermark I, 545 (1172), 619 (1182), 642 (1185).

[4] eod. I, 501 (1167): *in foro Frisacensi.*

[5] Eichhorn, Beitr. I, p. 210 (1131); v. Ludewig, SS. rer. Bamb. I, p. 1128
(1176).

[6] UB. ob der Enns II, 255 (c. 1180).

[7] eod. II, 122 (1139): *forum in Niunchirchen* bedeutet etwas anderes
als *mercatum in Niunchirchin.*

[8] UB. Steiermark I, 499 (1166).

[9] Z. B. in Friesach (eod. I, 161 (c. 1135)); in Fischau (eod. I, 499 (1166)).

[10] In Friesach (eod. I, 501 (1167)).

[11] In Friesach (eod. I, 501).

[12] In Friesach (eod. I, 501): *iure fori eiusdem.*

[13] In St. Pölten (UB. St. Pölten I, 4 (c. 1125)); in Fischau (UB. Steiermark I, 499 (1166)).

[14] Über die „Märkte" in Bayern und Österreich vgl. S. 149.

[15] Über Hamburg vgl. Koppmann, Kleine Beiträge zur Geschichte der
Stadt Hamburg, Teil II, 1868. — Obst, Ursprung und Entwickelung der
Hamburgischen Ratsverfassung, 1890.

[16] Daß unter der *urbs* keine Stadt, sondern eine Burg zu verstehen ist,
ergiebt sich daraus, daß dieselbe in der Gründungsurkunde (Hamb. UB. I. 283)

biete an fremde Kolonisten,[1] und zwar erfolgte diese Übergabe *sub iure fori,* unter Marktrecht; es war die Gründung einer Markt-ansiedelung geplant. Dementsprechend werden auch in einer nur wenige Jahre nach der Gründung ausgestellten Urkunde[2] die An-siedler als *mercatores* bezeichnet. Auch die ganze Art der Grün-dung entsprach dem bei der Anlage von Marktansiedelungen ge-übten Brauche. Das Land wurde in einzelne Worten (*areae*) eingeteilt,[3] welche zinsfrei den Kolonisten überlassen wurden.[4] Von Ackerland ist selbstverständlich bei der Gründung überhaupt keine Rede, dagegen erhielten die Ansiedler zugleich mit den umwohnenden Landbewohnern Wald- und Weidenutzungsrechte.[5] Diese Marktansiedelung bildete eine besondere Rechts- und Ge-richtsgemeinde; nach lübischem Rechte wurde in ihr gerichtet,[6] ihr Richter war der Gründungsvermittler Wirad von Boitzen-burg, der auch, von einigen Ausnahmen abgesehen, die Gerichts-gefälle bezog.[7] Für das aber, was

> „*in cervisia, pane vel carnibus per iniustam mensuram delin-quitur,*"

fielen die Bußen zu zwei Dritteln an die Stadt.[8]

Das eigentliche Gebiet der Marktansiedelungen des XII. und XIII. Jahrhunderts ist, wie oben bemerkt wurde, der östliche Teil Norddeutschlands, das **Kolonisationsgebiet.** Hier waren

---

„*idem castrum*" und in der Urkunde von 1195 (Hamb. UB. I, 310) „*novum castrum*" heißt; vgl. Koppmann, p. 8, Anm. 1.

[1] Hamb. UB. I, 285 (1188/89).

[2] Hamb. UB. I, 310 (1195): *cum castrum novum in Hamborch, quod in occidentali parte civitatis situm erat, a mercatoribus de voluntate nostra per fidelem nostrum Wiradum in areas distributum inhabitaretur.*

[3] Vgl. vor. Anm.

[4] *Liberas areas secundum iustitiam Lubicentium concedimus*.... *omnem censum arearum pretaxatis incolis imperpetuum remittimus.*

[5] *Pascua et fructus arborum silvestrium habendos eque cum rurencibus;* vgl. auch Hamb. UB. I, 286 (1189) (St. 4522).

[6] *In delinquentibus vero hec erit iusticia, ut, ubicumque quispiam pecca-verit, ibi Lubicensi iure emendet.*

[7] *Omnium, que illic in iudicio prefatus Wiradus vel successor eius lucratus fuerit, fruatur, exceptis que ad manum vel ad collum cedunt, de quibus terciam partem habebit.*

[8] Hamb. UB. I, 286 (1189).

es nicht nur handelspolitische Gesichtspunkte, die zu derartigen
Gründungen den Anlaß gaben, auch nationale Überlegungen wirk-
ten mit. Bedeuteten doch diese von deutschen Ansiedlern bewohnten Kaufmannsniederlassungen in einem noch höheren Grade
als die bäuerlichen Kolonistendörfer feste Stützpunkte, von denen
eine planmäßige Germanisierung des Landes ihren Ausgang
nehmen konnte. Deshalb galt es aber auch, diese Marktgründungen noch schärfer als im Mutterlande von den bereits bestehenden Ortschaften zu trennen. Die älteste derartige Kaufmannsstadt im Kolonisationsgebiete, über deren Gründung wir
genauere urkundliche Nachrichten besitzen, ist Stendal.[1] Auf
seinem Eigengute (*in propria villa mea*) Stendal hat um die Mitte
des XII. Jahrhunderts Albrecht der Bär ein *forum rerum venalium*
gegründet.[2] Nach dem Wortlaute der Gründungsurkunde möchte
es fast scheinen, als sei, abweichend von dem bisher üblichen
Verfahren, der Markt in dem grundherrlichen Dorfe Stendal selbst
angelegt worden. In Wirklichkeit erfolgte auch hier die Marktgründung neben der bereits bestehenden Dorfansiedelung. Das
„alte Dorf", die *antiqua villa*[3] Stendal, ist ursprünglich von der
Stadt Stendal durchaus getrennt gewesen, erst nach der Gründung
hat man sie derselben einverleibt. Aber noch lange mag es gedauert
haben, ehe der Zwischenraum zwischen beiden ausgefüllt war.[4]
Noch heute haftet der Name „das alte Dorf" an einer Straße,
die mit ihrer näheren Umgebung sich scharf von der Stendaler
Altstadt abhebt; diese Altstadt aber ist aus der Marktansiedelung
hervorgegangen. Der Boden wurde in Worten eingeteilt, welche
an die *incolae* zu einem gleichmäßigen Jahreszins von vier Denaren
ausgeliehen wurde. Mit welcher Planmäßigkeit man bei dieser
Verteilung vorging, zeigt der Grundriß der Stadt. Von dem in

---

[1] Über Stendal vergl.: Götze, Urkundliche Geschichte der Stadt Stendal,
1873. — Liesegang, Die Kaufmannsgilde von Stendal in: Forschungen zur
Brandenburgischen und Preußischen Geschichte III (1890), p. 1 ff.

[2] Cod. dipl. Anhalt. I, 370 (c. 1151).

[3] Riedel, C. dipl. Brand. A, V, 57, p. 49 (1287): *unum mansum in
Stendal in antiqua villa;* eod. A, XV, 48, p. 38 (1289): *in Stendale in campo
que dicitur antiqua villa.*

[4] Vgl. Götze, p. 12 f., 27 f., 34.

der Mitte der Ansiedelung gelegenen Marktplatze gehen fast schnurgerade die Hauptstraßen der Stadt nach den vier Himmelsrichtungen, im rechten Winkel von Querstraßen durchschnitten. So bilden sich eine Anzahl regelmäßiger, rechteckiger Häuserviertel, die wiederum nach einem bestimmten Schema in *areae* eingeteilt sind. Man kann es sofort erkennen, daß diese Stadt gegründet worden und nicht von selbst erwachsen ist. Dieses Stendaler Schema aber steht nicht einzigartig da, es ist der allgemeine Typus der nordostdeutschen Städte.[1] Von einer Zuteilung von Ackerland an die neue Gründung war nicht die Rede, dagegen erhielten die Ansiedler Wald- und Weideland. Rechtlich nahm die neue Ansiedelung eine Sonderstellung dadurch ein, daß sie mit Magdeburger Recht bewidmet war, ferner bildete sie einen eigenen Gerichtsbezirk.

Andere Marktgründungen des XII. Jahrhunderts sind Jüterbog, dessen Recht in einer Urkunde von 1174 als *ius fori* bezeichnet wird,[2] ferner die markgräflich-meißnische Stadt Leipzig, deren Gründungsprivileg von einem Besitz an städtischen Grundstücken *secundem fori conventionem* berichtet.[3] Endlich ist eine Kaufmannsansiedelung das sächsische Städtchen Pegau, dessen *mercatores* durch eine Urkunde Friedrichs I. verboten wird, ihre *areas vel curtes* an Ritter zu verkaufen. Allein der Verkauf an

„*mercatores qui forensia iura exequantur*“

soll ihnen gestattet sein, der kaufmännische Charakter des Ortes soll gewahrt bleiben.[4]

Hier im Kolonisationsgebiete begegnet uns übrigens bereits im XII. Jahrhundert eine Art der Marktgründung, welche von derjenigen, welche wir bisher kennen gelernt haben, eine wichtige Abweichung zeigt, nämlich die Verbindung von kaufmännischer

---

[1] Über dieses Normalschema in der Anlage der deutschen Kolonisationsstädte vgl. die wertvolle Abhandlung von Fritz, Deutsche Stadtanlagen, 1894. (Straßb. Programm.)

[2] ed. Sello in Geschichtsblätter für Stadt und Land Magdeburg XXI, p. 269 f.

[3] Cod. dipl. Sax. reg. A, II, 372 ; B, VIII, 2 (1156—70).

[4] v. Ludewig, Rel. Mss. II, p. 199 f., n. 15 (1181) (St. 4326).

und bäuerlicher Ansiedelung, von Marktniederlassung und Kolonistendorf.   Nicht etwa, daß man in einem bereits bestehenden
Orte einen Markt errichtet hätte: die Neigung, die bereits vorhandenen Dörfer beiseite liegen zu lassen, zeigt sich bei der
Marktgründung und — wie wir später sehen werden — bei der
Stadtgründung in diesen Gebieten noch weit schärfer ausgeprägt
als im Mutterlande.   Aber wohl finden sich bereits im XII. Jahrhundert Fälle, daß man die Ansiedelung von Marktleuten, von
forenses, mit der Ansiedelung von bäuerlichen Kolonisten, von
coloni, verband.   Freilich hat man dabei — wenigstens im XII.
Jahrhundert — zwischen den beiden Arten von Ansiedlern einen
scharfen Gegensatz aufrecht erhalten.   Das älteste Beispiel bietet
die wahrscheinlich 1159 erfolgte Besiedelung der *villa* Wusterwitz.[1]   Erzbischof Wichmann überweist diese *villa*, ein altes, wohl
von den bisherigen Bewohnern verlassenes Slawendorf, einer Anzahl von vlämischen Kolonisten unter Führung eines gewissen
Heinrich zur Kolonisation.   Zugleich errichtet er daselbst wegen
der günstigen Lage dieses Ortes einen Markt.   Die zwei Arten
der Ansiedler, die *cultores agrorum* auf der einen, die *forenses et
mercatores* auf der anderen Seite, werden genau von einander
unterschieden.   Letztere heißen auch *cives ac domestici eiusdem
fori* oder kurzweg *cives*, ein Beweis dafür, daß das *forum* als Sitz
der *forenses* innerhalb der neuen Ansiedelung auch räumlich
einen besonderen geschlossenen Teil bildet gegenüber der übrigen
Ansiedelung, dem Bauerndorfe.[2]   Die Bewohner des letzteren
besitzen Bauernhöfe mit Ackerland und Anteil an der Allmende-
nutzung, mit einem Worte „Hufen" (*mansi*), von denen sie jährlich je zwei Solidi entrichten.   Dagegen werden den *forenses*,
den *cives ac domestici* der Marktansiedelung, nur Hausstellen
(*areae*) zu teil, welche die nächsten fünf Jahre überhaupt zinsfrei
sind, später aber nur ein Viertel so viel wie die Hufen, nämlich

---

[1] Die Gründungsurkunde ist gedruckt bei v. HEINEMANN, Albrecht der
Bär, 1864, p. 470 f., n. 41 und daraus bei KAUFMANN, Zur Entstehung des
Städtewesens, Teil I, p. 29, n. 3. — Uber die Gründung von Wusterwitz
vgl. KAUFMANN, a. a. O., p. 9; v. BELOW, Der Ursprung der deutschen
Stadtverfassung, p. 31.

[2] v. BELOW, a. a. O. faßt m. E. den Gegensatz nicht richtig auf.

je sechs Denare zu zahlen haben. Allerdings haben beide Einwohnerklassen denselben Richter, nämlich den oben genannten Heinrich. Aber sie leben unter verschiedenem Rechte, die Bauern unter dem Schartauer Kolonistenrechte, die Marktbewohner unter dem Magdeburger Stadtrechte. Es sind also zwei verschiedene Rechtsgemeinden vorhanden.

Ein Gegenstück zu der Wusterwitzer Gründungsurkunde bietet das Privileg Bischof Martins von Meißen für Löbnitz[1] in der Nähe der Mulde unterhalb Eilenburgs.[2] Auch hier werden die *forenses* und *coloni*, die Bewohner der Marktansiedelung und des Bauerndorfes Löbnitz[3], durchaus von einander getrennt. Die *forenses* haben *curiae in foro*, in der Marktansiedelung, von denen sie jährlich am Tage vor Mariä Geburt je sechs Denare entrichten. Die *coloni* erhalten Hufen, von denen sie, genau ebenso wie in Wusterwitz, an demselben Tage das Vierfache, nämlich je zwei Solidi bezahlen. Ferner — wiederum in völliger Übereinstimmung mit den Wusterwitzer Verhältnissen — bilden beide Bevölkerungsklassen, obwohl sie unter demselben Richter stehen, verschiedene Rechtsgemeinden. Die Forensen empfangen das mit dem Magdeburger Rechte identische Recht von Halle,[4] die Kolonen das mit dem Schartauer Recht verwandte, ja vielleicht überhaupt zusammenfallende Recht von Burg.[5] Nur darin unterscheidet sich die Löbnitzer Gründung von der Wusterwitzer, daß nicht nur die Kolonen, sondern auch die Forensen eine Weidegerechtigkeit erhalten, die sich von der

---

[1] Das Löbnitzer Privileg ist gedruckt in Cod. dipl. Sax. reg. A, II, 512; B, I, 59 (1185). — Über Löbnitz vergl.: E. O. Schulze, Die Kolonisierung und Germanisierung der Gebiete zwischen Saale und Elbe, 1896 (Preisschriften der Fürstl. Jablonowski'schen Gesellschaft XXXIII), p. 160 ff.

[2] Nicht Löbnitz bei Pegau, wie im Register Cod. dipl. Sax. reg. A, II, p. 447 steht.

[3] Schulze faßt — m. E. mit Unrecht — die *forenses* und *coloni* als die „Bewohner des Burg- und Marktortes und des Burgwards (des platten Landes um) Löbnitz" auf.

[4] Leipzig wird gegründet *sub Hallensi et Magdeburgensi iure*. Über die Verwandtschaft des Magdeburger und Hallenser Rechtes vgl. auch Stobbe, Geschichte der deutschen Rechtsquellen, Bd. I, p. 540.

[5] Über das Burger und Schartauer Recht vgl. die vortrefflichen Ausführungen bei Schulze, a. a. O., p. 161, Anm. 2.

Stadt aufwärts und abwärts bis zur Leine hin erstreckt. Aber doch wird auch in dieser Beziehung zwischen den beiden Arten von Ansiedlern ein Unterschied gemacht; die Stoppelweide auf dem zu den Hufen der Kolonen gehörigen Ackerlande bleibt den letzteren allein vorbehalten.

Drittes Kapitel.

Die rechtlichen Verhältnisse der Marktansiedelungen.

§ 6.

Begriff und Anlage der Marktansiedelungen.

Eine Anzahl der älteren Städte des rechtsrheinischen Deutschlands ist im vorhergehenden Kapitel auf ihre Entstehung und Anlage hin untersucht worden, und zwar haben sich unter denselben gerade viele der ältesten und bedeutendsten deutschen Gemeinwesen befunden. Das Resultat, zu dem wir gelangt sind, ist nicht überall dasselbe gewesen. Aber trotz zahlreicher Abweichungen im einzelnen zeigen doch die besprochenen Städte in mehreren wichtigen Punkten eine unverkennbare Ähnlichkeit und zugleich einen entschiedenen Gegensatz zu den alten Römerstädten. Versuchen wir, die gewonnenen Ergebnisse im Zusammenhang systematisch darzustellen und in ihrer Bedeutung für die deutsche Stadtverfassung zu würdigen.

In den alten Römerstädten hat sich überall, soweit wir ihre Entstehung verfolgen können, die spätere mittelalterliche Altstadt, der Sitz des städtischen Lebens, direkt aus der alten römischen Ansiedelung entwickelt. Der Handel und Verkehr der Römerzeit hat auch nach der germanischen Eroberung sich auf seinen alten Zentralstellen, in den Munizipien und am Fuße der Kastelle, behauptet und in das Mittelalter hinübergerettet, um unter merowingischer und karolingischer Herrschaft an genau denselben Stellen wieder zu neuer Blüte zu gelangen. Und ebendieselben Gemeinden, welche zum Teil in römischer Zeit Vororte

einer *civitas* waren, nach der Eroberung aber ihre politischen und
kommunalen Vorrechte einbüßten und rechtlich, wenn auch nicht
wirtschaftlich, zu einfachen Dorfgemeinden herabsanken, haben im
Laufe der Jahrhunderte aus ihrem Schoße das deutsche Stadtrecht jener Gegenden geboren.

Im rechtsrheinischen Deutschland mögen einzelne
sehr alte Städte (z. B. Würzburg) in ähnlicher Weise direkt
aus Dörfern, in denen Kaufleute sich niederließen und ein
regelmäßiger Marktverkehr sich ausbildete, erwachsen sein.
Aber die Zahl der so entstandenen städtischen Gemeinwesen
kann nur klein gewesen sein, in den meisten der älteren rechtsrheinischen Städte, und zwar gerade in den wichtigsten, läßt sich
ein anderer Gang der Entwickelung feststellen. Meist findet sich
hier neben der eigentlichen Stadt eine ältere Ansiedelung,
die der Stadt den Namen gegeben hat. Bald ist es ein — regelmäßig grundherrliches — Dorf, bald eine Burg mit der dazu
gehörigen Fronhofsansiedelung, bald eine bischöfliche Immunität
oder eine Klosteransiedelung oder eine königliche Pfalz. In allen
diesen Fällen ist die spätere Stadt nicht aus dieser ältesten Ansiedelung, sondern neben derselben unabhängig von ihr entstanden. Nur den Namen derselben hat sie sich angeeignet. Un-
berührt vom städtischen Leben dauerte das „alte Dorf" neben
der neuen Stadt fort, bis es ihm oft über lang oder kurz beschieden
war, auszusterben oder dem städtischen Gemeinwesen, an das es
seinen Namen hatte hergeben müssen, einverleibt zu werden.
Ebenso sind die alten Fronhofsansiedelungen erst im Laufe der
Zeit, teilweise erst in den letzten Jahrhunderten, der Freiheit
der neuen Stadtansiedelung teilhaftig geworden und haben noch
lange ein Sonderdasein geführt. Die älteren rechtsrheinischen
Städte sind durchweg nicht aus ländlichen Ansiedelungen hervorgegangen, sondern — in ihrem ältesten Teile wenigstens — auf
jungfräulichem Boden als Handelsplätze neu erbaut worden.
Wohl haben viele von ihnen schon in früher Zeit bereits bestehende ländliche Ansiedelungen in sich einbezogen. Aber der
Mittelpunkt des städtischen Lebens blieb auch in diesen Fällen
immer der vor Jahren als Handelsniederlassung neu begründete
Stadtteil.

Diese Anlage von Handelsplätzen neben den bereits bestehenden Dorfansiedelungen bildet aber die Regel für eine große
Zahl, vielleicht für die Mehrheit der deutschen Stadtgründungen. Auch in späterer Zeit sind die Neugründungen von
Städten ebenso häufig, in manchen Gegenden sogar bei weitem
häufiger als die Verleihungen von Stadtrecht an bereits bestehende
Ortschaften. Die Schwarzwaldstädte und die Städte der Ortenau
sind fast alle nicht aus Dörfern erwachsen, sondern neben bereits
vorhandenen Dörfern neu erbaut worden.[1] Fürstenberg entstand
am Fuße der gleichnamigen Burg auf der Allmende des großen
Ackerdorfes Neidingen,[1] die Städte Villingen, Geisingen,
Engen, Hüfingen, Kenzingen, Mahlberg, Oberkirch,
Oppenau und vor allem Pforzheim sind nicht aus Dörfern
erwachsen, sondern neben den schon bestehenden, gleichnamigen
Dörfern auf Eigengut gegründet worden.[2] Auch Überlingen
ist als Marktansiedelung neben der alten *villa* gleiches Namens
erbaut worden.[3] Von den bayrischen Städten wurde Landshut
bei der herzoglichen Burg Landshut neu angelegt,[4] Straubing
ist neben der alten, dem Augsburger Domkapitel gehörigen
Ortschaft Straubing von Ludwig dem Kelheimer auf Boden, den
er von der Augsburger Kirche eingetauscht hatte, gegründet
worden.[5] Was die niedersächsischen Städte betrifft, so wurde
Göttingen in der Nähe der alten grundherrlichen, gleichnamigen
villa auf herzoglichem Boden neben dem Schlosse Bolruz erbaut,[6]
Lübeck hat Graf Adolf II. von Schauenburg 1143 in einer ganz
beträchtlichen Entfernung von der an der Schwartau gelegenen

---

[1] Vgl. GOTHEIN, Wirtschaftsgeschichte des Schwarzwaldes, Bd. I, 1892,
p. 138.

[2] Vgl. eod., p. 83 ff., 116 ff.

[3] Vgl. SCHÄFER, Wirtschafts- und Finanzgeschichte der Reichsstadt
Überlingen am Bodensee, 1893, p. 2 f. (GIERKE, Unters. z. d. Staats- u. Rechts-
gesch., Bd. XLIV.)

[4] Vgl. ROSENTHAL, Beiträge zur deutschen Stadtrechtsgeschichte, Heft I,
II, 1883, p. 7.

[5] Vgl. eod., p. 210.

[6] Vgl. SCHMIDT, Das mittelalterliche Göttingen in: Hans. Geschichtsblätter 1878, p. 6 f.; HEGEL, Städte und Gilden etc., Bd. II, p. 405 f.

wendischen Stadt Alt-Lübeck auf dem Werder Buku zwischen Trave und Wakenitz neu gegründet.[1]

Das eigentliche Gebiet der Stadtgründungen ist aber das **deutsche Kolonisationsland im Osten.**[2] Der Gegensatz zwischen der einheimischen Landbevölkerung und den einwandernden deutschen Kaufleuten und Gewerbetreibenden mußte hier regelmäßig dazu führen, letztere nicht in bereits vorhandenen Orten anzusiedeln, sondern neue Städte für sie zu gründen. Die Altstadt in den beiden großen Bischofssitzen des Ostens, **Breslau**[3] und **Posen,**[4] ist, durch den Fluß von der alten slawischen Domansiedelung getrennt, völlig neu erbaut worden, die Altstadt **Danzig** entstand als deutsche Gründung im Westen des alten polnischen Hakelwerkes,[5] die ältesten Städte Preußens, **Thorn** und **Kulm,** sind neben den gleichnamigen Burgen des deutschen Ordens neu gegründet worden,[6] **Görlitz** wurde im Süden des alten slawischen Dorfes,[7] **Rostock** neben der wendischen „Alten Wik" erbaut.[8] **Riga** endlich ist eine völlige Neugründung ohne

---

[1] Vgl. FRENSDORFF, Die Stadt- und Gerichtsverfassung Lübecks, 1861, p. 8; BREHMER in Zeitschr. f. Lüb. Gesch. V (1886), p. 1 ff.; HOFFMANN, Geschichte der freien und Hansestadt Lübeck, 1889, p. 11, 15.

[2] Vgl. FRITZ, Deutsche Stadtanlagen, 1894. (Straßb. Programm.) — HEIL, Die Gründung der nordostdeutschen Kolonialstädte, 1896. (Wiesbadener Programm.) — RIEDEL, Die Mark Brandenburg im Jahre 1250, Teil II, 1832, p. 289 ff. — ZIMMERMANN, Versuch einer historischen Entwickelung der märkischen Städteverfassungen, Bd. I, 1837. — STRUVE, Die Entstehung der Städte in der Mark Brandenburg, 1890. (Festschrift d. Progymn. zu Steglitz.) — KRATZ, Die Städte der Provinz Pommern, 1865. — TZSCHOPPE u. STENZEL, Urkundensammlung zur Geschichte des Ursprungs der Städte in Schlesien und der Oberlausitz, 1832. — GRÜNHAGEN, Geschichte Schlesiens, Bd. I, 1884, p. 87 ff. — WUTTKE, Städtebuch des Landes Posen, 1864. — WERMBTER, Die Verfassung der Städte im Ordenslande Preußen in: Zeitschr. des Westpreuß. Geschichtsvereins XIII (1884), p. 1 ff.

[3] Vgl. MARKGRAF u. FRENZEL in Cod. dipl. Silesiae XI, 1882, p. V.

[4] Vgl. WUTTKE, a. a. O., p. 391 ff.

[5] Vgl. HIRSCH, Danzigs Handels- und Gewerbsgeschichte unter der Herrschaft des deutschen Ordens, 1858, p. 8 ff.

[6] Vgl. VOIGT, Geschichte Preußens, Bd. II, 1827, p. 232 f.

[7] Vgl. JECHT, Geschichte von Görlitz bis um die Mitte des XIII. Jahrhunderts in: Neues Lausitzisches Magazin LXX (1894), p. 230 ff.

[8] Vgl. KOPPMANN, Geschichte der Stadt Rostock, Teil I, 1887/8.

Anschluß an einen bereits bestehenden Ort;[1] ihren Namen hat
die Stadt von dem Flüßchen Righe, an dem sie liegt, entlehnt.
Oft verrät uns der rein deutsche Name einer dieser ostelbischen
Städte, daß eine völlige Neuanlage einer städtischen Ansiedelung,
eine Gründung von wilder Wurzel, stattgefunden hat. Ist dies
aber nicht der Fall, so läßt sich vielfach ein dicht bei der Stadt
gelegenes Dorf nachweisen, welches den Namen der Stadt mit
der Vorsilbe „Alt-" oder „Klein-" führt[2] (z. B. Alt-Waren, Alt-
Lauban, Alt-Grottkau, Alt-Löbau, Alten-Dresden,[3] Alt-Oschatz,
Alt-Chemnitz; Klein-Öls, Klein-Bautzen) und sich dadurch
als die alte Dorfansiedelung slawischen Ursprungs kennzeichnet.
In der Provinz Brandenburg heißt das alte, neben der Stadt ge-
legene Wendendorf regelmäßig „der Kietz". Angermünde,
Beeskow, Biesenthal, Brandenburg, Driesen, Frankfurt a. O.,
Freienwalde, Friedland, Königsberg i. N., Köpenick, Kremmen,
Küstrin, Lebus, Lenzen, Oderberg, Plaue, Potsdam, Rathenow,
Neu-Ruppin, Seehausen, Spandau, Wriezen, Zehdenick und Zossen
haben derartige Kietze. Auch in Pommern (Fiddichow) und
Mecklenburg (Gadebusch) fehlen dieselben nicht. Regelmäßig ist
hier im Osten also die neue Stadtanlage von dem alten slawischen
Dorfe völlig getrennt.[4] Damit bilden aber diese Städte des Ko-
lonisationsgebietes keinen Gegensatz zu den älteren Städten des
rechtsrheinischen Mutterlandes; in ihnen wird nur ein bereits in
den letzteren beobachteter Grundsatz, städtische und ländliche
Ansiedelung von einander zu trennen, in einer planmäßigeren
und einheitlicheren Weise durchgeführt.

Ähnlich verhält es sich mit der äußeren Anlage dieser
ostdeutschen Kolonisationsstädte. Ein bestimmtes Schema
ist es, nach dem sie alle angelegt sind, ein Normaltypus, der

---

[1] Vgl. v. BULMERINCQ, Der Ursprung der Stadtverfassung Rigas,
1894, p. 9 ff.

[2] Vgl. FRITZ, a. a. O., p. 31.

[3] Der erst im Beginne des XV. Jahrhunderts mit Stadtrecht bewidmete
Ort Alten-Dresden umfaßte ursprünglich nicht bloß die heutige Neustadt,
sondern auch den linkselbischen um die Frauenkirche gelegenen Stadtteil;
vgl. O. RICHTER, Verfassungsgeschichte der Stadt Dresden, 1885, p. 2 ff.

[4] Vgl. FRITZ, a. a. O., p. 30 f.

nur in einigen Einzelheiten Abweichungen erfährt, geht durch sie alle hindurch.[1] Von einem quadratischen oder rechteckigen Marktplatz oder „Ring" gehen — meist im rechten Winkel zu einander — schnurgerade, wie mit dem Lineal gezogene Straßen aus, die von ebenso geraden Straßen — meist ebenfalls im rechten Winkel — geschnitten werden. So entstehen regelmäßige, quadratische, rechteckige oder trapezförmige Häuserviertel. Auch im Mutterlande findet sich bei Stadtgründungen aus nicht allzu früher Zeit genau das gleiche Schema angewandt. Man betrachte nur einmal die Stadtpläne der beiden um die Wende des XII. und XIII. Jahrhunderts erbauten westfälischen Städte Hamm[2] und Lippstadt,[3] und man wird genau dieselbe regelmäßige Anlage wie bei den Städten des Ostens finden. Daß diese schematisch angelegten Städte planmäßig erbaut und nicht aus bereits vorhandenen Dörfern erwachsen sind, steht für den außer Zweifel, der ihren Grundriß mit dem Grundriß der verschiedenen slawischen und deutschen Dorfanlagen vergleicht. Weder mit den sogenannten „Rundlingen" noch mit den Straßendörfern noch mit den alten deutschen Gewanndörfern noch mit den Hofansiedelungen zeigen diese Städte die geringste Ähnlichkeit.

Dieser Typus ist aber trotz, oder richtiger wohl gerade wegen seiner großen Einfachheit und Einheitlichkeit nicht plötzlich dem Hirne eines Städtegründers entsprungen, sondern er hat sich im Laufe der Jahrhunderte allmählich ausgebildet.[4] An den älteren Städten des rechtsrheinischen Deutschlands können wir seine schrittweise Entwickelung verfolgen. Die Gründungen des XI. und XII. Jahrhunderts, Naumburg, die Altstadt Braunschweig, Hamburg, Lübeck, Freiburg, Innsbruck, München und viele andere, zeigen in ihrer Anlage bereits mit der „Normalstadt" des Kolo-

---

[1] Vgl. Fritz, a. a. O., p. 14 ff.

[2] Das Gründungsprivileg (Westf. UB. II, 526) ist 1213 datiert (die Konjektur 1193 ist unhaltbar); die Stadt ist aber möglicherweise älter.

[3] Gegründet 1198 (Westf. UB. II, 541); vgl. Nitzsch, Die Übertragung des Soester Rechtes auf Lübeck in: Hansische Geschichtsblätter 1881, p. 11, Anm. 1.

[4] Vgl. Fritz, a. a. O., p. 37.

Rietschel, Markt und Stadt.   9

nisationsgebietes eine große Ähnlichkeit. Die Straßenzüge sind
noch nicht so schnurgerade, sie sind zum Teil gekrümmt und
kreuzen sich bisweilen im spitzen Winkel, aber doch ist auch
hier die planmäßige Anlage der Ansiedelung um den Markt un-
verkennbar. Das spätere Normalschema ist in der Entwickelung
begriffen, an Stelle der regellosen Art der Ansiedelung, wie sie
sich in den deutschen Dorfanlagen zeigt, beginnt sich eine planmäßige Art der Ortsgründung auszubilden. Im Mutterlande mit
seiner dichteren Besiedelung und seinem gebirgigen oder hüge-
ligen Gelände konnte selbstverständlich dieses Schema sich nicht
so regelrecht gestalten wie in dem dünnbevölkerten Flachlande
des Ostens. Wo aber günstige Bedingungen für eine solche
regelmäßige Stadtanlage vorhanden waren, finden wir schon in
früher Zeit, ja bei Bremen schon im X. Jahrhundert, deutlich
die Anfänge des späteren Normalschemas. Eins ist aber sämtlichen Gründungen im rechtsrheinischen Deutschland, selbst den
ältesten, ausnahmslos gemeinsam: Die älteste städtische Ansiedelung hat — und das unterscheidet sie von den Römerstädten
einerseits, von den deutschen Dörfern anderseits — einen deutlich
erkennbaren örtlichen Mittelpunkt oder richtiger Ausgangspunkt,
von dem aus sie sich räumlich erweitert hat, und dieser Ausgangspunkt ist — der Markt. Vom Markte aus nehmen die
Hauptverkehrsstraßen der Altstadt ihren Ausgang, die sämtlichen
übrigen Straßen dienen im Grunde nur dazu, diese Hauptstraßen
mit einander zu verbinden und die Stadt in einzelne Häuserviertel einzuteilen, spielen aber im Verkehrsleben nur eine geringe
Rolle. Diese Stadtpläne zeigen aber auch die allmähliche Entstehung der Stadt, sie sind selbst ein Stück Stadtgeschichte. Es
ist der Markt, von dem die Altstadt ihren Ausgang genommen
hat; er ist der stadtgründende Faktor. Die Stadt des rechtsrheinischen Deutschlands ist eine Marktansiedelung,
keine ländliche Ansiedelung, in die man einen Markt hineingelegt
hat. Man versuche einmal, in den Plan eines deutschen Dorfes
einen Marktplatz hineinzuzeichnen; man erhält dann ein Bild,
das etwa der alten Wik von Braunschweig oder der Domansiedelung von Naumburg, aber keiner der älteren rechtsrheinischen
Marktstädte ähnelt.

Der Markt ist aber, wie oben ausgeführt wurde,[1] auf herrschaftlichem Boden errichtet worden; das Gleiche ist der Fall
mit der im Anschluß an den Markt entstandenen Ansiedelung.
Fast jede dieser Marktansiedelungen[2] hat einen Stadtherrn,
nicht nur einen „Gemeindeherrn" im Sinne von Belows,[3] sondern
einen Herrn, der Eigentümer des Bodens war, auf dem die Stadt
entstand, und der auf diesem Boden den Markt und die Marktansiedelung begründete. „Altfreie" Ansiedelungen sind also die
Marktansiedelungen nicht, aber ebenso wenig sind sie grundhörige
Ansiedelungen im gewöhnlichen Sinne. Das gerade charakterisiert
sie, daß es Niederlassungen auf herrschaftlichem Grund und Boden
sind, deren Bewohner keinem Hofverbande angehören, nicht an
die Scholle gebunden, nicht in ihrer Handlungsfreiheit beschränkt
und, abgesehen von einem geringen Arealzins, zu keinerlei privatrechtlichen Leistungen an den Stadtherrn als solchen verpflichtet
sind. Sie bilden freie Gemeinden auf grundherrlichem
Boden.

Nur darin besteht bei diesen freien Gemeinden auf grundherrlichem Boden ein Unterschied, daß in einer Reihe von
Marktansiedelungen die Ansiedler an die Stadtherrschaft für ihre
Hausstätten einen Arealzins zu entrichten haben, während sie an
anderen Orten diese *areae* als völlig zinsfreies Eigen besitzen.
Im letzteren Falle zeigt sich das alte Eigentum des Stadtherrn,
abgesehen von seinen gerichtlichen Befugnissen, nur noch in
einigen wenigen Rechten, die er in der Stadt ausübt, vor allem
regelmäßig im Patronat über die städtischen Kirchen. Solche
Städte, in denen die Bewohner der Marktansiedelung ihre Hausstätten als freies Eigen erhalten haben, sind z. B. die Altstadt
Braunschweig,[4] ferner Naumburg, wo die Großjenaer Kaufleute ihre Worten *perpeti iure sine censu* innehaben,[5] und endlich
Dortmund, die auf dem *fundo sacri imperii* erbaute Stadt,

---

[1] Vgl. oben S. 41 f.

[2] Ausgenommen sind nur die wenigen Orte, wo der Markt nicht begründet, sondern von selbst entstanden ist, z. B. Magdeburg.

[3] Vgl. v. Below, Der Ursprung der deutschen Stadtverfassung. p. 41.

[4] Vgl. oben S. 96 f.

[5] Vgl. oben S. 64.

deren Bewohner, im Gegensatz zu den Leuten des Reichshofes
Dortmund,[1]

„*fundum et aream suam libere absque omni pensione et tributo*"
besitzen.[2]   Auch in Radolfzell empfangen die Ansiedler, wenn
wir von der geringen Handänderungsgebühr absehen, ihre Hausstellen zu freiem Eigen.   Bisweilen finden sich dicht nebeneinander zwei Ansiedelungen, von denen die eine zinspflichtig
ist, die andere nicht.   In Braunschweig z. B. hatten die Bewohner
der Altstadt und des Hagens keinen Zins zu entrichten, während
die Bürgerschaft des Sackes dem Blasiusstifte einen Wortzins
bezahlte.[3]   Das Umgekehrte war in Hamburg der Fall, wo
gerade die Ansiedler der Neustadt ihre Hausstätten zu zinsfreiem
Eigen erhielten, während auf den Worten der Altstadt der erst
im Jahre 1253 aufgehobene Königszins lastete.[4]

Von Marktansiedelungen, deren Hausstellen gegen einen
Wortzins an die Ansiedler ausgethan sind, habe ich im vorigen
Kapitel eine ganze Reihe ausführlicher besprochen: ich erinnere
nur an die Beispiele von Halberstadt, Quedlinburg, Goslar,
Nordhausen, Mühlhausen, Herford, Freiburg, Stendal,
Löbnitz und Wusterwitz.   Überhaupt findet sich dieser an
den Stadtherrn zu entrichtende Hausstättenzins in den deutschen
Städten rechts des Rheines außerordentlich häufig.   Als besonders
altes Beispiel nenne ich Soest, wo der Arealzins bereits im XI. Jahr-
hundert erwähnt wird,[5] spätere Beispiele sind Dieburg,[6] Hamm,[7]

---

[1] Über den Dortmunder Reichshof vgl. FRENSDORFF, Dortmunder Statuten und Urteile, 1882, Einleitung, p. XX.

[2] eod., Lateinische Statuten § 26, p. 33.

[3] Vgl. HÄNSELMANN in d. Chroniken d. deutschen Städte, Bd. VI, p. XIV,
XVII, XIX.

[4] Hamb. UB. I, 574, p. 177 (1253).

[5] SEIBERTZ, UB. I, 31, p. 35 (1074): Erzbischof Anno II. schenkt dem
Stifte St. Kunibert in Köln *V libras solvendas de areis vel de curticulis
Susaziae.*

[6] SAUER, Die ältesten Lehnsbücher der Herrschaft Bolanden, p. 16 f.
(1194—98): *quelibet area in eadem civitate in festo s. Blasii nomine census
solvit VI denarios.*

[7] Westfäl. UB. II, 526 (1213): *arce singulis ad IV denarios sunt locate
per annum.*

Holzhausen,[1] Göttingen,[2] Hannover,[3] die Dammstadt
Hildesheim[4] und vor allem fast ausnahmslos die Städte des
norddeutschen Kolonisationsgebietes.[5] Eine ausführliche
Aufzählung sämtlicher zinspflichtiger Städte ist natürlich an dieser
Stelle nicht möglich; eine große Anzahl von weiteren Beispielen
findet sich bei PAULI,[6] v. MAURER[7] und GENGLER[8] erwähnt.
Links des Rheines ist dieser stadtherrliche Wortzins besonders
in den Schweizer Städten, insbesondere in den Freiburger
Tochterstädten, z. B. Freiburg i. Ü.,[9] Bern,[10] Dießenhofen,[11]
verbreitet, er fehlt aber auch nicht im linksrheinischen Norddeutschland, wie z. B. Kleve[12] beweist.

Fast alle diese Städte sind nachweisbar Neugründungen, hervorgerufen durch irgend einen geistlichen oder weltlichen Grundherrn. Man wird deshalb diesen Wortzins regelmäßig als eine
Leistung für die Überlassung des Grundes und Bodens, als Grundzins aufzufassen haben, eine Auffassung, die durch den Wortlaut
der meisten Stadtgründungsurkunden ausdrücklich bestätigt wird.[13]

---

[1] WÜRDTWEIN, Subs. dipl. XI, 85, p. 112 f. (1284).

[2] Vgl. SCHMIDT, Das mittelalterliche Göttingen in: Hans. Gbl. 1878, p. 6.

[3] Vgl. FRENSDORFF, Die Stadtverfassung Hannovers in: Hans. Gbl.
1882, p. 8 f.

[4] UB. Hildesheim I, 122 (1232).

[5] Für Preußen vgl. WERMBTER in Zeitschr. d. Westpreuß. Geschichtsvereins XIII (1884), p. 45 ff.; für Posen vgl. WUTTKE, Städtebuch des Landes
Posen, 1864, p. 201 f.

[6] PAULI, Die s. g. Wieboldsrenten oder die Rentenkäufe des Lübischen
Rechts (Abhdl. a. d. Lübischen Rechte, Teil IV), 1865, p. 3 f., Anm. 8.

[7] v. MAURER, Geschichte der Städteverfassung, Bd. I, p. 396 ff.

[8] GENGLER, Deutsche Stadtrechtsaltertümer, 1882, p. 375 ff.

[9] Freiburger Handfeste § 10 (GAUPP, Deutsche Stadtrechte II, p. 84).

[10] Berner Handfeste § 1 (Fontes rer. Bern. II, 3, p. 3; GAUPP, a. a. O.
II, p. 44).

[11] Dießenhofener Handfeste § 1 (GENGLER, Cod. iur. munic. p. 762).

[12] LACOMBLET II, 265 (1242): *Item de areis limitandis, que CXL pedes
in longitudine et XLIV in latitudine capient, sicut de areis ab antiquo limi-
tatis, duo pulli et sex denarii Colonienses in die Stefani prothomartyris
persolventur.*

[13] Über die rechtliche Natur dieses Wortzinses vgl. HEUSLER, Verfassungsgeschichte der Stadt Basel, 1860, p. 47 ff.; ARNOLD, Zur Geschichte des Eigentums in den deutschen Städten, 1861, p. 13 f., 60; HEUSLER, Der Ursprung

Gewiß, es finden sich in späterer Zeit auch Wortzinse, die nicht
ein altes Eigentumsverhältnis des Stadtherrn ausdrücken; dann
handelt es sich um Stadtgemeinden, die nicht neu begründet,
sondern durch die Verleihung des Stadtrechtes an ein schon vor-
handenes Dorf entstanden sind,[1] z. B. Koesfeld und Eus-
kirchen, bei denen der Wortzins als ein Entgelt für die ihnen
verliehene städtische Freiheit erscheint.[2] In diesen Fällen ist
der Zins bloß eine in die Form des Arealzinses gekleidete Stadtsteuer. Kaum eine andere Bedeutung kommt m. E. auch dem
Martinszinse in Basel[3] und dem Michaeliszinse in Augsburg[4]
zu, über deren rechtliche Natur so viel gestritten worden
ist; ich halte dieselben nicht für alte Grundzinse,[5] sondern für

---

der deutschen Stadtverfassung, 1872, p. 101; Heusler, Institutionen des
deutschen Privatrechts, Bd. II, 1886, p. 90; Zeumer, Die deutschen Städte-
steuern, 1878, p. 39 ff.; v. Below, Zur Entstehung der deutschen Stadtverfassung in: Hist. Zeitschr. LVIII (N. F. XXII), p. 231 f.; v. Below, Die
Entstehung der deutschen Stadtgemeinde, 1889, p. 51, Anm. 153.

[1] Über diese Art Städte vgl. unten S. 147 f.

[2] Vgl. v. Below, a. a. O.

[3] Bischofs- und Dienstmannenrecht (ed. Wackernagel) § 15: *Alle die
hoffestete zinsent dem bischof ze saint Martins mis, die ganze hoffestat, die
verzich vueze wit ist, vier phenninge, die halbe zwene.* Vgl. Heusler, Verfassungsgeschichte der Stadt Basel, p. 47 ff., wo der Martinszins als ursprünglicher Grundzins aufgefaßt wird, während derselbe Verfasser in seinen
späteren Werken vom Martinszinse als einem bloßen Vogteizinse spricht.

[4] Stadtrecht von 1156 Art. III, § 9 (Gaupp, Deutsche Stadtrechte II,
p. 203. — Die Ausgabe von Meyer in der Zeitschr. des histor. Vereins für
Schwaben und Neuburg, Jahrg. IV, Heft III (1877) entbehrt der Para-
grapheneinteilung und eignet sich deshalb nicht zum Citieren): *De curtilibus
episcopo ad festivitatem s. Michahelis quatuor talenta dabuntur.* — Gaupp,
a. a. O. p. 190 f. und Berner, Zur Verfassungsgeschichte der Stadt Augsburg, 1879, p. 82 f. erblicken in diesem Michaeliszinse einen echten Grundzins. — Den Zins zahlen in Augsburg allein die *aigenen diu in der Stat ze
burcrehte ligent* (Stadtbuch von 1276 (ed. Meyer) Art. X, § 12), er heißt deshalb geradezu *census iuris civilis quod volgariter dicitur burchreht* (cod.
p. 325 (1260)).

[5] Daß wenigstens der Baseler Martinszins kein alter Grundzins, sondern eine spätere Grundsteuer ist, beweist m. E. seine gleichmäßige Verteilung auf die einzelnen Hausstellen. Diese Gleichmäßigkeit des Zinses
findet sich zwar regelmäßig bei den seit dem XII. Jahrhundert neugegrün-

eine der Bürgerschaft auferlegte Grundsteuer, die vielleicht eine
Ablösung der Verpflichtung zur persönlichen Bewachung und
Festung der Stadt, ein dinglich radiziertes Wacht- und Befestigungs-
geld darstellt.[1] [2]

Was den Wortzins der deutschen Marktansiedelungen in
erster Linie charakterisiert, ist seine Geringfügigkeit, wenigstens
in den Fällen, in denen er bloßer Arealzins, nicht auch Hufen-
zins ist.[3] Am höchsten ist er noch in den Städten des Schwarzwaldes und der Schweiz, Freiburg i. B., Villingen, Freiburg i. Ü.,
Dießenhofen, Bern, Pruntrut u. s. w., wo er regelmäßig einen Solidus
beträgt. Anderwärts sinkt er auf acht (Neustadt-Herford), sechs
(Dieburg, Wusterwitz, Löbnitz) oder vier (Stendal, Hamm) Denare
herab. In Münster gar schwanken die Wortpfennige *(denarii
areales)*, welche am Michaelistage fällig werden, zwischen vier
Denaren einerseits und einem viertel Denar anderseits; durch-
schnittlich betragen sie etwa einen Denar.[4] Dieser Hausstättenzins trägt demnach kaum den Charakter eines angemessenen
Äquivalentes für die Überlassung des Bodens, sondern weit eher
den eines bloßen Rekognitionszinses. Seine finanzielle Bedeutung
war gering und mußte im Laufe der Jahrhunderte mit dem
Steigen der städtischen Grundrente immer geringer werden. Wo
er nicht abgelöst wurde, erscheint er später als eine unbedeutende

---

deten Städten, aber nicht bei den älteren Gründungen. Bei der alten
Bischofsstadt Basel wäre ein derartiger gleichmäßiger Grundzins völlig un-
erklärlich.

[1] In Basel wird der Martinszins nur innerhalb der inneren Stadtmauer
gezahlt. Befreit von ihm sind die Domherren und Amtleute sowie die Gottes-
hausdienstleute.

[2] Dagegen ist der Zins, den die *civitatis possessores* in Passau *de
areis quas in eadem urbe possident* entrichten, thatsächlich ein Grundzins,
aber ein Grundzins, den die bischöfliche *familia* zahlt (MG. DD. II, O.II,
137 (976); vgl. Mitt. d. Inst. f. österr. GF., Erg.-Bd. II, p. 139 f., 548 f.). Denn
die bischöfliche *familia* wird uns gerade im Gegensatz zu den *suburbani*
als die Einwohnerschaft des alten Römerkastelles, der *urbs* Passau, genannt;
vgl. oben S. 36, Anm. 1.

[3] Vgl. unten S. 144.

[4] Vgl. das Verzeichnis der Einkünfte des Domkapitels ed. Darpe)
p. 207 ff. (Codex tradit. Westfal. II, 1886).

Reallast, deren Ertrag im Haushalte des Stadtherrn kaum eine Rolle spielt.

Während in den jüngeren Gründungen regelmäßig ein gleichmäßiger Wortzins für sämtliche Hausstätten festgesetzt wird, haben in den älteren Städten die Wortzinse zwar meistens denselben Fälligkeitstermin, aber einen verschiedenen Betrag. Sehr bezeichnend für diesen Gegensatz sind die Zinsverhältnisse in Herford. Dort werden die Worten in der Altstadt „*quilibet suo iure*" besessen,[1] sind also offenbar hinsichtlich ihrer Zinspflicht gegenüber der Äbtissin verschieden gestellt, während in der Neustadt auf allen Worten ein gleichmäßiger Zins von acht Denaren lastet.[2] Diese Verschiedenheit zwischen älteren und neueren Gründungen findet ihre Erklärung in der größeren Planmäßigkeit in der Anlage der letzteren. Die regelmäßige Bauart derselben ermöglichte, die Hausstätten in gleicher Größe abzuteilen[3] und dementsprechend zu einem gleichmäßigen Zinse auszuleihen, während in den älteren Städten diese Regelmäßigkeit noch nicht zur Geltung gekommen war.

In den meisten Fällen lastet auf der einzelnen *area* ein bestimmter Zins, doch kommt es auch vor, daß die Gesamtheit der Hausstätten einer neugegründeten Stadt eine Pauschalsumme an den Stadtherrn zu entrichten hat. In der Neustadt Straubing z. B. zinsen sämtliche *areae* der Stadt dem Augsburger Domkapitel jährlich zusammen zwei Pfund.[4] Offenbar handelt es sich dabei um eine Nachahmung des Augsburger Michaeliszinses,[5] der ja auch nicht mit der Zahl der Hausstätten wuchs,

---

[1] Zeitschr. f. vaterl. Gesch. u. Altertumsk. (Westfalens) IL, Abt. 1, p. 4.

[2] eod. p. 26, Anm. 1.

[3] Die Festsetzung der Größe der einzelnen *areae* bildet einen regelmäßigen Bestandteil der Stadtgründungsprivilegien.

[4] Vgl. ROSENTHAL, Beiträge zur deutschen Stadtrechtsgeschichte, Heft I, II, p. 214. — Die Annahme ROSENTHALS, jeder Grundbesitzer habe einen Zins von zwei Pfund entrichten müssen, widerspricht nicht nur dem Wortlaute des zwischen Herzog Otto und dem Domkapitel abgeschlossenen Vertrages, sondern ist auch aus inneren Gründen unhaltbar. Ein derartiger Zins hätte eine ganz ungeheuerliche Belastung der Bürger dargestellt.

[5] Die Straubinger Hausstätten stehen unter Augsburger Burgrecht.

sondern in einer bestimmten Gesamthöhe fixiert war.[1] Wie man
diesen Gesamtzins auf die einzelnen Hausstätten verteilte, können
wir nicht feststellen.

Neben diesem Wortzinse findet sich in einer Reihe von
Städten noch eine andere Leistung der Hausstättenbesitzer, nämlich eine *vorhure*, ein Handlohn, welcher bei Veräußerung eines
Grundstückes oder wohl auch bei bloßem Erbgang an den Stadtherrn oder seinen Beamten gezahlt wurde.[2] Der Betrag dieser
Leistung ist an den einzelnen Orten natürlich sehr verschieden.
Von der Quart Wein in Radolfzell steigt er bis zu 12[3] oder
18[4] Denaren oder auch bis zum Doppelten[5] eines gewöhnlichen
Jahreszinses. Wortzins und Handlohn sind aber auch die einzigen grundherrlichen Belastungen der Hausstätten der Marktansiedelungen; im übrigen sind die Besitzer der *areae* in ihrer
Verfügung unbeschränkt und dem Stadtherrn als solchem gegenüber zu keinerlei privaten Leistungen verpflichtet.

Übrigens ist ein derartiger geringer, freier, von einer großen
Anzahl von Hofstätten an den Grundherrn zu entrichtender
Arealzins auch in einer der alten rheinischen Bischofsstädte
nachweisbar, nämlich in Köln. Es ist der sogenannte Hofzins.[6]
Schon in alter Zeit muß ein großer Teil des Bodens im alten
Köln, besonders in der nach dem Rheine zu außerhalb der ältesten Ummauerung gelegenen Martinsparochie, dem Kölner Erz-
stifte gehört haben. In späterer Zeit finden wir, daß das Erzstift
von einer großen Anzahl von Hofstätten einen Zins bezieht,
der *census curiae* (Hofzins)[7] genannt und vom Hausleihezins,

---

[1] Vgl. oben S. 134, Anm. 4.

[2] Vgl. Gengler, Stadtrechtsaltertümer, p. 379 f.

[3] In Wetzlar (C. dipl. Moenofr. p. 17 (1180) (St. 4300)).

[4] In Herford (Zeitschr. f. vaterl. Gesch. u. Altertumsk. II., Abt. 1, p. 5 f.).

[5] In Soest (Stadtrecht § 33 (Die Chroniken der deutschen Städte, Bd. XXIV,
p. CXXXIV)), in Medebach (Stadtrecht §§ 11, 12 (Seibertz, UB. I, 55, p. 74)).

[6] Über den Hofzins vergl.: Hegel in den Chroniken der deutschen Städte,
Bd. XIV, 1877, Einleitung, p. XXI f. — Gobbers, Die Erbleihe und ihr Ver-
hältnis zum Rentenkauf im mittelalterlichen Köln in: Sav. Zeitschr. f. RG.
Germ. Abt. IV (XVII) (1883), p. 177 ff.

[7] Der Name „Hofzins" *(census curiae)* ist nicht, wie Gobbers, a. a. O.
meint, aus dem Hofrecht herzuleiten, er bedeutet vielmehr, daß der Zins

dem Erbzins *(census hereditarius)*, durchaus unterschieden wird. Auch eine Reihe von anderen geistlichen Stiftern beziehen derartige Hofzinse. Der Betrag derselben ist außerordentlich gering; der dem Erzbischof von der *area* gezahlte Zins beträgt regelmäßig zwei bis vier Denare,[1] daneben finden sich Hofzinse von $1^1/_2$[2] bis 12[3] Denaren. Ganz ausnahmsweise wird einmal ein Hofzins von 3 Schillingen erwähnt.[4] Außer diesem Hofzinse ist bisweilen noch eine Vorheuer zu entrichten. Im übrigen begründet der Hofzins, ebenso wie der Wortzins in den deutschen Marktansiedelungen, kein Verpflichtungsverhältnis gegenüber dem Grundherrn; schon früh hat er den Charakter einer bloßen Reallast angenommen. Wie der Kölner Hofzins entstanden ist, können wir nicht mit Sicherheit nachweisen; jedenfalls ist aber aus einer Urkunde des XII. Jahrhunderts[5] klar ersichtlich, daß er keine öffentliche Leistung, sondern ein Grundzins ist.[6] Das aber unter-

---

von der *curia*, der *area*, dem „Hofe" zu zahlen ist; vgl. Schreinsurkunden II, p. 241 (Ger. 3, V, 8): *Conradus de area (hove) censum solvet.*

[1] Vgl. HEGEL, a. a. O.

[2] Schreinsurkunden I, p. 336 (Col. 1, IV, 13): *III obolos ad censum curiae.*

[3] Schreinsurkunden I, p. 20, 72, 76 (Mart. 1, VI, 4; 4, IV, 10; 4, VI, 8).

[4] Vgl. GOBBERS, a. a. O., p. 178.

[5] ENNEN u. ECKERTZ, Quellen I, 94, p. 583 (1180).

[6] Die Ausführungen bei E. MAYER, Zoll, Kaufmannschaft etc., p. 426 f., Anm. 3 zeugen von einer völligen Unkenntnis der Kölner Verhältnisse. Der Verfasser wirft zunächst den Hofzins mit der Stadtsteuer, dem *ius civile*, zusammen, aus keinem anderen Grunde, als weil beide Abgaben neben dem Erbzinse erwähnt werden, also mit diesem nicht identisch sind. Daß das *ius civile* auch wiederholt neben dem Hofzinse genannt wird (z. B. ENNEN u. ECKERTZ, Quellen II, 361: *insuper censum, qui hovezins dicitur, collectas et omne ius civile persolvent;* vgl. auch Annalen d. hist. Vereins für den Niederrhein XXXVIII, p. 17 f., n. 21), ist ihm unbekannt geblieben, ebenso die gesamte Literatur über den Kölner Hofzins. Diesen mit dem *ius civile* identischen Zins erklärt der Verfasser aber für die *dinesuche*, die „Leistung aus der Gerichtspflicht". Der Beweis dafür ist folgender: In einer Urkunde von 1200 (ENNEN u. ECKERTZ, Quellen II, 2, p. 3) wird von einem auf dem platten Lande liegenden Gute erwähnt, daß es frei ist *ab omni iure quod dicitur dinesûche et cormede. Cormede* und *dinesuche* sind also — so argumentiert MAYER — „die beiden möglichen finanziellen Belastungen eines Grundstückes"; „da die Hörigkeitsabgabe in Köln nicht er-

scheidet ihn von dem Wortzinse der Marktansiedelungen, daß er
nicht von allen Hausstätten in der Stadt, sondern nur von einer
Anzahl derselben gezahlt wird, entsprechend der Thatsache, daß
der Kölner Erzbischof nicht, wie der Stadtherr einer rechtsrheinischen Stadt, ursprünglich Eigentümer des gesamten städtischen Bodens war. Der Gedanke läßt sich aber kaum von der
Hand weisen, daß der Kölner Hofzins, welcher bis in sehr alte
Zeiten zurückzugehen scheint, der Vorläufer und das Vorbild des
rechtsrheinischen Wortzinses gewesen ist.

Verschieden von dem Wortzins ist der Zins, der an den
Stadtherrn von den Verkaufsstätten auf dem Markte, den
Ständen, Bänken, Hütten, Buden u. s. w. entrichtet werden mußte.[1]
Da der Markt regelmäßig auf grundherrlichem Boden begründet
war, so standen auch diese Verkaufsstände auf grundherrlichem
Boden und waren deshalb der Stadtherrschaft zinspflichtig. In
späterer Zeit ist an die Stelle dieser Zinspflicht vielfach die
Zinspflicht gegenüber der Stadtgemeinde getreten. Frühzeitig
findet sich übrigens auch ein Beispiel, daß dieses Standgeld erlassen wird.[2] Genaueren Aufschluß über die Natur, Höhe und
allgemeine Verbreitung des Standgeldes erhalten wir durch die
interessante Urkunde Abt Erkanberts von Korvey für den Markt
von Höxter.[3] Der Abt, der bisher von seinem Markte in Höxter
keinen Nutzen gehabt hat, bestimmt, daß künftighin

„singulis annis de singulis macellis vel locis, in quibus cum mer-
cimoniis consistunt mercatores, IV nummi kamerae nostrae persol-
vantur in cathedra s. Petri, sicut mos est et consuetudo in omnibus
locis in quibus mercatus regio privilegio firmati sunt.“
Dieses Standgeld ist also eine auf allen deutschen Märkten übliche
Einrichtung. Außerdem erhalten die Kaufleute die Erlaubnis,

---

wähnt wird, so ist das *ius cirile* die Leistung aus der Gerichtspflicht.“ —
Es verlohnt sich nicht, auf diese Beweisführung näher einzugehen.

[1] Über diese Verkaufsvorrichtungen vgl. GENGLER, Deutsche Stadtrechtsaltertümer, p. 136 ff.

[2] In Quedlinburg 1134 (UB. Quedlinburg I, 10) (St. 3295): *ut merca-*
tores lanei et linei panni et pellifices de forensibus stationibus tributum non
reddant.

[3] Westfäl. UB. I, 184 (1115).

diese Marktstände, wie bisher, frei zu veräußern und zu verpfänden, dagegen haben sie bei Erbgang eine Vorheuer an den öffentlichen Beamten zu entrichten. Das Standgeld entspricht also seiner rechtlichen Natur nach vollständig dem Wortzins, die Verkaufsstandleihe der Hausstättenleihe. Thatsächlich sind auch die auf den Verkaufsständen errichteten Buden vielfach zu Häusern umgebaut worden.[1]

Wer waren aber die Ansiedler, die sich in diesen neubegründeten Marktansiedelungen niederließen? Über ihre Herkunft läßt sich schwer Sicheres feststellen; nur das ist zweifellos, daß ein großer Teil nach umliegenden Dörfern benannt und offenbar aus denselben in die Stadt eingewandert ist. Jüngere Söhne von Bauern, zu denen sich Handwerker und Händler aus den älteren deutschen Städten und frühere Hausierer gesellten, mögen das Hauptkontingent gestellt haben. Unter einem Namen aber sind sie alle vereinigt. Sie sind Kaufleute (*mercatores, negotiatores*), ihre Beschäftigung ist Handel und Gewerbe. In Magdeburg, in Merseburg, in Naumburg, in Halberstadt, in Quedlinburg, in Bremen, in Freiburg, in Breisach, in Innsbruck finden wir die um den Markt angesiedelte Gemeinde, die spätere Stadtgemeinde, als *mercatores* oder *negotiatores* bezeichnet. Weshalb führen aber die Ansiedler diesen Namen? Nicht etwa bloß deshalb, weil viele unter ihnen Kaufmannschaft trieben, sondern weil sie samt und sonders Handel und Gewerbe als Lebensberuf ausübten, weil sie „Kaufleute" waren in jenem weiteren Sinne, der auch die Handwerker mitumfaßte.[2] Die Kaufmannseigenschaft der Ansiedler ist geradezu Bedingung; auf dem Breisacher Berge erhält niemand eine Hausstätte,

> „*nisi mercatus officium voluerit exercere.*"[3]

Das unterscheidet die älteren Gründungen im rechtsrheinischen Deutschland von den alten Römerstädten. In den letzteren sind nicht sämtliche Einwohner *mercatores*, da von früher her sich

---

[1] Vgl. PHILIPPI, Zur Verfassungsgeschichte der Westfälischen Bischofsstädte, p. 13 f.

[2] Vgl. oben S. 55 f.

[3] Vgl. oben S. 115.

noch ein Bestand von Ackerbautreibenden erhalten hat. Dagegen
setzen sich die Marktansiedelungen, soweit sie sich noch nicht bereits vorhandene ländliche Niederlassungen einverleibt haben,
ausschließlich aus *mercatores* zusammen. Die vielfach in der
Literatur geäußerte Behauptung,[1] „mercator" bezeichne den
„Stadtbürger" überhaupt, trifft nur zu für die Marktansiedelungen,
wo thatsächlich die Bürger sämtlich Kaufleute waren, nicht für
die Römerstädte. Nie finden sich die Ausdrücke *mercatores* und
negotiatores zur Bezeichnung der gesamten Bürgerschaft einer der
alten Römerstädte in den Urkunden[2] gebraucht.[3]

Diesem rein kaufmännisch-gewerblichen Charakter der neugegründeten Städte entspricht auch durchaus ihre Anlage, die
deutlich zeigt, daß ausschließlich die Ansiedelung von Handel-
und Gewerbetreibenden, nicht von Ackerbauern geplant ist. In
allen Stadtprivilegien und Stadtgründungsurkunden bis zum
Beginne des XIII. Jahrhunderts ist nur die Rede davon, daß der
Boden der Stadt in Hausstätten, in *areae*, eingeteilt wird, nie
findet sich aber eine Erwähnung von Hufen *(mansi)* oder von
Ackerland, das den Ansiedlern gegeben wäre. Die Größe der
area aber reicht wohl dazu, darauf ein Haus mit Gärtchen und
Hof zu errichten, aber nicht, um auf derselben Landwirtschaft
als Lebensberuf zu treiben.

---

[1] Vgl. v. BELOW, Die Entstehung der deutschen Stadtgemeinde, p. 30,
Anm. 77; Der Ursprung der deutschen Stadtverfassung, p. 45,
Anm. 3, sowie die daselbst angeführten Werke; ferner HEGEL im Neuen
Archiv XVIII, p. 219 ff.; VARGES in Jahrbücher für Nationalökonomie und
Statistik, 3. Folge, Bd. VI, p. 206 f.

[2] Die Stelle aus BRUNO, De bello Saxonico² 95, p. 69, wonach Heinrichs IV. Heer zum größten Teil aus *mercatores*, d. h. aus Stadtbürgern,
bestand, kann nicht als Beweis dafür angeführt werden, daß die technische
Bezeichnung für alle Stadtbewohner „mercatores" gewesen sei. Der Ausdruck „mercatores" ist tendenziös und in der Absicht gewählt, das aus ver-
weichlichten Bürgern, aus „Krämern" bestehende Heer des Kaisers zu ver-
spotten. Vgl. auch die treffenden Bemerkungen bei OSENBRÜGGEN, Studien
z. deutsch. u. schweiz. RG., 1868, p. 24. — Über die *mercatores* von Köln
im Freiburger Stadtrecht vgl. unten S. 194.

[3] Die Kaiserchronik und das Nibelungenlied, welche „Kaufmann" und
„Bürger" als Synonyma brauchen (vgl. HEGEL im Neuen Archiv XVIII, p.221),
sind im Gebiete der Marktansiedelungen entstanden.

Die Nichterwähnung von Ackerland erscheint uns in ihrer wahren Bedeutung, wenn wir uns vergegenwärtigen, daß außerordentlich häufig in den Stadtprivilegien die ungeteilte Mark, die Allmende, aufgeführt wird.[1] Die *mercatores* von Halberstadt und Quedlinburg, die Ansiedler von Stendal, die *forenses* von Löbnitz, die *coloni* von Hamburg erhalten neben ihren Hausstellen Wald und Weideland oder wenigstens die Holzschlag-, Eichelmast- und Weidegerechtigkeit auf fremdem Besitze. Auch die Lübecker, Leipziger, Lippstädter und Innsbrucker Bürger, um nur einige Beispiele herauszugreifen, besitzen eine Allmende oder haben Nutzungsrechte an fremdem Wald und Weideland.[2] Es wäre aber durchaus verfehlt, auf Grund dieser Thatsache den rein kaufmännisch-gewerblichen Charakter der betreffenden Städte zu bezweifeln und der Landwirtschaft einen Platz in denselben einzuräumen. Die Allmende dient einem ganz anderen Zwecke als die Feldmark. Letztere bildet die Grundlage für den Ackerbau, erstere für die Viehzucht. Viehzucht aber trieb im Mittelalter nicht allein der Bauer, sondern auch der Kaufmann und Handwerker. Der Großkaufmann hielt Pferde für seine Reisen und brauchte notwendig Futter für dieselben. Der Handwerker hatte im Stall eine Kuh oder wenigstens eine Ziege und mästete ein oder mehrere Schweine. Mit dem Unterhalte dieser Haustiere hatte er wenig Mühe; dieselben wurden vom Stadthirten auf die gemeine Weide oder in den Wald zur Eichelmast getrieben, während ihr Besitzer daneben ruhig seinen Gewerbebetrieb ausüben konnte. Die Viehzucht war im Mittelalter regelmäßig keine selbständige Erwerbsquelle, sondern diente allein dem eigenen Hausbedarfe oder spielte die Rolle eines Nebenbetriebes, sowohl im Haushalte des Dorf- wie des Stadtbewohners. Um sie aber ausüben zu können, bedurften die Bürger der Allmende. Einen starken landwirtschaftlichen Zug im Leben der deutschen Städte

---

[1] Die Ausführungen bei v. MAURER, Geschichte der Städteverfassung, Bd. I, p. 246 ff. leiden darunter, daß zwischen geteilter und ungeteilter Mark nicht genügend unterschieden wird.

[2] Anderseits scheinen auch mehrere Städte anfänglich keine oder nur eine ganz unbedeutende Allmende besessen zu haben, z. B. Villingen, Freiburg, Breisach; vgl. GOTHEIN, a. a. O., p. 85 f., 100, 110 f.

kann man demnach aus dem Vorhandensein einer Allmende nicht folgern.[1]

Allerdings ist es unbestreitbar, daß der ursprünglich rein kaufmännisch-gewerbliche Charakter der Stadtbewohner im Laufe der Zeit vielfach eine durchgreifende Umgestaltung erfahren hat. Der Stadtbezirk erweiterte sich und schloß auch bereits bestehende bäuerliche Ansiedelungen in sich ein. Zugleich entstanden in der Stadtmark ländliche Wirtschaftsbetriebe, die städtischen Hausstätten gingen trotz aller Gegenvorschriften der Stadtherren[2] in die Hände von Landwirten über, die Teile der städtischen Allmende erwarben, um sie in Ackerland zu verwandeln.[3] So sanken allmählich viele alte Kaufmannsgründungen zu bloßen Ackerstädtchen herab. Viele Marktansiedelungen hatten sich ja auch von Anfang an nicht recht entwickelt, die wenigen ursprünglichen Kaufmannshäuser und Kaufmannsfamilien bedeuteten nichts im Gegensatze zu den zahlreichen Bauernhöfen, die rings um sie entstanden.[4] Schließlich hörte man überhaupt auf, reine Kaufmannsansiedelungen zu gründen. Während man noch im XII. Jahrhundert, wie das Beispiel von Wusterwitz und Löbnitz zeigt, Forensen und Kolonen scharf von einander unterschied, hat man bei den ostelbischen Städtegründungen des XIII. Jahrhunderts[5] diesen Unterschied aufgegeben. Die

---

[1] Das hat vor allem v. Below, Die Entstehung der Stadtgemeinde, p. 49 ff.; Der Ursprung der Stadtverfassung, p. 23 ff. getan.

[2] Vgl. die Urkunden für Breisach und Pegau S. 115, 121.

[3] Dieser Vorgang läßt sich gut bei Herford beobachten: vgl. Ilgen in Zeitschr. f. vaterl. Gesch. II, Abt. 1, p. 17 f.

[4] Eine derartige verunglückte Marktgründung ist vielleicht Maßbach in Franken mit seinen 24 Markthäusern; vgl. Henneb. UB. V, 24, p. 16 (1299): *Auch hat meyn Herre in dem Dorffe tzů Maspach 24 Marckel hůs, darin sullen alle die lůte sitzen, die da veilen kauff wollen habe und Hantwerklůte: wer aber mer Hantwerklůte in dem Dorffe wen er in den Markethuszern mochtin gesie, wa die ym Dorfe sitzen, die sullen alle jar einen schilling vůr Markerrecht gebe jeslich und sitze wa er wolle in dem Dorff.*

[5] Vgl. Wohlbrück, Geschichte des ehemaligen Bistums Lebus, Bd. I, 1829, p. 185 ff.; Riedel, Die Mark Brandenburg im Jahre 1250, Teil II, p. 297 ff.; Wermber in Zeitschrift des Westpr. Geschichtsvereins XIII, p. 59 ff.; etc.

Anlage dieser Städte ist womöglich noch regelmäßiger als die der
älteren Gründungen, aber den Charakter der reinen Kaufmannsansiedelungen haben sie eingebüßt, sie tragen einen ausgesprochen
landwirtschaftlichen Charakter. Die Ansiedler erhalten nicht nur,
wie die Bewohner der älteren Städte, Hofstätten *(areae)*, sondern
auch Hufen *(mansi)*. Die Einteilung der Feldmark aber wird mit
einer Regelmäßigkeit und Genauigkeit erwähnt, die mit der völligen
Nichterwähnung des Ackerlandes in den älteren Stadtprivilegien
in einem eigentümlichen Kontraste steht.[1]

Neben der Neuerbauung von Städten kommt seit dem Ende
des XII. Jahrhunderts noch eine andere Art der Stadtgründung
in Anwendung. Man errichtete vielfach nicht neben einer
bäuerlichen Ansiedelung eine neue Stadt, sondern verlieh einer
bereits vorhandenen Dorfansiedelung das Stadtrecht.
Vor dem Ende des XII. Jahrhunderts läßt sich diese Art der
Stadtgründung mit Sicherheit nicht nachweisen. Jedoch bietet
sich uns bereits mehr als hundert Jahre früher ein etwas ver-
wandter Vorgang in dem Allensbacher Privilege von 1075.[2]

Die erste Hälfte der Allensbacher Urkunde[3] zeigt wenig
Bemerkenswertes, sie reproduziert einfach ein dem Reichenauer
Abte für den Ort Allensbach erteiltes Marktprivileg Ottos III.
Dem Abte wird erlaubt, einen Wochenmarkt zu errichten, das
Münzrecht und der Bann wird ihm verliehen, die zum Markte
Wandernden werden unter königlichen Schutz gestellt, und end-

---

[1] Der von v. BELOW, Ursprung etc., p. 24 bekämpfte Satz GOTHEINS, Wirt-
schaftsgesch. d. Schwarzwaldes, Bd. I, p. 83: „Die Städte der Ackerbürger
gehören einer jüngeren historischen Schicht an" ist demnach durchaus richtig.

[2] Gedruckt in Zeitschr. f. Gesch. d. Oberrh. N. F. V (1890), p. 168 f. und
bei KAUFMANN, Zur Entstehung des Städtewesens, Teil I, 1891, p. 26 f. —
Vgl. über diese Urkunde: SCHULTE, Über Reichenauer Städtegründungen in:
Zeitschr. f. Gesch. d. Oberrh. N. F. V (1890), p. 137 ff. — KÜNTZEL in
Zeitschr. f. Gesch. d. Oberrh. N. F. VIII (1893), p. 373 ff. — GOTHEIN, Wirt-
schaftsgeschichte des Schwarzwaldes, Bd. I, p. 67 f. — v. BELOW, Ursprung etc.,
p. 29 f. — UHLIRZ in Mitt. d. Inst. f. österr. GF. XV (1894), p. 505 ff. —
SOHM, D. Entst. d. d. Städtewesens, p. 83.

[3] Auch gedruckt in MG. DD. II, O. III, 280 zum Jahre 998.

lich wird Verletzung des Marktes mit der Strafe des Königsbannes
bedroht, wobei auf das für die Märkte von Mainz, Worms und
Konstanz geltende Recht Bezug genommen wird. Die Urkunde
hat den gewöhnlichen Inhalt der ottonischen Marktprivilegien
und zeigt höchstens insofern eine unbedeutende Abweichung, als
sie den Allensbacher Markt ausdrücklich als Wochenmarkt charakterisiert und einen bestimmten Wochentag, den Donnerstag,
zum Markttage bestimmt.[1] Dieses ottonische Privileg, welches den
Reichenauer Äbten die Möglichkeit gewährte, eine Marktansiedelung in Allensbach zu schaffen, scheint ein dreiviertel Jahrhundert
lang nicht ausgenützt worden zu sein. Erst Abt Ekkehard faßte
im Jahre 1075 den Entschluß, eine dauernde Handelsniederlassung
zu begründen. Dabei ging er aber in einer vom gewöhnlichen
Brauche völlig abweichenden Weise vor. Vielleicht fehlte es an
einem geeigneten Platze, auf dem man neben dem Dorfe Allensbach eine Marktansiedelung hätte errichten können, vielleicht
scheute sich der Abt, sein ertragreiches Rebland in Hausstellen
zu verwandeln, vielleicht fürchtete er auch, die Nähe von Konstanz werde dem Zuzuge fremder Kaufleute hinderlich sein.
Deshalb versuchte er sein Dorf Allensbach selbst in eine Handelsansiedelung zu verwandeln, indem er sämtlichen Einwohnern desselben das Recht verlieh, Handel zu treiben, und sie geradezu zu
mercatores ernannte. Die betreffende Urkundenstelle lautet:

> *„Omnibus eiusdem oppidi villanis mercandi potestatem concessimus,*
> *ut ipsi et eorum posteri sint mercatores, exceptis his qui in exer*
> *cendis vineis vel areis occupantur."*

Die letzten Worte dieser Quellenstelle sind verschieden interpretiert worden. Schulte meint, die Urkunde wolle die Vereinigung
beider Gewerbe, des Kaufmannsgewerbes und der Landwirtschaft
untersagen; bereits Küntzel hat die geringe Wahrscheinlichkeit
dieser Erklärung nachgewiesen. Aber ebensowenig befriedigt
Küntzels eigene Erklärung, wonach die Eigenleute des Abtes,
die dessen Eigengüter bewirtschafteten, vom Kaufmannsberuf aus

---

[1] Gotheins Vermutung, Abt Ekkehard habe sich eine kleine Korrektur
erlaubt und das ihm verliehene Jahrmarktrecht in ein Wochenmarktrecht
umgeändert, entbehrt der Begründung.

geschlossen gewesen seien. Einerseits gehörten die *villani* von Allensbach, wie auch Sohm annimmt, ebenso wie die *villani* von Radolfzell,
wohl sämtlich zur *familia* des Abtes und hatten ihm Fronden zu
leisten; die Ausnahme wäre also die Regel gewesen. Anderseits
wäre der Ausdruck „*qui in exercendis vineis vel areis occupantur*" zur
Bezeichnung der Hofhörigkeit recht unglücklich gewählt. Zu ge-
künstelt erscheint mir die geistreiche Interpretation Uhlirz', der
in diesem Satze die Verfügung erblickt, daß die Ackerfronden
dem Abte nach wie vor auch von den *mercatores* zu leisten seien,
und daß für die Zeit dieser Fronden die Freiheit, Handel zu treiben,
unterbrochen werde. Am wahrscheinlichsten, weil am einfachsten,
ist die Erklärung Sohms und v. Belows. Darnach besagt der
Satz nichts anderes, als daß zwar alle Einwohner des Dorfes die
Erlaubnis, Handel zu treiben, erhalten, daß aber nur die als
mercatores anzusehen sind, die von dieser Erlaubnis Gebrauch
machen und nicht bei ihrem alten Berufe, der Landwirtschaft,
bleiben. Für diese *mercatores* allein gelten die Sätze des Kauf-
mannsrechtes,[1] auf die wir später noch, ebenso wie auf die anderen
Bestimmungen der Urkunde, zu sprechen kommen.[2] Eine reine
Kaufmannsansiedelung wie die übrigen älteren rechtsrheinischen
Marktgründungen ist Allensbach demnach nicht. Ebenso wie in
den älteren Römerstädten und in den späteren Städten des Ostens
treibt in Allensbach nur ein Teil der Bevölkerung Handel und
Gewerbe, ein anderer Teil aber die Landwirtschaft als Lebens-
beruf.[3] Jedenfalls zeigt aber das spätere Schicksal von Allens-
bach, das wirtschaftlich immer ein Dorf geblieben ist, daß jene
Vereinigung von kaufmännischen und agrarischen Elementen der
Entwickelung eines neuen Marktortes — wenigstens im früheren
Mittelalter — nicht günstig war.

---

[1] *Ipsi autem mercatores inter se vel inter alios nulla alia faciant
iudicia preterquam quae Constantiensibus, Basiliensibus et omnibus mercatoribus ab antiquis temporibus sunt concessa.*

[2] Vgl. unten S. 195.

[3] Die Scheidung der Allensbacher Bewohner in zwei Personalgemeinden,
wie sie Schulte vertritt, hat v. Below mit Recht verworfen. Sie entspringt
aus der irrigen Annahme eines besonderen Markt- oder Kaufleutegerichtes,
auf die wir noch zu sprechen kommen.

Daß man sämtlichen Einwohnern eines Dorfes das in den
Städten entstandene Recht, das Stadtrecht, verlieh und so **eine
ländliche Ansiedelung zur Stadt erhob**, kann ich zuerst im
Jahre 1197 nachweisen. In diesem Jahre eximierte Bischof Hermann von Münster mit Einwilligung des Abtes von Varlar die
villa Koesfeld von dem Gerichte, das der Vogt des Klosters
Varlar bisher über dieselbe ausgeübt hatte, und verlieh ihren
Einwohnern die Rechte und Freiheiten der Bürgerschaft von
Münster. Die Stadtverwaltung soll in der Hand der von den
Bürgern gewählten Schöffen liegen.[1] Seitdem ist Koesfeld aus
einer bloßen Bauerschaft eine Stadt (*civitas*) geworden. *Civitas*
heißt der Ort Koesfeld auch in einer wenige Jahre späteren Urkunde, in welcher derselbe Bischof Hermann seiner *villa* Bocholt
das *wicbilde* genannte Recht verleiht und dieselbe nach dem Vor-
bilde der anderen bischöflichen Städte aus dem Gauverbande
eximiert.[2] Zwanzig Jahre später erhält das *oppidum* Bocholt
ebenfalls das Münsterische Stadtrecht.[3] Diese beiden westfälischen
Städte sind meines Wissens die ersten Beispiele für die Erhebung
eines bereits bestehenden Dorfes zur Stadt. Später findet sich
diese Art der Stadtgründung auch in anderen Gegenden. Ich
erinnere an das schwäbische Reichsdorf Pfullendorf, das nach
einem großen Brande als Stadt wieder aufgebaut wurde, und
dessen Einwohnerschaft bei dieser Gelegenheit von Friedrich II.
ein ausführliches Stadtrecht empfing,[4] ferner an Emmerich, das
von Graf Otto von Geldern mit Zustimmung Friedrichs II. aus
einer *villa* in eine Stadt verwandelt wurde,[5] und dessen Haus-

---

[1] Die verschiedenen Gründungsurkunden sind gedruckt bei Niesert,
Beiträge zu einem Münsterischen Urkundenbuche, Bd. I, Abt. II, p. 471 ff.
und Westfäl. UB. II, 559, 560, 561, p. 248 f. — Die Urkunde Heinrichs VI.
für Koesfeld ist falsch; vgl. Wilmans-Philippi, Kaiserurkunden Westfalens
II, 254, p. 354 f. (St. 4995).

[2] Westfäl. UB. III, 3, p. 4 (1201).

[3] cod. III, 174, p. 93 f. (1221).

[4] Zeitschr. f. Gesch. d. Oberrh. XXXI, p. 6, n. 1 (1220) (ed. Roth v.
Schreckenstein) (Reg. V, 1136).

[5] Lacomblet II, 191, p. 100 (1233): *de Embricensi villa regiam seu imperialem condidi civitatem.*

10*

stätten auch nach dieser Stadtgründung ihr altes Recht behielten.[1]
Vor allem wurden auf diese Weise die bei Marktgründungen
liegenden alten Dörfer bisweilen mit Stadtrecht beschenkt, wenn man
es nicht vorzog, dieselben völlig in der Altstadt aufgehen zu lassen.
Ein Beispiel bietet die alte Wik bei Braunschweig, welche
im XIII. Jahrhundert zu einem selbständigen städtischen Gemeinwesen erhoben wurde;[2] ferner erinnere ich an Alten-Dresden,
das 1403 Stadtrecht erhielt.[3]

Der gemeinsame Name aller Marktansiedelungen ist „Markt"
(forum). Im vorigen Kapitel sind zahlreiche Beispiele für die
Verwendung dieses Wortes als Ortsbezeichnung angeführt worden;
in Radolfzell, in Freiburg, in Innsbruck heißt die Kaufmannsansiedelung forum, die Häuser des Marktortes Löbnitz werden
als curiae in foro erwähnt, die Einwohner der Marktansiedelung
Wusterwitz sind cives ac domestici eiusdem fori. Vor allem ist zu
erinnern an die große Zahl der österreichischen Städte, die, bevor
sie als civitates aufgeführt werden, den Namen fora tragen. Auch
sonst dient das Wort forum häufig zur Bezeichnung einer Ortschaft,[4]
selbst in Lothringen findet sich ein Beispiel dafür.[5] Gleichbedeutend sind die Ausdrücke locus forensis[6] und villa forensis.[7]
Diesem Sprachgebrauche entspricht es auch durchaus, wenn die
Bewohner der Marktansiedelung forenses oder cives forenses heißen,[8]

---

[1] cod. p. 101: Aree quoque infra civitatem Embricensem eiusdem, cuius
prius, iuris existant.

[2] Vgl. oben S. 95.

[3] Vgl. O. Richter, Verf. Gesch. d. Stadt Dresden, 1885, p. 83.

[4] Vgl. Waitz, VG., Bd. VII, p. 407 f., Anm. 4; v. Maurer, Geschichte d.
Städteverfassung, Bd. I, p. 292; Gengler, Stadtrechtsaltertümer, p. 352 f. —
Das zum forum gehörige Gut im Buchhorner Privileg von 1299 wird in der
alten deutschen Übersetzung als „in ihren (d. h. der Stadt) Ettern" gelegenes
Gut bezeichnet (Gengler, Cod. iur. munic. I, p. 432).

[5] Waitz, Urk. z. d. VG.[2] 20, § 1, p. 49 (1115—23): mansum s. Deodati
infra forum. — Unter forum ist demnach offenbar nicht bloß der Marktplatz, sondern die ganze Marktansiedelung zu verstehen.

[6] Ussermann, Episc. Bamb., Cod. Prob. 141, p. 126 (1184).

[7] UB. Steiermark I, 415 (c. 1160); Geschichtsbl. f. St. u. L. Magdeburg XXI, p. 270 (1174).

[8] In Halberstadt, Bremen, Gandersheim, Wusterwitz, Löbnitz, Innsbruck,
Friesach, Fischau etc.

wenn ihre Pfarrkirche den Namen der Marktkirche (*ecclesia forensis*) trägt, wenn sie unter einer *iurisdictio forensis*[1] stehen, und wenn ihr Recht als *ius fori, ius forense*[2] bezeichnet wird. Alle diese Ausdrücke finden sich außerordentlich häufig in den Städten des inneren Deutschlands, den Marktansiedelungen, und fehlen mit derselben Regelmäßigkeit in den alten Römerstädten.[3] Bei den meisten und gerade den wichtigsten Marktansiedelungen ist früher oder später der Name *forum* durch die vornehmere Bezeichnung „Stadt" (*civitas*) verdrängt worden. Aber regelmäßig werden im Mittelalter und auch später, besonders in Österreich[4] und Bayern,[5] neben den Städten die „Märkte" erwähnt, und noch heute bezeichnen wir eine Reihe von Orten als „Marktflecken" oder „Märkte".

Der Unterschied zwischen Städten und Märkten ist nicht etwa darin zu suchen, daß die Stadt ein ständiger Handelsplatz sei, daß in ihr „ewiger Markt" herrsche, während in den Märkten nur vorübergehend, an einigen Markttagen im Jahre, Handel getrieben werde. Bloße Bauerndörfer, in denen ein- oder zweimal im Jahre ein Markt stattfindet, und die nach Beendigung dieses Marktes unbesucht daliegen, sind keine Märkte im Rechtssinne. Die Märkte sind vielmehr, ebenso wie die Städte, ursprünglich Sitze einer handeltreibenden Bevölkerung. Eine schroffe Scheidung zwischen den Einwohnern der Städte einerseits und der Märkte andererseits läßt sich durchaus nicht nachweisen. Ebensowenig lassen sich bestimmte Rechtssätze aufstellen, die für die Städte, aber nicht für die Märkte gelten, wenn auch im allgemeinen die Märkte weniger bevorrechtet sind als die Städte. Jedenfalls genießen aber überall die Märkte rechtliche Vorzüge

---

[1] In Hildesheim (UB. Hildesheim I, 38 (1184)).

[2] Vgl. unten S. 174 ff.

[3] In der Speierer Urkunde von 1101 (UB. Speier 13) bedeutet *forensis* keinen Marktbürger; das Wort steht hier im Gegensatz zu *clericus, frater* und bezeichnet den dem weltlichen *forum* unterstehenden Laien.

[4] Vgl. LUSCHIN VON EBENGREUTH, Österreichische Reichsgeschichte, Bd. I, 1895, p. 242.

[5] Vgl. RIEZLER, Geschichte Baierns, Bd. III, 1889, p. 666 f.

vor dem platten Lande,[1] eine Thatsache, die nicht allein darauf
beruhen kann, daß ein- oder zweimal im Jahre in ihnen ein
Markt stattfindet, sondern dadurch begründet ist, daß der „Markt“,
ebenso wie die Stadt, eine zum großen Teil kaufmännisch-gewerbliche Bevölkerung beherbergt. Die Vorschriften des friesischen
Westerlauwerschen „Marktrechtes“[2] werden uns erst verständlich,
wenn wir in den *merchadum* nicht bloß Dörfer, in denen hie
und da Markt gehalten wird, sondern Orte mit ansässigen Kaufleuten und Handwerkern erblicken.[3]

Der Unterschied zwischen Stadt und Markt ist thatsächlich
darin zu suchen, daß die Stadt befestigt ist, der Markt aber
nicht.[4] Die Stadt ist ein Markt, der zugleich Burg ist.
Alle Städte sind Märkte, aber nicht alle Märkte sind Städte;
alle Städte sind Burgen, aber nicht alle Burgen sind Städte.
Die lateinischen Ausdrücke *civitas* und *urbs*, die lediglich Über-
setzungen des deutschen Wortes „Burg“ sind,[5] werden im früheren
Mittelalter nicht nur für wirkliche Städte, sondern für jeden ummauerten Ort gebraucht;[6] erst in späterer Zeit wendet man sie
allein zur Bezeichnung der Stadt an. Anderseits verliert das
Wort „Burg“, das anfangs den befestigten Ort überhaupt bedeutet,
immer mehr diese allgemeinere Bedeutung und nimmt den Sinn
an, in dem wir es heute gebrauchen, während für den ummauerten
Markt das Wort „Stadt“ aufkommt. Genau ebenso beschränkt

---

[1] In Bayern besaßen die gefreiten Märkte sogar die Landstandschaft;
vgl. RIEZLER, a. a. O.

[2] v. RICHTHOFEN, Friesische Rechtsquellen p. 421 ff. Über das Recht
der friesischen Marktorte vgl. HECK, Die altfriesische Gerichtsverfassung,
1894, p. 106 ff.

[3] Ich erinnere an die Bestimmung, daß der Schultheiß täglich, ohne
Rücksicht auf Festtage, Gericht halten darf, an die besonderen Bestimmungen
über die Hausstätten im Gegensatze zu den Ackergrundstücken etc.

[4] Vgl. GAUPP, Deutsche Stadtrechte, Bd. I, p. 16 f.; v. MAURER, Geschichte der Städteverfassung, Bd. I, p. 292; LUSCHIN VON EBENGREUTH, a. a. O.,
p. 242.

[5] Vgl. RIETSCHEL, Die Civitas, p. 96 ff.

[6] Vgl. SCHWARZ, Anfänge des Städtewesens in den Elb- und Saale-
Gegenden, 1892, p. 2 ff.; HEGEL im Neuen Archiv XVIII, p. 210 ff.

sich die Bezeichnung „Markt" immer mehr auf die Märkte, die nicht befestigt sind.[1]

Wiederholt ist bereits auf die Bedeutung hingewiesen worden, welche die Ummauerung für die Stadt besitzt;[2] das Befestigungsrecht erscheint geradezu als das städtische Vorrecht. In den Abbildungen des Mittelalters werden die Städte regelmäßig als ummauerte Orte dargestellt, in den Stadtwappen erscheinen wiederholt als städtische Embleme Mauern oder Mauerteile, während den Märkten diese Zeichen der Befestigung regelmäßig fehlen. Dem *buren* der Märkte stellt der Sachsenspiegel das *vestenen mit planken, mit muren etc.* der Städte gegenüber.[3] Allerdings sind in späterer Zeit vereinzelt auch einfache Märkte befestigt worden. Wie sehr man aber die Ummauerung für ein wesentliches Wahrzeichen der Stadt im Gegensatz zum Markte noch im XVI. Jahrhundert hielt, beweist das Beispiel von Schladming, das 1525 wegen seiner Beteiligung am Bauernaufstande zerstört wurde und nur als offener, mauerloser Markt wieder aufgebaut werden durfte.[4]

Ein derartiger unbefestigter Markt war Allensbach, das bekanntlich nie eine Stadtmauer erhalten hat. Aber auch zahlreiche später bedeutende Städte sind ursprünglich offene Märkte gewesen. Vor allen scheint das bei den österreichischen Städten der Fall gewesen zu sein. Unter den norddeutschen Städten sind Münster[5] und Bremen[6] — von der Domimmunität abgesehen — erst am Ende des XII. Jahrhunderts ummauert worden, die Altstadt Magdeburg hat am Anfange des XI. Jahrhunderts ihre erste Befestigung erhalten,[7] in Halberstadt wird die Marktansiedelung noch im Jahre 1105 als *villa* bezeichnet,[8] Gos-

---

[1] Daß anfänglich auch befestigte Märkte einfach *fora* genannt wurden, beweist der Ausdruck *murus forensis* für „Stadtmauer" (UB. Quedlinburg I, 17 (1179)).

[2] Vgl. v. Maurer, a. a. O., p. 103 ff.; Gengler, Stadtrechtsaltertümer, p. 3 ff.; v. Below, Ursprung, p. 19 ff.; Keutgen, a. a. O., p. 38 ff.; etc.

[3] Ssp. III, 66, §§ 1, 2.

[4] Vgl. Luschin von Ebengreuth, a. a. O., Anm. 3.

[5] Vgl. Thus, Die Stadt Münster, p. 110 ff.

[6] Vgl. oben S. 83.

[7] Vgl. oben S. 58.

[8] UB. Halberstadt I, 4.

lar heißt ebenfalls bis zum Anfange des XII. Jahrhunderts regelmäßig *villa* und erst später *civitas.*[1] Darauf, daß die flandrischen
und holländischen Handelsstädte bis ins XII. und XIII. Jahrhundert zum Teil der Ummauerung entbehrten, hat bereits HEGEL[2]
aufmerksam gemacht. Später ist allerdings bei der Stadtgründung
die Gründung der Marktansiedelung und die Befestigung derselben
meist gleichzeitig erfolgt, so daß der neugegründete Ort sogleich
eine Stadt war und nicht mehr vorher die Durchgangsstufe des
offenen Marktes zu durchlaufen hatte. Immerhin wurde die Marktgründung, die Gründung der Marktansiedelung, von der Stadtgründung, der Anlage eines befestigten Ortes, begrifflich unterschieden.[3]

----

§ 7.

Marktgericht und Marktgemeinde.

Wir haben festgestellt, daß mit Ausnahme der Märkte der
alten Römerstädte und einiger in die älteste Zeit zurückreichender
rechtsrheinischer Märkte sämtliche Märkte Deutschlands von Großgrundbesitzern auf ihrem Grund und Boden errichtet worden
sind. Es fragt sich: Wer waren diese Grundbesitzer? Zunächst
ist der König zu erwähnen; eine Reihe der wichtigsten deutschen
Märkte sind auf Pfalzboden gegründet worden. Vor allem aber
stellen wohl das größte Kontingent unter den Marktgründern die
Bischöfe und die reichen deutschen Klöster. Gerade auf dem
kirchlichen Boden sind die bedeutendsten Märkte und Städte
entstanden. Weniger häufig werden in den Urkunden weltliche
Marktgründer genannt. Meist sind es Grafen, die auf ihrem in
ihrer Grafschaft gelegenen eigenen Grundbesitz einen Markt errichteten. Endlich finden sich auch ganz vereinzelte Beispiele dafür,
daß ein Laie auf seinem in der Grafschaft eines anderen gelegenen
Grund und Boden einen Markt begründete. Wie gestalteten sich

----

[1] Vgl. oben S. 92 f.
[2] HEGEL, Städte und Gilden, Bd. II, p. 237 f., 505.
[3] Vgl. z. B. v. HORMAYR, Beiträge II, 84, p. 183: Graf Meinhard von
Tirol beschließt *in oppido Imbst facere forum et subsequenter construere
civitatem.*

in diesen verschiedenen Fällen die rechtlichen Verhältnisse des neuen Marktes?

Die Märkte, welche ein Graf in seiner Grafschaft errichtete, standen natürlich unter der Gerichtsbarkeit dieses Grafen. Marktherr und Gerichtsherr waren ein und dieselbe Person. Ebenso war auf Grund der dem Königsgute zukommenden Immunität[1] in den auf königlichem Domanialboden liegenden Märkten Marktherrlichkeit und Gerichtsherrlichkeit in der Hand eines Beamten, des königlichen Pfalzrichters, vereinigt.

Dagegen ist es eine Streitfrage, ob die den bischöflichen Kirchen und den Klöstern für ihren Grundbesitz verliehene Immunität auch für den auf diesem Grundbesitze errichteten Markt Geltung hatte. Man wird von vornherein geneigt sein, bis zum Beweise des Gegenteiles diese Frage zu bejahen.[2] Dieses Gegenteil hat neuerdings KEUTGEN behauptet.[3] Zum Beweise beruft er sich auf die „öffentliche Natur des Marktes, auf den die Verhältnisse des immunen Kirchengutes keine Anwendung finden konnten", also gerade auf den Satz, den er beweisen soll. Ebenso schwebt seine Behauptung, auf die Marktbesucher habe die Stellung der *familia* keine Anwendung finden können, in der Luft; aus welchem Grunde hätte sich die Gewalt der Immunitätsbeamten nicht auf die Marktbesucher erstrecken können? Und endlich, warum konnte das Marktgericht kein Gericht des Immunitätsherrn sein? Uns sind eine Reihe von Fällen bekannt, in welchen die Immunität gegenüber dem öffentlichen Richter ihre Kraft verlor;[4] der Markt befindet sich unter diesen Ausnahmefällen nicht.

Dagegen wird uns bereits in der Karolingerzeit in den Urkunden die Geltung der Immunität für den Markt wiederholt bezeugt. Schon in einer Urkunde von 774, welche die Immunität der beiden dem Kloster St. Denis gehörigen Orte Faverolles und Noronte bestätigt,[5] erwähnt Karl der Große unter dem Zubehör

---

[1] Vgl. SCHRÖDER, RG.[2], p. 193.

[2] RATHGEN, Märkte, p. 21 nimmt die Geltung der Immunität für den auf Immunitätsgebiet abgehaltenen Markt als selbstverständlich an.

[3] KEUTGEN, a. a. O., p. 93 f.

[4] Vgl. BRUNNER, RG., Bd. II, p. 294, Anm. 37.

[5] MABILLON, De re dipl.[2] p. 645 f. (Reg. I, 171).

ausdrücklich die Märkte. Später finden wir wiederholt die Freiheit eines Marktes von der *districtio*,[1] der *redhibitio*,[2] der *admixtio*,[3] der *participatio* und *introductio*[4] der öffentlichen Richter ausgesprochen. Ebenso wird die Immunität der Märkte des Klosters St. Croix in Poitiers ausdrücklich bezeugt.[5] Vor allem ist aber charakteristisch eine Urkunde des jüngeren Pipins von Aquitanien für das Kloster Le Monastier en Velay, welche die Erlaubnis zur Errichtung eines Marktes giebt, ferner bestimmt:

> „*Nec quislibet homo in eodem mercato ab illis* (nämlich *comite ac misso) distringatur,*"

und endlich schließt:

> „*Quod si quislibet reus in eodem mercato repertus fuerit, a nemine distringatur, nisi Prior, quicumque fuerit in eodem loco, licentiam dederit vel certe crininosi ex ipso mercato foras fuerit expulsio.*"[6]

Der für die ältere Immunität geltende Satz, daß Kriminalsachen der Immunitätsgerichtsbarkeit entzogen sind,[7] gilt also auch für den Markt. Daß diese Urkunden westfränkischen Ursprungs sind, hat wenig zu sagen, da in karolingischer Zeit das Wesen der Immunität in Ost- und Westfranken dasselbe war. Besaßen doch manche Stifter Güter in beiden Reichshälften,[8] ohne daß in der rechtlichen Stellung derselben ein Unterschied gemacht worden wäre. Bei der verschwindend geringen Anzahl der ostfränkischen Marktprivilegien ist es durchaus nicht verwunderlich, daß keines derselben die Immunität des Marktes ausdrücklich hervorhebt, da dieselbe ja bereits in der allgemeinen Immunität des Kirchengutes einbegriffen war.

---

[1] Bouquet VIII, p. 358 (845), 450 (843); Forschungen z. d. Gesch. IX, p. 432, n. 27 (848).

[2] Tardif 139, p. 94 (833); Forschungen IX, p. 432, n. 27 (848).

[3] Bouquet VIII, p. 601 (867) (vgl. Rathgen, a. a. O., p. 21).

[4] Bouquet VIII, p. 616 (869).

[5] eod. VI, p. 663 (825).

[6] eod. VIII, p. 358, n. 4 (845).

[7] Vgl. Brunner, RG., Bd. II, p. 300.

[8] Z. B. besaß St. Denis einen Markt im heutigen Württemberg in Eßlingen (Wirt. UB. I, 141, p. 166 f. (866) (Reg. I, 1418)).

In der nachfränkischen Zeit findet sich auch in deutschen
Urkunden die Immunität des Marktes und die damit verbundene
Immunitätsgerichtsbarkeit wiederholt erwähnt; ich erinnere u. a. an
das Privileg Ottos II. für Nivelles,[1] an die Urkunde Ottos III.
für Verden,[2] an das Privileg Heinrichs IV. für den nach Fürth
verlegten Nürnberger Markt[3] und endlich an die drei fast
gleichlautenden Bamberger Markturkunden für Hersbruck,[4] Villach[5] und Staffelstein.[6] In allen diesen Fällen sind die
Hauptsätze der Immunität verhältnismäßig knapp ausgedrückt;
die betreffenden Urkunden begründen nicht die Immunität,
sondern heben sie nur für den Markt besonders hervor. Meistens
geschah auch das letztere nicht, da die Immunität des auf immunem Gebiete gegründeten Marktes sich ja von selbst verstand.
Nur einmal findet sich die alte Immunitätsformel in aller Ausführlichkeit, und zwar handelt es sich dabei um eine Marktgründung, deren Urheber über den Marktort offenbar weder die
öffentliche Gerichtsbarkeit besaß noch kraft älterer Privilegien
im Besitze der Immunität war, nämlich um den Markt, welchen
die verwittwete sächsische Pfalzgräfin Uta auf ihrem Gute Eis-
leben in der Grafschaft des Pfalzgrafen Teti errichtete.[7] In

---

[1] MG. DD. II, O.II, 179 (978): *Ne ulla cuiusquam vero potentiae persona in supramemorati mercatu loci preter advocatum, quem abbatissa . . .
elegerint, dominetur aut aliquam exigat potestatem.*

[2] eod. II, O.III, 23 (985): *Ut nullus dux aut comes vel iudex seu alia
quelibet iudiciaria persona aliquam dehinc exercere potestatem presumat in
predicto mercato.*

[3] MBo. XXIX a, 406, p. 161 (1062) (St. 2609): *Ut locus ille emunis sit
nullusque ibi iudex, nullus comes aut vicarius eius iudicium ibi faciat absque
advocato.*

[4] eod. XXIX a, 396, p. 140 (1057) (St. 2545): *Sit idem mercatum liberum
iudicum durum comitum omniumque iuditiarium potestatum contradictione
securum soli tantum Babenbergensi episcopo subditum et proprium.*

[5] eod. XXXI a, 183, p. 343 (1060) (St. 2583).

[6] eod. XXIX a, 455, p. 255 f. (1130) (St. 3249).

[7] WILMANS-PHILIPPI, Kaiserurkunden Westfalens II, 198, p. 256 (1045)
(STUMPF, Acta imperii 56): *Ut nullus comes vel aliquis ex iudiciali potestate ad
causas audiendas vel freda aut tributa seu monetam vel theloneum exigendum
aut iniustas exactiones requirendas nostris temporibus et futuris ingredi
audeat.*

diesem Falle wird die Immunität für den neuen Marktort ausdrücklich verliehen, deshalb finden wir die sonst in jener Zeit nur wenig gebräuchliche alte Immunitätsformel.

Wann es üblich wurde, auch die an und für sich nicht immunen Märkte mit der Immunität zu beschenken, wissen wir nicht. Jedenfalls ist es im Beginne des XIII. Jahrhunderts Rechtssatz geworden, daß die mit königlicher Ermächtigung errichteten Märkte sämtlich die Immunität genießen, daß sie — mit anderen Worten — von der Landgerichtsbarkeit eximiert sind und ihr eigenes, selbständiges, von der Einmischung der öffentlichen Beamten befreites Gericht besitzen. Das Reichsweistum von 1218 spricht es aus:

„Quod si forte alicui per cirothecam nostram contulerimus forum annuale vel septimanale in aliquo loco, quod comes aut alius iudex aliquis illius provincie non debeat illic habere iurisdiccionem vel aliquam potestatem puniendi maleficia. Set si forte latro vel fur aut alius maleficus ad mortem fuerit condempnatus, comiti sive iudici provinciali de loco illo erit presentandus ad sententie in eum late execucionem."[1]

Also jeder Marktherr, der auf seinem Grund und Boden mit königlicher Erlaubnis einen Markt errichtet, besitzt für diesen Markt[2] die Immunität. Nur ist ihm, was ja überhaupt in den

---

[1] MG. Constitutiones II, 61, p. 75.

[2] SOHM, Städtewesen, p. 76 f.; v. BELOW, Ursprung, p. 88; KEUTGEN, p. 96 f. einerseits und SCHRÖDER, RG.[2], p. 605 anderseits weichen darin von einander ab, daß nach der Ansicht der ersteren der Marktberechtigte die Gerichtsbarkeit im Marktorte überhaupt besaß, während letzterer nur eine gerichtliche Exemtion für die Dauer des Marktes annimmt. M. E. ist es zunächst völlig ausgeschlossen, daß der Marktberechtigte über den ganzen Marktort, der vielleicht nur zum kleinen Teil ihm gehörte, vermöge seines Marktrechtes die öffentliche Gerichtsbarkeit ausgeübt hätte. Es kann sich allein darum handeln, ob der als Markt, als *forum* ausgeschiedene Teil seines Grundes und Bodens unter der Gerichtsbarkeit des Marktherren überhaupt oder nur zur Marktzeit stand. Ich halte die erstere Vermutung für richtig.

späteren Immunitätsprivilegien der Fall zu sein pflegt,[1] die Vollstreckung der Bluturteile entzogen.[2][3]

Die Anschauung, daß die gerichtliche Sonderstellung des Marktes auf der Immunität beruhe, hat durch RATHGEN[4] energischen Widerspruch erfahren. Nach RATHGEN gründet sich die Gerichtsbarkeit des Marktherrn auf besondere königliche Verleihung, und zwar hält er für den Rechtsgrund dieser öffentlichen Gerichtsbarkeit die Verleihung des *bannus*, des Königsbannes, die sich seit dem Jahre 900 häufig in den Marktprivilegien findet. Diese RATHGEN'sche Auffassung ist — so viel ich sehe — in der Literatur allgemein adoptiert worden,[5] obwohl sie eine Nachprüfung von rechtshistorischer Seite wohl verdient hätte. In jüngster Zeit hat KEUTGEN[6] die RATHGEN'sche Behauptung im allgemeinen allerdings durchaus wiederholt, aber im einzelnen gegen die von RATHGEN verfochtene Deutung des *bannus* so viel begründete Einwendungen erhoben, daß die ganze RATHGEN'sche Anschauung recht zweifelhaft erscheint. Der Zusammenhang der Darstellung gestattet nicht, an dieser Stelle den Nachweis zu führen, daß die Verleihung des *bannus* nicht Verleihung der Marktgerichtsbarkeit bedeutet, sondern einen ganz anderen Sinn hat.[7]

---

[1] Vgl. BRUNNER, Das gerichtliche Exemtionsrecht der Babenberger, 1864, p. 66.

[2] Dagegen war dem Marktherrn, abweichend von dem sonst bei den späteren Immunitätsverleihungen üblichen Brauche, die Fällung der Bluturteile erlaubt. Der Grund ist wohl in der besonderen Natur des Marktes zu suchen, die eine schnelle Aburteilung erforderte.

[3] Selbst wenn man, worauf wir im folgenden zu sprechen kommen, den mit der Marktrechtsverleihung verbundenen *bannus* als den königlichen Gerichtsbann auffaßt, ist es verfehlt, nach dem Vorgange RATHGENS und KEUTGENS die Gerichtsbarkeit des Reichsweistumes mit dem *bannus* der Markturkunden auf eine Linie zu stellen. Der Königsbann äußert sich vor allem in der Vollstreckung der Bluturteile, er wird bisweilen sogar schlechthin als die *potestas cogendi et constringendi iudicatos* bezeichnet (Straßb. Bischofsrecht § 11 (UB. Straßb. 1, p. 468)). Gerade diese fehlt aber nach dem Reichsweistum dem Marktherrn.

[4] RATHGEN, a. a. O., p. 23 ff.

[5] Vgl. z. B. SCHRÖDER, RG.[2], p. 605.

[6] KEUTGEN, a. a. O., p. 86 ff.

[7] Vgl. darüber unten S. 195 ff.

Ich werde weiter unten bei der Besprechung des Marktfriedens auf diese Frage eingehen. Hier mag nur hervorgehoben werden, daß die Auffassung RATHGENS auf einer unrichtigen Vorstellung vom Wesen der Immunität begründet ist.

RATHGEN bestreitet, „daß durch die Immunität zugleich die Gerichtsbarkeit gegeben gewesen sei.‟ Daß das Gegenteil richtig ist, unterliegt nach den neuesten Forschungen keinem Zweifel,[1] wenn auch anfangs die Immunitätsgerichtsbarkeit eine beschränkte war und etwa der des Centenars entsprach.[2] Aber bereits unter den Ottonen wurde es Regel, daß die Reichskirchen, die ja fast ausschließlich als Marktgründer in den Urkunden genannt werden, für ihren Grundbesitz die höhere Gerichtsbarkeit erlangten. So bildeten sich grundherrliche Gerichtsbezirke, die man nicht unzutreffend als „grundherrliche Grafschaften‟ bezeichnet hat.[3] In der That entsprach die in ihnen geübte Gerichtsbarkeit vollständig der Grafschaftsgerichtsbarkeit. Der einzige Unterschied war, daß der höchste Beamte nicht „Graf‟, sondern „Vogt‟ (advocatus) hieß. Im übrigen dingte er genau ebenso wie der Graf unter dem Königsbann, den ihm der König leihen mußte. er hielt seine echten und gebotenen Dinge, er richtete nicht allein über Unfreie, sondern auch über die auf dem Immunitätsgute angesessenen Freien. Ja, es kommt sogar vor, daß das Vogtgericht als Landgericht bezeichnet, ein Unterschied zwischen Vogtgericht und Grafengericht also garnicht mehr empfunden wird. Diese Entwickelung aber hat sich allein auf Grund der erweiterten Immunität vollzogen. Von einer besonderen Übertragung der „öffentlichen Gerichtsgewalt‟, des *bannus*, an den Immunitätsherrn (nicht zu verwechseln mit der persönlichen Bannleihe an den Immunitätsbeamten) ist nie die Rede, dieselbe ist auch nie behauptet worden. Weshalb in aller Welt soll diese erweiterte Immunität, welche dem Immunitätsherrn auf seinem Grund und Boden die sämtlichen Grafenrechte gewährte, ihn nicht auch zur Ausübung der Marktgerichtsbarkeit befähigt haben? Weshalb soll es

----

[1] Vgl. BRUNNER, RG., Bd. II, p. 298 ff.
[2] Vgl. eod., p. 302.
[3] Vgl. SCHRÖDER, RG.², p. 551 f.

dazu der Verleihung eines besonderen *bannus*, einer besonderen öffentlichen Gerichtsgewalt bedurft haben? Gewiß, es giebt Fälle, in denen die öffentliche Gerichtsbarkeit über einen Marktort dem Marktberechtigten verliehen wird. Dabei handelt es sich aber nur um Märkte, die nicht auf grundherrlichem Boden angelegt waren und deshalb nicht unter Immunitätsrecht standen, wie die Märkte in den alten Römerstädten Speier, Straßburg und Worms und der Markt in Magdeburg;[1] auch steht die Verleihung der öffentlichen Gerichtsbarkeit mit der Verleihung der Markteinkünfte in keinerlei Zusammenhang.[2] Auf den vielen auf immunem Gebiete gegründeten Märkten ist dagegen von Anfang an die Marktgerichtsbarkeit, und zwar zunächst nur die niedere, später aber, nach Verleihung der erweiterten Immunität, auch die hohe Gerichtsbarkeit, durch die Beamten des Marktherrn ausgeübt worden. Ein solcher marktherrlicher Gerichtsbeamter ist der in jüngster Zeit so oft citierte[3] *iudex fori*, welcher im IX. Jahrhundert auf dem offenbar grundherrlichen Markte des mit der Immunität beschenkten[4] Klosters Fleury die Marktgerichtsbarkeit versah.[5]

Selbstverständlich trat der Markt auch nicht aus der Immunität heraus, wenn sich um denselben eine Ansiedelung von Handel- und Gewerbetreibenden, eine Marktansiedelung, bildete. Wer sich dort ansiedelte, so unbeschränkt er auch in seiner persönlichen Freiheit war, trat unter die Gerichtsbarkeit des Immunitätsherrn. Deshalb finden wir nicht nur in den Markt-

---

[1] Vgl. KEUTGEN, a. a. O., p. 25 ff. — In dem Bremer Privilege von 966 ist bloß von der erweiterten Immunität die Rede.

[2] In Magdeburg werden die öffentliche Gerichtsbarkeit und die Markteinkünfte zwar an demselben Tage, aber in zwei verschiedenen Urkunden verliehen (MG. DD. I, O.I, 300, 301 (965)).

[3] Vgl. SOHM, Städtewesen, p. 53 f., Anm. 75; BRUNNER, RG., Bd. II, p. 240; SCHRÖDER, RG.², p. 188; MAYER, Zoll etc., p. 476, 480.

[4] Vgl. die Bestätigung der Immunität durch Ludwig den Frommen 818 (BOUQUET VI, p. 512) (Reg. 1, 652).

[5] Adrevaldi Miracula s. Benedicti 35 (MG. SS. XV, p. 496). — SOHM, Städtewesen, p. 58 ff. hält den *iudex fori* für den Centenar. Vgl. dagegen W. SICKEL in Mitt. d. Inst. f. österr. GF., Erg.-Bd. III (1894), p. 457 f., Anm. 2; IMBART DE LA TOUR in Études d'histoire du moyen âge dédiées à GABRIEL MONOD, 1896, p. 85.

privilegien den Vogt regelmäßig als Richter über den Markt erwähnt,[1] sondern in der Folgezeit ist überall in den deutschen
Marktansiedelungen und Städten, die auf kirchlichem Boden entstanden sind, der *advocatus* der höchste Richter.[2] In den auf
Fiskalboden begründeten ist es natürlich in entsprechender Weise
der königliche Pfalzbeamte. Daß der Vogt für die Marktansiedelung besondere Gerichte abgehalten hat, ist in der Regel nicht
anzunehmen. Vielmehr haben die Markt- und Stadtbewohner
wohl meist ebenso wie die übrigen Immunitätsleute an den drei
placita legitima des Vogtes teilgenommen. In Gandersheim wenigstens wird am Ende des XII. Jahrhunderts genau dasselbe Gericht
des Vogtes zugleich von den *litones* und den *forenses* besucht.[3]
Natürlich hat die gemeinsame Teilnahme an diesem höchstens
dreimal im Jahre stattfindenden Gerichte weder bewirkt, daß die
Liten zur Gleichberechtigung mit den Forensen sich emporhoben,
noch daß die letzteren zu Hörigen herabgedrückt wurden. Das
Vogtgericht hat übrigens schon früh seine alte Bedeutung verloren; die gesamte Gerichtsbarkeit über die Markt- und Stadtbewohner gelangte meist im Laufe der Zeit in die Hände des besonderen Stadtrichters, während die Gerichtsbarkeit des Vogtes über
die unfreien und halbfreien Hintersassen immer mehr durch die
vom Archidiakonus bez. Propste geübte geistliche Jurisdiktion
abgelöst wurde. Jedenfalls ist bezeichnend, daß dem Vogtgerichte,

---

[1] Vgl. z. B. die Privilegien für Meppen (MG. DD. I, O.I, 77 (946)),
für Fosse (eod. II, O.II, 85 (974)), für Lennick (eod. II, O.II, 179 (978)),
für Verden (eod. II, O.III, 23 (985)), für Gandersheim (eod. II, O.III, 66
(990)), für Quedlinburg (eod. II, O.III, 155 (994)) etc.

[2] Vgl. z. B. die Bestimmung über den auf einem *predium ecclesiasticum*
gegründeten Markt in Stade: *Homines vero, qui in predicto predio quoquo
modo sibi habitacula faciant, sub banno et constrictione advocati episcopalis
nec alicuius alterius manere decernimus* (Hamb. UB. I, 69, p. 70 f.) (1038)
(St. 2118).

[3] HARENBERG, Hist. eccl. Gandersh., p. 130 (1188): Der Vogt *tribus
vicibus in anno solemni iudicio praesidebit, in quo tam litones quam forenses
homines comparebunt.* — In späteren Weistümern finden sich derartige Vogtgerichte, die zugleich von den Bürgern und den übrigen Immunitätsleuten
besucht werden, noch mehrfach erwähnt, z. B. in Seligenstadt, wo *alle
burger, alle grofschaftlude, alle die das gotzhusz gut han etc.* das Vogtding
besuchen (GRIMM, Weist. I, p. 505), in Selz (eod. p. 759 f.) etc.

weil es für das ganze Immunitätsgebiet zuständig war, regelmäßig
das Schultheißengericht als das Stadtgericht gegenübergestellt wird.

Hinsichtlich der niederen Strafgerichtsbarkeit und der Civil-
jurisdiktion war die Marktansiedelung, und in späterer Zeit die
Stadt, von dem übrigen Immunitätsgebiete durchaus eximiert; sie
bildete einen eigenen Gerichtsbezirk unter einem besonderen
scultetus oder *iudex*.[1] Die eigenartige Zusammensetzung der
neu begründeten Marktgemeinde aus Leuten, die Handel und
Gewerbe trieben, die, abgesehen von einer geringen Arealzins-
verpflichtung, in keinem privatrechtlichen Abhängigkeitsverhältnis
zu der Grundherrschaft standen, und die vor allem ein eigenes
Recht besaßen, forderte gebieterisch, für diese Ansiedelung ein
eigenes Gericht zu bestellen. So kommt es, daß wir regelmäßig
einen besonderen Stadtgerichtsbezirk[2] finden, der selbst die
nahe gelegenen ländlichen Ansiedelungen ausschloß und sich
allein auf die Marktansiedelung, die Stadt, beschränkte. Sogar
diejenigen Dörfer und Höfe, welche der Marktansiedelung und
Stadt ihren Ortsnamen gegeben hatten, gehörten nicht zum Stadtgerichtsbezirk.[3] Dieses Stadtgericht entspricht in seiner Organisation
vollständig dem Hundertschaftsgerichte des Landrechtes; in den
meisten Gegenden sind sogar die Benennungen des Stadtrichters
und des Landrichters genau dieselben, oder sie sind wenigstens
analog gebildet.[4] Nur an einer Besonderheit erkennen wir, daß
das Stadtgericht nicht ein gewöhnliches Hundertschaftsding, sondern ein auf ursprünglich immunem Boden begründetes Gericht
ist: Die Stadt ist eine isolierte Hundertschaft. Genau dieselbe
Exemtion vom Landgerichte besteht seit dem Reichsweistum
von 1218 auch für die auf nicht immunem Gebiete gelegenen

---

[1] In späterer Zeit ist diese Exemtion vielfach dadurch, daß das Vogtei-
amt erlosch oder von der Stadt angekauft wurde, eine vollständige geworden.

[2] Vgl. v. BELOW, Ursprung, p. 82 ff.; KEUTGEN, a. a. O., p. 10 ff.

[3] Für die Schwarzwaldstädte vergl. GOTHEIN, a. a. O., p. 61 ff.; für die
brandenburgischen Kietze vergl. STRUVE, a. a. O., p. 65; für Hildesheim vergl.
oben S. 85; etc.

[4] Dem Grafen entspricht in den westfälischen Städten der Wichgraf.
In Ostfalen dagegen führt der dem Grafen entsprechende Stadtrichter den
Namen „Schultheiß"; vergl. SCHRÖDER in Sav. Zeitschr. f. RG. Germ. Abt.
V (XVIII), p. 58.

Marktansiedelungen und Städte; auch sie bilden isolierte Hundert-
schaften unter der Gerichtsgewalt des Marktberechtigten. In entsprechender Weise wird dann, wenn einem Dorfe Stadtrecht verliehen wird, auch ein eximierter Gerichtsbezirk für dasselbe
hergestellt.[1] Nur in ganz vereinzelten Ausnahmefällen kommt es
vor, daß eine Marktansiedelung nicht einen eigenen Gerichtsbezirk bildete. So wurden in Wusterwitz und Löbnitz die beiden
neuen Ansiedelungen, die Marktansiedelung sowohl wie das Kolonistendorf, ein und demselben Richter unterstellt.[2] Andere
Beispiele einer gerichtlichen Vereinigung von Stadt und Land[3] erklären sich wohl daraus, daß ein Stadtgericht nachträglich seinen
Bezirk erweitert hat, oder daß man bei der Erhebung eines Dorfes
zur Stadt ausnahmsweise den alten Gerichtsverband fortbestehen
ließ.[4]

Die Marktansiedelung und die spätere Stadt des Mittelalters
bilden aber nicht nur einen besonderen Gerichtsbezirk, sondern
auch eine besondere Gemeinde,[5] welche von der ursprünglichen,
denselben Namen tragenden Ortsgemeinde durchaus verschieden ist.
Dieselbe besitzt in vielen Fällen auch eine eigene Allmende, ist
also zugleich Markgenossenschaft.[6] Die Funktionen dieser Stadtgemeinde sind begrifflich dieselben wie die Funktionen der Landgemeinde, wenn sich auch thatsächlich infolge der Verschiedenheit
der Bevölkerung manche Abweichungen zeigen. Beide, Stadt-
und Landgemeinde, finden die Begrenzung ihrer Kompetenzen in
der öffentlichen Gewalt; ihre Thätigkeit erstreckt sich nicht nur
auf wirtschaftliche Dinge, sondern auch auf Polizeigewalt und
Rechtspflege, soweit nicht der Staat die letzteren in seine Hand

---

[1] Vgl. die Privilegien für Koesfeld und Bocholt oben S. 147.

[2] Vgl. oben S. 122 f.

[3] Vgl. v. BELOW, a. a. O., p. 83.

[4] Völlig zu unterscheiden von dieser Entstehung der Stadtgerichts-
bezirke in den Marktansiedelungen ist die Entstehung der Gerichtsbezirke
der alten Römerstädte. Ich werde in einer späteren Abhandlung auf diesen
Gegenstand näher eingehen.

[5] Vgl. v. BELOW, Entstehung, p. 2f., 23 ff.; v. BELOW, Ursprung, p. 22 ff.,
KEUTGEN, a. a. O., p. 98 ff.

[6] Vgl. oben S. 142, sowie die zahlreichen Beispiele im zweiten Kapitel.

nimmt.[1] Auch die in beiden zur Bezeichnung kommunaler
Rechtsverhältnisse angewandten Nomenklaturen sind teilweise dieselben. Die Stadtgemeinde oder das Stadtbürgerrecht heißt
Burschaft,[2] die Gemeindeversammlung *burmal, burding*[3] oder *bur-
sprake*[4] u. s. w. Aber gerade in einem Hauptpunkte ist die
Stadtgemeinde von der Landgemeinde verschieden, in der Gemeindeverfassung.

Werfen wir einen Blick auf die Gemeindeverhältnisse der
späteren Zeit, in welcher Stadtgemeinde und Dorfgemeinde scharf
von einander geschieden sind. Was ist der Unterschied zwischen
beiden? An der Spitze der Dorfgemeinde steht regelmäßig ein
einzelner Beamter, der je nach der Gegend Bauermeister,
Hunne, Zender, Heimburge, auch wohl Maier, Schultheiß, Grefe
heißt,[5] aber überall im wesentlichen dieselbe Stellung einnimmt.
Selten finden sich zwei Vorstände; vereinzelt kommt es auch vor,
daß mehr als zwei Ortsvorstände erwähnt werden.[6] Im letzteren
Falle handelt es sich meist nicht um ursprüngliche Verhältnisse.[7]
Als das Ursprüngliche ist vielmehr für die meisten Gegenden
Deutschlands die Einheit des Amtes anzunehmen.[8]

Die Gemeindebehörde der Stadt ist dagegen nicht eine
einzelne Person, sondern ein gewähltes Kollegium, der Rat.

---

[1] An der begrifflichen Gleichstellung von Stadt- und Landgemeinde
wird selbstverständlich dadurch nichts geändert, daß die Stadtgemeinden
später zum Teil auch eine Reihe von staatlichen Kompetenzen erhalten
haben.

[2] Vgl. v. BELOW, Entstehung, p. 48; v. BELOW, Ursprung, p. 40.

[3] Vgl. oben die Beispiele für Magdeburg, Halberstadt, Quedlinburg;
ferner GENGLER, Deutsche Stadtrechte p. 510, § 20 (Verden).

[4] Z. B. in Bremen (OELRICHS, Vollst. Samml. p. XXXVIII), in Lübeck
(UB. Lübeck V, 188, 191) und anderwärts.

[5] Über diese Benennungen vergl. v. MAURER, Geschichte der Dorfverfassung in Deutschland, Bd. II, p. 22 ff.

[6] Vgl. v. MAURER, a. a. O., p. 32 ff.

[7] Eine Reihe der von v. MAURER angeführten Beispiele bezieht sich,
worauf bereits LAMPRECHT, Deutsches Wirtschaftsleben, Bd. I, p. 315, Anm. 3
aufmerksam gemacht hat, nicht auf Ortsgemeinden; die übrigen sind recht
späten Rechtsaufzeichnungen entnommen.

[8] Zur Erklärung der Duplicität des Dorfvorstehers vergl. LAMPRECHT,
a. a. O., p. 314 f.

Allerdings hat dieser Rat an seiner Spitze meist einen oder zwei Bürgermeister. Aber der Bürgermeister der Stadt ist kein Gemeindevorstand, kein Inhaber der Gemeindegewalt, er ist allein geschäftlicher Vorsitzender des Rates als *primus inter pares* und vermöge dieser Stellung Repräsentant der Gemeinde nach außen. Auch ist sein Amt überall später als der Rat entstanden. Die dem Bauermeister zustehenden Funktionen werden in den Städten nicht vom Bürgermeister, sondern vom Rate ausgeübt. Der Rat ist nicht nur ein neben dem Bürgermeister fungierender, repräsentativer Gemeindeausschuß, sondern er ist der alleinige Gemeindevorstand, die alleinige Ortsobrigkeit. Das unterscheidet ihn von den auch in Dorfgemeinden neben dem Bauermeister vorkommenden Dorfgeschworenen, dem Dorfrate.[1] Diesen durchgreifenden Unterschied zwischen der monarchischen Dorfverfassung und der republikanischen Stadtverfassung haben gerade diejenigen Forscher, welche den Schwerpunkt ihrer Untersuchungen auf die städtische Gemeindeverfassung gelegt haben, völlig verkannt. v. Below[2] erklärt: „Dem Gemeindevorsteher der Landgemeinde entspricht in der Stadt der Bürgermeister, nicht der Rat." Auf demselben Standpunkte steht auch Keutgen.[3][4]

Nun finden sich allerdings in einer Reihe von Städten Beamte erwähnt, die, genau ebenso wie die Dorfvorsteher, Bauermeister, Bauerrichter oder Heimburgen heißen. Haben wir in ihnen etwa die alten Vorsteher der Marktgemeinden zu erblicken? In vielen, vielleicht in den meisten Fällen entpuppen sich diese Beamten als Vorsteher von künstlich geschaffenen Stadtdistrikten oder von später der Stadt einverleibten, ehemaligen Landgemeinden. Das erstere ist z. B. in Halberstadt,[5] Braunschweig[6] und Soest[7]

---

[1] Vgl. über denselben v. Maurer, a. a. O., p. 65 ff.

[2] v. Below, Entstehung, p. 84.   [3] Keutgen, a. a. O., p. 115 f.

[4] Daß der Rat und nicht der Bürgermeister die Funktionen des Bauermeisters ausübt, zeigt sich besonders bei dem städtischen Burding, das überall die unter dem Vorsitze des Rates abgehaltene Versammlung der gesamten Bürgerschaft ist.

[5] Vgl. oben S. 68, Anm. 3.

[6] Vgl. oben S. 97.

[7] Vgl. Ilgen in den Chroniken der deutschen Städte, Bd. XXIV, p. XXVII f.

der Fall. Wenn aber ein Bauermeister der ganzen Stadt erwähnt wird, so handelt es sich entweder um ein mit Stadtrecht bewidmetes Dorf oder um einen Beamten, der bloß die gerichtlichen, nicht aber die kommunalen Funktionen des Bauermeisters ausübt,[1] oder es ist die Rede von einer Marktansiedelung, die ein Dorf inkorporiert, und in welcher der Bauermeister dieses Dorfes über die ursprünglich nicht zur Marktansiedelung, sondern zum Dorfe gehörige Stadtflur die Aufsicht behalten hat.[2] Nie findet sich aber in einer aus einer Marktansiedelung hervorgegangenen Stadt ein derartiger Bauermeister als Vertreter der Gemeinde. Wenn die Gemeinde als solche handelnd auftritt, wird sie in früherer Zeit immer in ihrer Gesamtheit als *universitas civium* thätig; in späterer Zeit wird sie durch die *consules*, den Rat, aber nie durch den Bauermeister vertreten.

Wir treten nunmehr an die Frage heran: Wie ist der Rat entstanden? Die ersten Spuren des Rates zeigen sich bezeichnenderweise nicht in den alten Römerstädten, von denen wir aus älterer Zeit verhältnismäßig viele historische Nachrichten besitzen, sondern in den Städten des rechtsrheinischen Deutschlands, über die wir viel weniger gut unterrichtet sind. Vor den letzten Jahren des XII. Jahrhunderts findet sich in keiner der älteren Römerstädte ein Rat; dort, wo ein gut organisiertes Schöffenkollegium existiert, taucht er noch viel später auf. In Köln hat man den Rat nachweislich nach einem mißglückten Versuche unter Erzbischof Engelbert (1216—25) erst um die Mitte des XIII. Jahrhunderts eingeführt.[3] In das Ende des XIII. Jahrhunderts fällt die Bildung des Rates in den Römerstädten Bonn und Koblenz.[4] In Trier ist sogar erst im Jahre 1303 ein Rat aufgekommen,[5] und dieser Rat ist wenige

---

[1] Das ist der Fall bei den Burgerichten der westfälischen Städte (vgl. v. BELOW, Ursprung, p. 72, Anm. 1), vielleicht auch bei dem Amt des *magister civium* in Hannover (Stadtrecht von 1241 bei DOEBNER, Die Städteprivilegien Herzog Otto des Kindes A, 6, p. 23).

[2] Z. B. in Mühlhausen: vgl. oben S. 94.

[3] Vgl. HEGEL in den Chroniken der deutschen Städte, Bd. XIV, p. LIX.

[4] Vgl. v. BELOW, Entstehung, p. 89 f.

[5] Vgl. den Vergleich Erzbischof Diethers bei SCHOOR, Verfassungsgeschichte der Stadt Trier (Westd. Zeitschr., Erg.-Heft I, p. 149 f., n. 2).

Jahre nach seiner Einsetzung wieder aufgehoben worden.[1] Vor
allem ist aber eins charakteristisch: Regelmäßig tritt in den
alten Bischofsstädten der Rat als etwas Neues, Revolutionäres,
von den bisherigen Gewalthabern Bekämpftes auf; regelmäßig
wird ihm bei seinem Aufkommen die Existenzberechtigung ab-
gesprochen, und es gelingt ihm erst nach harten Kämpfen, sich
Anerkennung zu verschaffen.[2] Ehe er zur Geltung gelangt, muß
er hier eine alte Gemeindeverfassung überwinden.[3]

Genau das Gegenteil ist der Fall in den aus Marktansiedelungen hervorgegangenen Städten. Hier taucht der Rat plötzlich
in den Urkunden auf, ohne daß von seiner Einsetzung die Rede
ist. Allerdings gerät er auch hier oft mit den herrschenden
Stadtgewalten in Streit, aber dieser Streit dreht sich nicht
um seine Existenzberechtigung, sondern allein um die von
ihm beanspruchten Befugnisse, um die Grenze zwischen Staatsgewalt und Gemeindegewalt. Daß der Rat das rechtmäßige Gemeindeorgan ist, gilt als selbstverständlich; die Daseinsberechtigung
des Rates wird nie angezweifelt. Es findet sich keine Spur, die
auf einen Kampf der Ratsverfassung mit einer älteren Gemeindeverfassung hindeutete. Hier in den Marktansiedelungen ist die
Ratsverfassung entweder etwas Althergebrachtes oder das Resultat
einer vielleicht Jahrhunderte langen, allmählichen Entwickelung,
aber nichts völlig Neues, nichts Revolutionäres. In den Marktansiedelungen ist der Rat entstanden. Versuchen wir, uns
ein Bild von seiner Entstehung zu machen. Leider fehlen uns
für das frühere Mittelalter fast völlig Nachrichten über die Gemeindeverfassung sowohl der Landgemeinden wie der Markt-

---

[1] Hontheim, Hist. Trevir., Bd. II, 602, p. 35 f. (1308).

[2] Das gegen die Bildung des Stadtrates gerichtete Edikt Friedrichs II.
von 1231/32 (MG. Constitutiones II, 156, p. 192 ff.) bezieht sich nur auf die
Bischofsstädte *(qui ab universitate civium sine archiepiscoporum vel episco-
porum beneplacito statuuntur)*. Dasselbe wurde im Laufe des Jahres 1232,
wie es scheint, rein schematisch für alle deutschen Bischöfe ausgefertigt.
Gegen die Bildung des Rates gerichtete Einzelverbote finden sich allein für
alte Römerstädte, nämlich für Straßburg 1214 (UB. Straßb. I, 160), für Basel
1218 (UB. Basel I, 92) und für Worms 1232 (UB. Worms I, 155).

[3] Die älteste Gemeindeverfassung der alten Römerstädte werde ich in
einer späteren Abhandlung erörtern.

ansiedelungen; auf ein völlig zweifelloses Ergebnis wird der Forscher deshalb von vornherein verzichten müssen.

Der Gegensatz der monarchischen Dorfverfassung und der republikanischen Stadtverfassung findet m. E. seine Erklärung in der völlig verschiedenen Entstehungsweise von Dorf und Stadt. Die Dorfgemeinde ist meist dadurch entstanden, daß eine durch Familien- oder Kameradschaftsbande mit einander verbundene Genossenschaft, eine Sippschaft, sich nach Wanderzügen an einer bestimmten Stelle niederließ und das Land zu bebauen begann. In einer derartigen engverbrüderten Genossenschaft war eine monarchische Gemeindeverfassung das Gegebene; der Führer der Genossen auf ihrer Wanderung, vielleicht auch der Älteste der Sippe[1] bildete eine natürliche Autorität, die allmählich zur amtlichen Stellung, zum Amte des Heimburgen sich gestaltete. In ähnlicher Weise wurden die späteren Kolonistendörfer unter Führung des *locator* gegründet; der *locator* wurde zum Erbschulzen. Noch einfacher erklärt sich die monarchische Gemeindeverfassung in den aus Fronhöfen entstandenen grundherrlichen Dörfern.

Der einheitliche Ursprung der Bevölkerung mangelte den Marktansiedelungen. Wenn ein Marktherr eine kaufmännisch-gewerbliche Ansiedelung begründete, so ließ sich an dem betreffenden Markte nicht ein einziger geschlossener Kaufmannstrupp nieder, sondern es kamen von allen Seiten aus den verschiedensten Orten Ansiedler herbei. Die neue Gemeinde bestand aus Leuten, die sich größtenteils nie gesehen hatten, und die durch kein genossenschaftliches Band bisher verbunden waren. Wie mußte sich diese Gemeinde organisieren? Einen geborenen oder durch die Verhältnisse gegebenen Ortsvorsteher besaß sie nicht. Einen einzelnen Vorsteher zu wählen, verbot das Mißtrauen der Genossen untereinander. Wen hätte man wählen sollen? Ein Amt wie das Heimburgenamt kann nicht durch freie Vereinbarung dort künstlich geschaffen werden, wo es an einem geborenen oder durch die Verhältnisse gegebenen Inhaber desselben fehlt, oder wo nicht äußerste Not gebieterisch eine einheitliche Führung

---

[1] Eine monarchische Sippenverfassung, wie bei den Slawen, läßt sich in historischer Zeit bei den Germanen allerdings nicht nachweisen.

fordert. So kam es, daß die Marktansiedelungen anfänglich keine Organisation besaßen. Sie waren **Gemeinden zur gesamten Hand**; einziges Organ der Gemeinde war die Gesamtheit der Gemeindegenossen. Das zeigt sich auch in den ältesten Urkunden, welche die Stadtgemeinde erwähnen. Nie ist darin von einer Gemeindebehörde die Rede; als Organ der Gemeinde erscheinen immer die Bürger selbst, die *universitas civium*.[1] Selbstverständlich mußte sich schon in früher Zeit das Bedürfnis nach einer wirklichen Gemeindeorganisation geltend machen. Das Wachstum der Ansiedelung drängte dazu, für einzelne Gemeindeangelegenheiten, schließlich auch für die laufende Verwaltung überhaupt **Ausschüsse** zu wählen. Eine wirkliche Amtsgewalt kam diesen Ausschüssen anfänglich nicht zu, sie waren bloß ausführende Organe des Gesamtwillens der Bürgerschaft, die nach wie vor in ihrer Gesamtheit als einzige Repräsentantin der Gemeinde nach außen erschien. In den Urkunden werden diese Ausschüsse nie ausdrücklich erwähnt, oft mögen sie nicht einmal einen eigenen Namen geführt haben. Wenn aber in der Zeugenreihe einer Urkunde unter der Gesamtbezeichnung *cives* eine Anzahl von Namen aufgeführt wird, handelt es sich sicher oft um solche Bürgerausschüsse. Den ersten deutlichen Hinweis auf das Bestehen eines derartigen Gemeindeausschusses bietet das Privileg für die Halberstädter *cives forenses* vom Jahre 1105. Die Bürger der Marktansiedelung **Halberstadt** erhalten die niedere Gerichtsbarkeit in Handelssachen mit der Bestimmung:

> *„Ipsi vel quos huic negotio preesse voluerint hoc secundum iustitiam exigendo diiudicent et corrigant.“*[2]

Gerade bei diesen gerichtlichen Befugnissen mußte sich ja von vornherein die Ausübung derselben durch die gesamten Gemeindegenossen verbieten. Diese Ausschüsse wurden natürlich aus den angesehensten und zuverlässigsten Bürgern, aus den *meliores*,[3]

---

[1] Vgl. z. B. die Privilegien für die *mercatores* von Halberstadt und Quedlinburg (S. 69, 75), für die *cives Bremenses* (Brem. UB. I, 49 (1159)) u. s. w.

[2] UB. Halberstadt I, 4; vgl. KEUTGEN, a. a. O., p. 222.

[3] SEIBERTZ, UB. I, 58 (c. 1165): *in facie meliorum, quorum auctoritate pretaxata villa tunc pollebat*; vgl. ILGEN in den Chroniken der deutschen Städte, Bd. XXIV, p. XVIII.

den *loci fideles*[1] gebildet. Im Laufe der Zeit sind diese Kommissionen zu wirklichen Behörden geworden; ihre Kompetenzen, die früher völlig von der Willkür der Gesamtbürgerschaft abhängig waren, haben den Charakter von festen Amtsbefugnissen erlangt. Eine Reihe von Stadtrechten des XII. Jahrhunderts zeigt, daß sich diese Entwickelung bereits vollzogen hat, und daß insbesondere bei Neugründung von Städten sogleich eine kollegial organisierte Gemeindebehörde geschaffen wurde. Ich erinnere an die bekannten Beispiele von Soest, Medebach, Hamm, Lippstadt, Hagenau, Freiburg, Hamburg und Lübeck.[2] Seit dem Ende des Jahrhunderts beginnt sich auch der wahrscheinlich aus Italien entlehnte, der alten deutschen Bezeichnung „Ratgebe"[3] entsprechende Name *consules* für diese Behörde immer mehr einzubürgern.[4] Um die Mitte des XIII. Jahrhunderts endlich erscheint der Rat, das Kollegium der *consules*, als die regelmäßige Stadtbehörde.

Endlich mögen noch einige Worte über die sogenannten Sondergemeinden[5] folgen. Gerade in jüngster Zeit ist oft von

---

[1] Vgl. Keutgen, a. a. O., p. 228 f.

[2] Vgl. eod., p. 222 ff.

[3] Vgl. v. Maurer, Städteverfassung, Bd. I, p. 586.

[4] Zuerst erwähnt im Medebacher Stadtrecht von 1165 § 20 (Seibertz, UB. I, 55, p. 75; vergl. allerdings die Bemerkungen Ilgens in Hist. Zeitschr. LXXVII (1896), p. 104 f.) und in Soest 1178 (Seibertz, UB. I, 75, p. 105). Die von den *consules* handelnden Stellen im Soester und im Freiburger Stadtrecht sind jünger; vergl. Ilgen in den Chroniken der deutschen Städte, Bd. XXIV, p. CXXI ff.; H. Maurer in Zeitschr. f. Gesch. d. Oberrh. N. F. I, p. 170 ff. — Stadtherren von Medebach und Soest waren die Erzbischöfe von Köln, die bekanntlich Erzkanzler von Italien waren und unter Friedrich I. in besonders engen Beziehungen zu Italien standen. Vielleicht hat Rainald von Dassel den Namen *consules* aus Italien mitgebracht und auf die Gemeindebehörden seiner Städte Soest und Medebach übertragen. Mit dem Soester Rechte hat sich dann der Name wohl in Lübeck, Hamburg, Hamm und Lippstadt eingebürgert, bis er schließlich in ganz Deutschland Verbreitung fand. Vgl. auch v. Below, Entstehung, p. 101 f.

[5] Über die Sondergemeinden vgl. Gengler, Deutsche Stadtrechtsaltertümer, p. 48 ff.; Sohm, Städtewesen, p. 92 ff.; v. Below, Ursprung, p. 79 ff.; Varges, Zur Entstehung der deutschen Stadtverfassung in: Jahrb. f. Nationalök. u. Statistik, 3. Folge, Bd. VIII, p. 808 ff.; ferner die daselbst verzeichnete Literatur über einzelne Städte.

diesen innerhalb der Stadt bestehenden Spezialgemeinden die
Rede gewesen. Bei dieser Gelegenheit hat man denselben vielfach eine Bedeutung für die Entstehung der Stadtgemeinde bei-
gemessen, welche sich in keiner Weise rechtfertigen läßt. Die
Bezeichnung jener Sondergemeinden als Bauerschaften, Laischaften oder Nachbarschaften hat wiederholt dazu geführt, in
ihnen alte Landgemeinden zu erblicken und aus einem Synoikismus dieser Landgemeinden die Stadt hervorgehen zu lassen.
Thatsächlich sind in der Mehrzahl der Fälle jene Bauerschaften
nichts weiter als zur Erleichterung der Verwaltung künstlich geschaffene Stadtbezirke. Das ist der Fall in Halberstadt,[1] in
Braunschweig,[2] in Münster,[3] ferner in Erfurt[4] und endlich
gerade in der Stadt, die neben Köln am meisten zum Beweise
der Sondergemeindetheorie hat herhalten müssen, in Soest.[5] In
anderen Fällen handelt es sich thatsächlich um ehemalige Landgemeinden, die einer bereits fertigen Stadtgemeinde einverleibt
worden sind, oder sie verkörpern bloß, wie in Osnabrück,[6] das
allmähliche Wachstum der alten Marktgemeinde, ohne daß man
sie deshalb als ursprüngliche Landgemeinden anzusehen braucht.
Immer läßt sich als Ausgangspunkt eine einzelne Gemeinde, die
ursprüngliche Marktgemeinde oder Stadtgemeinde, feststellen. Der
Beweis dafür, daß eine Stadt durch Zusammentritt mehrerer
Landgemeinden entstanden sei, ist bisher für keine einzige Stadt
gelungen.[7]

---

[1] Vgl. oben S. 68, Anm. 3.   [2] Vgl. oben S. 97.
[3] Vgl. oben S. 104, Anm. 5.

[4] Die erst in verhältnismäßig später Zeit erwähnten, nach Kirchen
(nicht bloß Pfarrkirchen) benannten 28(!) Spezialgemeinden von Erfurt kann
man doch nicht im Ernst für alte Landgemeinden halten. Anders allerdings VOLLBAUM (Die Spezialgemeinden der Stadt Erfurt, 1881, p. 9), der sie
ohne nähere Begründung aus „uralten Ansiedelungen ländlicher Bewohner
der näheren und ferneren Umgebung der Stadt" hervorgehen läßt.

[5] Vgl. ILGEN in den Chroniken der deutschen Städte, Bd. XXIV,
p. XXVII f. Die Soester Hoven sind wahrscheinlich bloß eine Nachahmung
der Parochialgemeinden von Köln, der Mutterstadt Soests; vgl. ILGEN, a. a. O.,
p. XCIX f.

[6] Vgl. oben S. 104 f.

[7] Auch für die Kölner Sondergemeinden ist dieser Nachweis bis jetzt
noch nicht erbracht worden. Das Recht der Verleihung des sogen. kleinen

In vielen Fällen entspricht der kommunalen Selbständigkeit der Marktansiedelung auch eine kirchliche Selbständigkeit: Die Marktgemeinde bildet auch eine eigene Parochie. Besonders in den älteren Marktansiedelungen Norddeutschlands scheint diese Begründung einer besonderen Marktparochie die Regel gebildet zu haben. Fast in allen älteren Städten Niederdeutschlands finden wir eine Marktkirche, eine *ecclesia forensis,* die später auch oft kurzweg als die „Stadtkirche" bezeichnet wird, selbst dann, wenn in der Stadt neue Pfarrkirchen entstanden sind. Meist liegt sie am Marktplatze, es finden sich aber auch Fälle, wo sie in einiger Entfernung von demselben gelegen ist. Ihren Namen „Marktkirche" trägt sie auch nicht von ihrer Lage am Marktplatze, sondern weil sie die Pfarrkirche eines *forum,* einer Marktansiedelung ist. In Süddeutschland scheint diese kirchliche Exemtion der Marktniederlassungen weniger häufig stattgefunden zu haben; selbst so wichtige Gründungen wie Freiburg und Villingen mußten lange Zeit in ihren Mauern die eigene Pfarrkirche entbehren und zusammen mit dem bei ihnen gelegenen Weiler eine Kirchgemeinde bilden.[1] Wo aber, wie in Innsbruck, auch im Süden die Marktgemeinde eine eigene Pfarrkirche besitzt, findet sich für dieselbe gleichfalls die Bezeichnung „Marktkirche".[2] Diese Bezeichnung ist aber eine Besonderheit der Marktansiedelungen. In keiner der alten Römerstädte wird jemals die Kirche, zu deren Parochie der Markt gehört, *ecclesia forensis* genannt.

Für die „Marktkirchen" läßt sich die nahe Beziehung, die Sohm[3] zwischen dem Marktverkehr und dem heiligen Martinus konstatieren will, nicht aufrecht erhalten. Selbstverständlich kommt es wiederholt vor, daß eine *ecclesia forensis* dem heiligen Martin geweiht ist, z. B. in Braunschweig, Erfurt und Halber-

---

Bürgerrechtes, welches den Parochialgemeinden zustand (vgl. Liesegang, Die Sondergemeinden Kölns, 1885, p. 38), kann sehr wohl von der Gesamtgemeinde Köln auf die Sondergemeinden übertragen worden sein und braucht durchaus nicht als ein Rest ursprünglicher Autonomie angesehen zu werden.

[1] Vgl. Gothein, a. a. O., p. 99.
[2] Vgl. oben S. 116.
[3] Sohm, Städtewesen, p. 20, Anm. 21.

stadt, aber irgend welche Bevorzugung dieses Heiligen ist nicht
nachweisbar. Dagegen ist es richtig, daß in den alten, aus der
Römerzeit stammenden Bischofstädten verhältnismäßig häufig die
Pfarrkirche, zu deren Parochie der Markt gehört, eine Martinskirche ist. Die Erklärung dieser Thatsache ist ziemlich einfach. Meist sind diese Kirchen nächst den bischöflichen Ka-
thedralen die ältesten Kirchen der Städte und in der älteren
fränkischen Zeit erbaut worden. In jener Zeit hat aber der
heilige Martinus, der erste Heilige, dessen Fest die Kirche offiziell
feierte, im Frankenreiche eine ganz ungewöhnliche Verehrung
genossen, er war geradezu der Nationalheilige der Franken, wie
er später der Schutzpatron Frankreichs geworden ist. Keinem
anderen Heiligen sind auch nur annähernd so viel Kirchen geweiht worden wie ihm. Von 25 Kirchen, die König Karlmann
dem Würzburger Bischofe geschenkt hat,[1] sind 13, also mehr als
die Hälfte, Martinskirchen. Unter diesen Umständen ist es
durchaus nicht verwunderlich, daß unter den alten Pfarrkirchen
der Bischofsstädte, in deren Parochie der Markt lag, verhältnismäßig viele dem heiligen Martin geweiht sind.

Ist die Marktgemeinde vielfach auch Kirchgemeinde, so ist
der Marktgerichtsbezirk wiederholt auch Sendgerichtsbezirk.
Die geistliche Gerichtsbarkeit annektierte die Bezirkseinteilung
der weltlichen Jurisdiktion. Bereits im XI. Jahrhundert haben die
mercatores von Halberstadt ein heute leider sehr verstümmeltes
Privileg über die Synodalgerichtsbarkeit erhalten,[2] im Jahre 1134
bestätigte Kaiser Lothar den *negotiatores* von Quedlinburg einen
eximierten Gerichtsstand in Sachen der geistlichen Gerichtsbarkeit.[3] Das Soester[4] und das Medebacher[5] Stadtrecht beginnen
mit Bestimmungen über das Sendgericht, und diese Bestimmungen
erscheinen so wichtig, daß in eine Urkunde Bischof Bernhards
von Paderborn, in welcher 1189 den *cives* von Korbach die

---

[1] Vgl. die Bestätigung Ludwigs des Frommen (Wirt. UB. I, 87, p. 101 f.)
(822) (Reg. I, 743).

[2] UB. Halberstadt I, 2 (1059—88).

[3] UB. Quedlinburg I, 10 (1134).

[4] Soester Recht §§ 3—6 (Ilgen, a. a. O., p. CXXIX).

[5] Medebacher Recht § 1 (Seibertz, UB. I, 55, p. 73).

civilia iura von Soest verliehen werden, allein der Satz über die
geistliche Gerichtsbarkeit aufgenommen worden ist.[1] In späterer
Zeit ist in den Städten vielfach der Ortsgeistliche mit der geistlichen Jurisdiktion betraut worden.[2]

---

§ 8.

Das Marktrecht.

Die Exemtion der Marktansiedelung aus dem Gerichtsverbande geht Hand in Hand mit ihrer rechtlichen Exemtion. Die
Marktansiedelung ist eine besondere Rechtsgemeinde.
Sogar in den Fällen, wo Marktniederlassung und Kolonistendorf
unter ein und demselben Richter stehen, wie in Wusterwitz und
Löbnitz, leben die *forenses* nach einem anderen Rechte als die
coloni. Allerdings bildet die Grundlage dieses Rechtes regelmäßig
das Landrecht des Gebietes, in welchem die Marktansiedelung
liegt; das Stadtrecht ist eine Weiterentwickelung des Landrechtes.[3] Das Privileg Ottos des Kindes für Münden spricht diesen
Grundsatz aus:

> „*Civitas dicta, cum in terra Franconica sita sit, iure Francorum
> fruitur et potitur, quod in ea nolumus immutare.*"[4]

Aber das aus dem Volksrechte entstandene Landrecht war zu
sehr auf rein agrarische Zustände berechnet, um den Bedürf-
nissen der Marktansiedelung zu genügen. Der kaufmännisch-
gewerbliche Charakter der neuen Gründungen erzeugte neue Verhältnisse, für die das alte, einfache Recht nicht mehr ausreichte,
und die gebieterisch eine Regulierung verlangten; die starren
Formen des alten Volksrechtes waren in einem auf Handel und

---

[1] GENGLER, Cod. iur. munic. I, p. 651.
[2] Vgl. v. BELOW in Hist. Zeitschr. LIX (N. F. XXIII), p. 201 f., Anm. 10.
Über die Zersplitterung der Sendgerichtsbezirke im späteren Mittelalter überhaupt vergl. HINSCHIUS, Kirchenrecht, Bd. V, 1895, p. 434 f.
[3] Vgl. VARGES, Zur Entstehung der deutschen Stadtverfassung in: Jahrb.
f. Nationalök. u. Statist., 3. Folge, Bd. VI, p. 208 f.
[4] DOEBNER, Die Städteprivilegien Herzog Otto des Kindes A, 9, p. 26
(1246).

Gewerbe aufgebauten Gemeinwesen undurchführbar. So kam es, daß eine Reihe von Rechtssätzen, die dem Landrechte überhaupt fremd blieben oder in dasselbe erst in einer viel späteren Entwickelungsperiode übergingen, in den Marktansiedelungen entweder von Anfang an in Geltung waren oder sich wenigstens allmählich infolge gewohnheitsrechtlicher Übung ausbildeten. Es entstand ein Recht der Marktansiedelungen, ein Marktrecht.

Dieses Marktrecht ist das in den Urkunden so häufig genannte und in jüngster Zeit so viel erörterte *ius fori* oder *ius forense*, in deutschen Urkunden „Marktrecht" genannt. Es ist kein Recht des Marktverkehrs und ebensowenig aus dem Rechte des Marktverkehrs entstanden. Es ist vielmehr ein Recht des *forum*, der Marktansiedelung, wie das *ius civitatis* oder *urbis*, das Stadtrecht (Burgrecht), ein Recht der *civitas* oder *urbs*, der Stadt (Burg), ist. Es ist allerdings zuzugeben, daß in manchen Fällen *ius fori*, *ius forense* oder „Marktrecht" thatsächlich allein das Recht des Marktverkehrs oder eine mit dem Marktverkehr zusammenhängende subjektive Berechtigung und nicht das Recht eines Marktortes bezeichnet. Das *forense ius, quod vulgariter markethschillinge nuncupatur*, welches das Kloster Amorbach in der Stadt Amorbach besitzt,[1] ist nichts weiter als eine Marktsteuerberechtigung. Dasselbe gilt von dem *parvum ius forense*, welches Heinrich der Erlauchte der Stadt Freiberg erläßt.[2] Ferner bedeutet in einer Passauer Urkunde von 1195[3] die Verleihung der *iusticia fori nostri in Patavia, quod marchtreht dicunt*, welche neben der *iusticia de theloneo, quod mutta* (Maut) *vocatur*, dem Kloster Osterhofen zu teil wird, wahrscheinlich bloß das Recht des freien Marktverkehrs; keineswegs ist damit eine Aufnahme des Klosters in das Passauer Bürgerrecht oder Stadtrecht gemeint, denn letzteres wird in den Passauer Urkunden nie *ius fori* oder Marktrecht, sondern immer *ius civile* oder Burgrecht genannt, wie denn Passau überhaupt nicht zu den Marktgründungen zu rechnen ist. In der mün-

---

[1] Zeitschr. f. Gesch. d. Oberrh. XVI, p. 26, n. 47 (1253).
[2] Cod. dipl. Sax. reg. B, XII, 16 (1253).
[3] MBo. XII, p. 357, n. 17 (1195).

sterischen Urkunde von 1183[1] endlich ist wenigstens ein Zusammenhang des *ius forense* mit dem Marktplatze nicht ohne weiteres von der Hand zu weisen.

Dagegen giebt es in den verschiedensten Gegenden Deutschlands Beispiele dafür, daß das *ius fori* oder *ius forense* mit dem Marktverkehr oder dem Marktplatze in keiner Beziehung steht, sondern das Recht einer Marktansiedelung bezeichnet. In Magdeburg finden die gerichtlichen Grundbesitzübertragungen im XII. Jahrhundert *iure fori* statt,[2] in Lindau heißen die unter Stadtrecht stehenden Besitzungen *possessiones iuri forensi ipsorum civitatis subiacentes*.[3] In ähnlicher Weise ist in Urkunden für Halberstadt,[4] Leipzig,[5] Grimma,[6] Bamberg,[7] Öhringen,[8] Kreuzstetten in Österreich[9] u. s. w. von dem unter *ius fori* stehenden Grundbesitze, von dem Besitze nach Marktrecht die Rede. Besonders häufig wird die Erbleihe *iure forensi* oder *eo iure quod vulgariter appellatur marcreht* genannt, z. B. in München,[10] in Klausen in Tirol,[11] in Weißenburg in Franken,[12] in Hagenau im Elsaß[13] und in Lübeck.[14] Ja bisweilen wird sogar der nach

---

[1] Vgl. oben S. 103.

[2] UB. U.L. Frauen b. Magdeburg 35, 36, 46, 53 (1160—80); UB. Kloster Berge b. Magdeburg 51 (1197).

[3] GENGLER, Deutsche Stadtrechte p. 253, § 2.

[4] UB. St. Paul in Halberstadt 8 (1180); UB. Hochst. Halberstadt I, 301 (1184), 365 (1195); UB. Halberstadt I, 24 (1226).

[5] Cod. dipl. Sax. reg. A, II, 372, p. 259 (1156—70): *secundum fori conventionem*.

[6] Cod. dipl. Sax. reg. B, XV, 2, p. 2 (1218): Befreiung einer *area ab omni iure forensi, quod in vulgari marcrecht appellatur*. Vgl. aber S. 176, Anm. 5.

[7] Berichte d. hist. Vereins zu Bamberg XIX, p. 10 (1299) (Kopialbuch von St. Stephan in Bamberg, ed. SCHWEITZER).

[8] HALTAUS, Glossarium, p. 1326.

[9] Fontes rer. Austr. B, VIII (Cod. trad. monast. Gottw.), p. 84, n. 325 (c. 1180).

[10] MBo. VII, p. 57 (saec. XII).

[11] SINNACHER, Beyträge, Bd. IV, Urk. 11c, p. 369 (saec. XIII).

[12] LANG, Reg. Boica IV, p. 109 (1280).

[13] Cod. dipl. Salem. II, 614, 801, 899 (1280—95).

[14] UB. Lübeck I, 6, p. 8 (1182/3).

Marktrecht von einer Hausstelle zu entrichtende Zins selbst als
ius forense oder *marchreht* bezeichnet, so schon in der ersten
Hälfte des XII. Jahrhunderts in Franken[1] und in späterer Zeit
in Fischau in Österreich,[2] in Ebern in Franken[3] und in Brixen.[4][5]
Daneben kommt es wiederholt vor, daß das Bürgerrecht einer
Marktansiedelung den Namen „Marktrecht" trägt; ich erinnere
an den Bamberger Immunitätsschied von 1275[6] und an die
Gründungsurkunde des Fleckens Wiesenthal.[7] Auch in der St.
Gallener Urkunde von 1170, laut welcher Otto von Rickenbach
dem Kloster einige *servi* tradiert, denselben aber *ius fori et omnem iusticiam liberorum negotiatorum* vorbehält,[8] ist unter diesem
ius fori wohl das Bürgerrecht der Stadt St. Gallen gemeint, denn
unter den Zeugen erscheinen St. Gallener Bürgernamen. Was
außerhalb des Stadtrechtsgebietes liegt, wird mehrfach als *extra
ius fori*[9] oder als *extra ius forense*[10] gelegen bezeichnet. Wiederholt erfahren wir bei der Gründung einer Marktansiedelung oder
Stadt, daß sie nach *ius fori*, nach Marktrecht, angelegt ist. Radolfzell erhält bei seiner Gründung das *ius fori*, welches 1267

---

[1] Relatio de p. oper. Ottonis ep. Bamb. 26 (MG. SS. XV, p. 1163)(1102—39):
quatuor reliquae (unciae) manent eis pro quodam annuo iure forensi. —
Über das Alter dieser Aufzeichnung vgl. WATTENBACH, GQ., Bd. II[6], p. 186.

[2] UB. Steiermark I, 499 (1166).

[3] OESTERREICHER, Banz, UB. 42, p. 67 (1230).

[4] UB. Neustift 293 (1266).

[5] Dagegen sind in der Zeitzer Urkunde bei HALTAUS, p. 1327 unter
dem *ius forense* die öffentlichen Stadtlasten zu verstehen. Möglicherweise
ist dasselbe der Fall in der Grimmaer Urkunde von 1218; vgl. oben S. 175,
Anm. 6.

[6] HÖFLER, Rechtsbuch, p. 20: *Donec praedictum ius fori et civitatis,
quod vulgariter Marcketgerett dicitur, fuerit assecutus.*

[7] DÜMGÉ, Reg. Bad. p. 118, n. 69 (1297): *ius acquiret quod vulgariter
dicitur Marktrecht vel Buergerschaft vel Gebuerschaft.* — Der Herausgeber
hat diese Urkunde fälschlich in das Jahr 1097 verlegt.

[8] Thurg. UB. II, 49, p. 185 f.; UB. St. Gallen III, 831 (1170).

[9] In Halberstadt; vgl. UB. Hochst. Halberstadt I, 574 (1225): *omnium
domorum que extra ius fori site sunt.*

[10] In Lindau; vgl. SOMM, a. a. O., p. 22. — Daß das Gebiet der Stadt
im Gegensatz zur Stadt selbst Marktrecht heißt, findet sich erst in dem verhältnismäßig jungen deutschen Lindauer Stadtrecht.

auf den ganzen Ort ausgedehnt wird, Hamburg wird *sub iure fori*
gegründet. Die Habsburger Städte Winterthur[1] und Aarau[2] genießen innerhalb ihres Friedekreises *eweclige marchtes recht*. In
Friesland endlich bildet das Recht der Märkte, das *merkedriucht*,
sogar einen besonderen Teil des Westerlauwerschen Landrechtes.[3] So
häufig aber auch in den verschiedensten Gegenden Deutschlands,
in Österreich, in Tirol, in Bayern, in Schwaben, im Elsaß, in
Franken, in Ober- und Niedersachsen, in Friesland das Recht
von Städten und Märkten als *ius fori* oder Marktrecht bezeichnet
wird, nie findet sich die gleiche Bezeichnung für das Recht der
alten Römerstädte angewandt.[4] In den Kölner Schreinsurkunden
ist hundert- und tausendmal vom *ius civile, ius civium, ius urbale,
ius urbis* die Rede, aber nie vom *ius fori*, und genau derselben
Erscheinung begegnen wir auch bei den übrigen alten Römerstädten. Hier in diesen alten Städten ist das Stadtrecht kein
Marktrecht, weil die Stadt nicht aus einem *forum*, einer Marktansiedelung, hervorgegangen ist.

Der Bezeichnung „Marktrecht" werden in der neueren Literatur regelmäßig zwei andere Rechtsbenennungen gleichgestellt,
nämlich Weichbild und Burgrecht. Sohm[5] spricht mit klaren
Worten den Satz aus: „Die Ausdrücke Weichbild, Marktrecht,
Burgrecht sind gleichbedeutend." Er gewinnt diesen Satz, indem
er Weichbild mit *wik* (befestigtes Haus, Burg) zusammenbringt
und den Marktplatz durch die Verleihung des Weichbildkreuzes

---

[1] Stadtrecht von 1297 § 1 (GAUPP, Deutsche Stadtrechte I, p. 139);
vergl. Stadtrecht von 1264 § 2: *ius forense quod volgo dicitur marchsrecht*
(cod. p. 135).

[2] Stadtrecht von 1283 § 1 (GENGLER, Cod. iur. munic. I, p. 12); vgl.
SOHM, a. a. O., p. 23; KEUTGEN, a. a. O., p. 174.

[3] v. RICHTHOFEN, Fries. RQ. p. 421 ff.; vgl. HECK, Die altfriesische Gerichtsverfassung, 1894, p. 106 ff.

[4] Eine scheinbare Ausnahme bildet das Radolfzeller Privileg von 1100.
Daselbst ist die Rede von der *iusticia et libertas Constantiensis, quae
ius fori est*. Es handelt sich aber nur um das auf die Marktansiedelung
Radolfzell übertragene und dort zum *ius fori* gewordene Konstanzer Recht,
nicht um das in Konstanz selbst geltende Recht. In Konstanzer Urkunden
selbst ist nie von einem *ius fori* die Rede.

[5] SOHM, a. a. O., p. 25.

zur Königsburg werden läßt. Keutgen,[1] der sowohl Sohms Erklärung des Wortes „Weichbild" als auch seine geistreiche Rechts-
fiktion ablehnt, hält trotzdem daran fest, daß Weichbild, Marktrecht, Burgrecht inhaltlich gleichbedeutend seien, daß „der erste
Teil der Zusammensetzung nichts mit der Natur des Rechtes zu
thun habe, sondern von mehr äußerlichen Merkmalen seiner Gel-
tungsbezirke hergenommen sei." Keutgen unterschätzt doch wohl
die Bedeutung der äußerlichen Merkmale. Nur dann hätten dieselben nichts zu sagen, wenn sie sich immer in Verbindung mitein-
ander vorfänden, wenn jedes *forum* eine Burg und jede Burg ein
forum wäre. Denn ebenso wie Marktrecht das Recht einer Marktansiedelung, bedeutet Burgrecht zweifellos ursprünglich das Recht
einer Burg. Marktansiedelung und Burg fallen aber keineswegs
regelmäßig zusammen. Das ist selbstverständlich zuzugeben, daß
in den Fällen, in welchen ein *forum* zugleich eine Burg ist, *ius
fori* und Burgrecht identisch sind, und der eine Begriff durch
den anderen erklärt werden kann.[2] Oft ist auch in späterer Zeit
eine Verwischung der beiden Begriffe eingetreten. Aber von
Haus aus ist das Burgrecht vom Marktrechte begrifflich verschieden.

Die Heimat des Burgrechtes ist die Burg. Selbstverständlich nicht jene unbewohnte, altgermanische Burg, die in Kriegs-
nöten als Zufluchtsstätte für die umwohnenden Landbewohner
diente; in ihr war die Bildung eines besonderen Rechtes ausgeschlossen. Ebensowenig ist das Burgrecht in Zusammenhang
zu bringen mit den rein militärischen, zur Landesverteidigung
dienenden und allein von einer kriegerischen Besatzung bewohnten
Festungen oder den als Burgen bezeichneten späteren befestigten
Herrensitzen; die Sätze des Burgrechtes weisen auf einen bürgerlichen, keinen militärischen Ursprung. Das Burgrecht ist in den
alten Römerstädten entstanden, auf die von den germanischen Er-
oberern das den befestigten Ort bezeichnende Wort „Burg" über-

---

[1] Vgl. Keutgen, a. a. O., p. 81.
[2] Z. B. UB. Steiermark I, 499 (1166): *ius forense quod vulgo purchreht
appellatur;* Cod. dipl. Austr. Fris. I, 295 (1273): *iure predicti fori nostri
quod dicitur purchrecht;* Gengler, Cod. iur. munic. I, p. 13, § 4 (vgl. Gaupp,
Deutsche Stadtrechte I, p. 139, § 2) (1283): *burgrecht unde marchtez recht.*

tragen worden ist.[1] Die alten Römerstädte, die *civitates* und *castella*, waren Burgen, ihr *praefectus civitatis* war der Burggraf, ihr *bannus* der Burgbann,[2] ihr Friede der Burgfriede[3] etc.; das in ihnen sich herausbildende Recht war demnach das Burgrecht. Darauf weist schon die älteste, bereits von KEUTGEN[4] angeführte Quellenstelle hin, in welcher vom Burgrecht die Rede ist. Notker der Deutsche spricht in seinem um das Jahr 1000 entstandenen Boëthiuskommentar von den römischen *iuridici*,

> *„dîe daz púrgréht in dinge ságetôn."*[5]

Burgrecht ist offenbar eine Übersetzung des römischen *ius civile*, das Notker sich als Recht der *civitas*, der Burg Rom vorstellte. Am Mittel- und Niederrhein ist mir allerdings kein Beispiel aus älterer Zeit für die Verwendung des deutschen Wortes „Burgrecht" bekannt; in diesen Gegenden ist es bis ins XIII. Jahrhundert nicht gebräuchlich, die Ausdrücke *ius civile, ius urbale* in den Urkunden ins Deutsche zu übersetzen, als aber schließlich die deutsche Urkundensprache die herrschende wurde, hatte das Wort „Burg" bereits seine ursprüngliche Bedeutung verloren und war durch „Stadt" ersetzt worden. Aber es kann keinem Zweifel unterliegen, daß auch in diesen Gegenden, so lange der Ausdruck „Stadtrecht" noch nicht gebräuchlich war, das *ius civile* der Römerstädte ursprünglich „Burgrecht" hieß. Die auch hier vorkommende Bezeichnung *ius burgense* ist ja nichts anderes als eine Latinisierung des deutschen Ausdruckes. In den süddeutschen Römerstädten, in Basel,[6] in Augsburg,[7] in Regens-

---

[1] Vgl. RIETSCHEL, Die Civitas, p. 58, 96 f.

[2] Z. B. in Basel (UB. Basel I, 403), in Straßburg (UB. Straßburg I, 353, 487), in Köln (ENNEN u. ECKERTZ, Quellen II, 194, 372, 475 u. ö.).

[3] Z. B. in Regensburg (GENGLER, Beiträge zur Rechtsgeschichte Bayerns, Heft III, 1892, p. 69), in Augsburg (MBo. XXXa, 810 (Reg. V, 4807)), in Mainz (OETTER, Sammlung verschiedener Nachrichten I, p. 420 f. (Reg. V, 5022)).

[4] KEUTGEN, a. a. O., p. 176.

[5] ed. PIPER, Germanischer Bücherschatz VIII, 1, p. 69.

[6] UB. Basel II, 515 (1286).

[7] UB. Augsburg I, 6 (1246): *ius commune civitatis Auguste quod vulgariter dicitur burchrecht*; Stadtbuch von Augsburg (ed. MEYER) p. 325 (1260): *iuris civilis quod volgariter dicitur burchrecht*. Andere Beispiele bei SOHM, a. a. O., p. 24.

burg,[1] wird das Stadtrecht wiederholt „Burgrecht" genannt; vor
allem wird in Passau[2] das Wort „Burgrecht" außerordentlich häufig
zur Bezeichnung des Stadtrechtes und Bürgerrechtes in den verschiedensten Beziehungen angewandt.[3] Übersetzt wird es mit *ius
civile*[4] oder *ius urbanum*.[5] Meist ist es die für die städtischen
Grundstücke geltende freie Leihe, welche als Leihe nach Burgrecht charakterisiert oder sogar kurzweg als Burgrecht bezeichnet
wird; gerade diese freie Arealleihe mußte im Gegensatze zu der
auf dem flachen Lande herrschenden unfreien Erbleihe als eine
Besonderheit des Stadtrechtes erscheinen. Ja es kommt sogar
wiederholt vor, daß man den nach Burgrecht von einer Hausstelle oder einem Hause zu zahlenden Zins schlechtweg als Burgrecht bezeichnete. Es heißt z. B., daß jemand das *purchreht*
eines Hauses verpfändet habe,[6] oder daß von einem Hause das
ius civile, quod purchreht vulgariter nuncupatur,[7] entrichtet werde.
Davon aber, daß das Wort Burgrecht immer dieses Leiheverhältnis
bezeichnet habe, kann nicht die Rede sein. Unter den oben angeführten Beispielen fehlt es nicht an solchen, welche beweisen,
daß auch das Stadtrecht in seiner Gesamtheit den Namen „Burgrecht" führte.

Der Ausdruck „Burgrecht" ist aber nicht auf das Recht der
alten Römerstädte beschränkt geblieben. Auch die ummauerten

---

[1] Verhandl. d. hist. Ver. f. Oberpf. u. Regensb. N. F. IV, p. 299 (1276):
penam civilem que purchreht vulgariter appellatur. Vgl. auch GENGLER, Beitr.
z. RG. Bayerns, Heft III, p. 69.

[2] Zuerst MBo. XI, p. 173 f. (1200). Andere Beispiele sind UB. ob der
Enns II, 356 (1207); MBo. XXVIIIb, p. 302, n. 78 (1224); eod. XXIXb,
p. 144, n. 143 (1259), p. 386, n. 44 (1253); [Oesterreichisches] Notizenblatt VI, p. 454 (1260); etc. Vgl. auch das Passauer Stadtrecht § 1 (1225)
(GENGLER, Deutsche Stadtrechte p. 344): *emphitoesim id est ius civis quod
vulgariter dicitur purchrecht*.

[3] Über das vom Burgrecht verschiedene Passauer Marktrecht vgl.
S. 174.

[4] UB. ob d. Enns II, 356 (1207): *ius civile quod vulgo dicitur Burkh-
recht;* MBo. XXIXb, p. 144, n. 143 (1259); Notizenblatt V, p. 161 (1268).

[5] Notizenblatt VI, p. 454 (1260): *ius urbanum quod vulgo dicitur
purchrecht*.

[6] Notizenblatt VI, p. 455 (1255).

[7] MBo. XXIXb, p. 144, n. 143 (1259).

Marktansiedelungen waren ja Burgen, auch ihr Recht war deshalb nicht nur Marktrecht, sondern auch Burgrecht. Das war der Fall in Aarau[1] und Winterthur,[2] wo die Namen „Marktrecht" und „Burgrecht" als Synonyma gebraucht werden. Ferner ist an das schon im XII. Jahrhundert erwähnte *ius burgense* in Siegburg[3] zu erinnern, welches sicherlich mit Burgrecht zu übersetzen ist. Endlich wird in den österreichischen Städten mehrfach die Bezeichnung „Burgrecht" im Sinne von „Stadtrecht" verwandt.[1] Im ganzen ist diese Verwendung des Wortes „Burgrecht" für das Recht der befestigten Marktansiedelungen nicht allzu häufig; auch beschränkt sie sich auf die den alten Römergebieten benachbarten Gegenden. In den Ländern des sächsischen Rechtes findet sich in älterer Zeit der Ausdruck „Burgrecht" nicht.[5]

Dagegen hat ein anderer Sprachgebrauch des Wortes „Burgrecht" in Österreich und Bayern eine außerordentliche Verbreitung erfahren. Schon oben ist darauf hingewiesen worden, daß die Besonderheit des Burgrechtes in Passau, Augsburg und anderwärts sich vor allem in der Ausbildung einer freien Erbleihe äußerte, und daß gerade diese Leihe wiederholt als Leihe nach Burgrecht oder schlechtweg als Burgrecht bezeichnet wurde. Dieses Leiheverhältnis hat sich, von den Römerstädten ausgehend, allenthalben in Österreich und Bayern verbreitet, und zwar trug es überall dort, wo es zur Anwendung kam, in Städten, Märkten oder einfachen Dörfern, den Namen *ius civile*, „Burgrecht".[6] Die Beziehung zur Stadt, zur Burg selbst ist völlig verloren gegangen, das Wort dient lediglich zur Bezeichnung eines rein privatrecht-

---

[1] Gengler, Cod. iur. munic. I, p. 13, § 4 (1283).

[2] Gaupp, Deutsche Stadtrechte I, p. 139, § 2 (1297).

[3] Lacomblet I, 483 (1182), 506 (1187).

[4] Im einzelnen Falle läßt sich allerdings oft schwer entscheiden, ob Burgrecht Stadtrecht oder Erbleiherecht bedeutet.

[5] Das 1159 den Kolonen von Pechau verliehene *ius Burgense* (v. Heinemann, Albrecht der Bär, Urk. 40, p. 469 f.) ist kein Burgrecht, sondern das Kolonistenrecht von Burg, das z. B. auch die Kolonen von Löbnitz erhielten; vgl. Schulze, Die Kolonisierung und Germanisierung der Gebiete zwischen Saale und Elbe, p. 161, Anm. 2.

[6] Über dieses Burgrecht vergl. von Hess, Das Burgrecht *(ius civile)* (Wiener Sitzungsberichte, phil. hist. Kl., Bd. XI, 1854, p. 761 ff.).

lichen Verhältnisses.[1] Fraglich ist, ob wir bereits der Leihe *pacto iuris civilis*[2] oder *urbana condicione*,[3] wie sie in der ersten Hälfte des XII. Jahrhunderts in dem *oppidum* Krems erwähnt wird, diese rein privatrechtliche Bedeutung beizulegen haben, oder ob wir nicht vielleicht richtiger das Ortsrecht von Krems als Burgrecht bezeichnen. In der Fischauer Urkunde von 1166[4] jedenfalls fehlt dem Burgrecht jede Beziehung auf die Burg, denn Fischau ist ein offener Marktflecken; *purchreht* ist hier einfach der Name für den freien Erbleihezins. Die Leihe nach *purchreht* wird im XII. Jahrhundert noch in Eferding[5] und St. Pölten[6] erwähnt. Im XIII. Jahrhundert ist diese Burgrechtsleihe in Österreich und Bayern weit verbreitet; sie findet sich nicht nur in Städten und Märkten, wie Bischofslaak, Mautern, Kloster-Neuburg, Krems, Eferding, Pöchlarn, Waidhofen u. s. w., sondern auch in einfachen Dörfern, in Wetzelsdorf,[7] Leonding,[8] Tepsau,[9] Propstdorf,[10] Schönau[10] und Spitz[11] in Österreich, sowie in Schwifting[12] in Bayern.[13] Diese Burgrechtsleihe heißt lateinisch nicht nur *ius civile* oder *ius urbanum*,[14] sondern auch *ius enphyteaticum*,[15] *ius colonarium*.[16] Selbstverständlich ist es durchaus nicht ausgeschlossen, ja es kommt sogar sehr häufig vor, daß

---

[1] Vgl. auch von SCHWIND, Zur Entstehungsgeschichte der freien Erbleihen, 1891, p. 12 (GIERKE, Unters. z. d. St. u. RG., Bd. XXXV).

[2] v. HESS, a. a. O., p. 787, n. 2 (1125).

[3] Quellen z. bayer. u. deutsch. Gesch. I, p. 363, n. 215 (1136).

[4] UB. Steiermark I, 499 (1166).

[5] UB. ob d. Enns II, 228 (1167).

[6] UB. St. Pölten I, 18 (1195).

[7] C. trad. Gottw. (Fontes rer. Austr. B, VIII) p. 281, n. 19 (c. 1203).

[8] UB. ob d. Enns III, 22 (1234).

[9] UB. Steiermark II, 341 (1236).

[10] Cod. dipl. Austr. Fris. I, 370 (1281).

[11] MBo. II, p. 214, n. 35 (1297).

[12] eod. VIII, p. 51, n. 35 (1297).

[13] Andere Beispiele ergeben die Urkunden bei v. HESS, a. a. O., p. 785 ff.

[14] v. HESS, a. a. O., p. 787, n. 3 (1209); UB. ob d. Enns III, 303 (1262); RIED I, 631 (1284); MBo. II, p. 214, n. 35 (1297); eod. III, p. 144, n. 37 (c. 1245); etc.

[15] UB. Steiermark II, 341 (1236); vgl. auch S. 180, Anm. 2.

[16] MBo. VIII, p. 51, n. 35 (1297).

diese Leihe in einem *forum*, einer Marktansiedelung, Anwendung
fand und demnach unter das *ius forense* fiel. So ist es erklärlich,
daß dieselbe in Fischau als *ius forense, quod vulgo purchreht appellatur*,[1] und in Waidhofen als *ius predicti fori nostri, quod dicitur
purchrecht*,[2] bezeichnet wird. Aber es wäre verfehlt, wollte man
aus diesen Beispielen auf eine Identität von Marktrecht und
Burgrecht schließen.[3]

Während die Etymologie des Wortes „Burgrecht“ sehr einfach ist, hat die Erklärung des Wortes „Weichbild“ der Forschung gewaltige Schwierigkeiten bereitet.[4] Auch heute ist
noch keine völlige Einigung erzielt worden. Darüber, daß die
erste Silbe des Wortes nicht mit *wik* „Haus“, *wig* „kämpfen“ oder
mit „weihen“, sondern mit *wich* „Ortschaft“ zusammenhängt,
herrscht ziemliche Einigkeit. Dagegen ist noch in jüngster Zeit
die zweite Silbe mehrfach als „Bild“ erklärt, und das ganze Wort
als „Stadtbild“ (= Stadtkreuz, Rolandssäule) gedeutet worden.[5]
Thatsächlich enthält die zweite Silbe ein verloren gegangenes
Wort *biletha* (= Recht), welches noch heute in den Zusammen-
setzungen „billig“ und „Unbilde“ erhalten ist. Nirgends findet
sich in älterer Zeit ein Beispiel dafür, daß das Stadtkreuz „Weich-

---

[1] UB. Steiermark I, 499 (1166).

[2] Cod. dipl. Austr. Fris. I, 295 (1273).

[3] Übrigens halte ich es nicht für ausgeschlossen, daß auch das Wort
„Marktrecht“ bisweilen die direkte Beziehung zur Marktansiedelung verloren
hat und einfach ein freies Erbleiherecht bezeichnet.

[4] Über Weichbild vgl. KEUTGEN, a. a. O., p. 77 ff., sowie die daselbst
angeführte Literatur, ferner PHILIPPI, Weichbild in: Hans. Geschichtsbl. 1895,
p. 1 ff. Am Schlusse der genannten Abhandlung bietet PHILIPPI eine dankenswerte und — wie ich mich durch Vergleich mit meinen Excerpten über-
zeugt habe — ziemlich vollständige Zusammenstellung der älteren Quellenstellen, in welchen von „Weichbild“ die Rede ist. Der Kürze und der
bequemeren Kontrolle halber werde ich im folgenden nach dieser Zusammenstellung (Ph.) citieren, soweit nicht Quellenstellen von PHILIPPI übersehen
oder nach älteren Drucken aufgeführt sind.

[5] In der letzten Zeit ist diese Deutung besonders von VARGES verfochten
worden (Weichbildsrecht und Burgrecht in: Zeitschr. f. Geschichtsw. VI,
p. 86; Stadtrecht u. Marktrecht in: Jahrb. f. Nationalökon. u. Statistik, N. F.,
Bd. III, p. 670; Zur Entstehung der deutschen Stadtverfassung in: Jahrb. f.
Nationalökon. u. Statistik, 3. Folge, Bd. VI, p. 190).

bild" genannt wird.[1] Dagegen ist in der Mehrzahl der älteren Urkunden, welche das Wort „Weichbild" enthalten, von einem *ius quod wicbilethe dicitur* die Rede,[2] während der tautologische Ausdruck *wichbiletherecht* vereinzelt erst seit den dreißiger Jahren des XIII. Jahrhunderts vorkommt.[3]

Gegen den Einwand Sohms,[4] die Erklärung „Ortsrecht" sei farblos und nichtssagend, sie lasse keinen für die Stadt eigenartigen Gedanken erkennen, hat sich insbesondere Keutgen erklärt.[5] Keutgen weist auf das Hofsystem in der Heimat des Weichbildes, in Westfalen, hin, zu dem die enger besiedelten Ortschaften, die *wiche*, im Gegensatze standen. Noch mehr als bei dem Dorfe sei aber bei der Stadt die enge Besiedelung charakteristisch. Weichbild sei das in den enger besiedelten Orten geltende Recht, insbesondere das Stadtrecht. Man kann diese Erklärung nicht gerade glücklich nennen. Auch in Westfalen finden sich geschlossene Dörfer; warum gilt in diesen kein Weichbildrecht, warum werden sie von den mit Weichbild begabten Städten und Wigbolden unterschieden?

Thatsächlich ist die Erklärung „Ortsrecht" durchaus nicht farblos. Den Gegensatz dazu bildet „Landrecht". Dem über das ganze Land verbreiteten Rechte steht das bloß einen einzelnen Ort umfassende Recht gegenüber. Damit sich aber ein Ortsrecht bilden kann, muß ein Ort eine rechtliche Sonderstellung erhalten.

---

[1] Varges' Hauptargument ist die Bremer Urkunde von 1186 (Brem. UB. I, 65), in welcher von Leuten, welche *sub eo quod vulgo dicitur wicpilethe* leben, die Rede ist. Mit diesem Ausdrucke sei das Leben unter dem die Stadt überragenden Stadtzeichen gemeint. Das Irrige in Varges' Beweisführung wird klar, wenn man die wenig spätere Bremer Urkunde von 1206 heranzieht (Brem. UB. I, 103), in welcher von der Frau gehandelt wird, die *sub iure civili, quod vulgo wicbeletd vocatur*, stirbt. Die übrigen von Varges angeführten Stellen beweisen für seine Behauptung nicht das Geringste.

[2] Ph. 2 (1156—70), 4 (1178), 6 (1182/3), 11 (1201), 12 (1206) etc.; vgl. Keutgen, a. a. O., p. 79 f., Anm. 8.

[3] Zuerst 1234 in Lübeck (Ph. 21); später 1238 und 1245 in Beckum (Ph. 23, 30), 1246 in Ahlen (Ph. 32), 1248 in Osnabrück (Ph. 38, jetzt Osnabrücker UB. II, 533) etc.

[4] Sohm, a. a. O., p. 25.

[5] Keutgen, a. a. O., p. 82.

Im Begriffe „Weichbild" liegt deshalb, daß der mit Weichbild begabte Ort eine eigene Rechtsgemeinde bildet. Regelmäßig entspricht dieser rechtlichen auch eine gerichtliche Exemtion. Als Bischof Hermann von Münster im Jahre 1201 dem Dorfe Bocholt

„id iuris quod vulgo wicbilede dicitur"

verlieh, erschien es als selbstverständlich, ja, soviel wir sehen können, als die Hauptsache dieser Verleihung, daß Bocholt aus seinem bisherigen Gerichtsverbande ausgeschieden wurde und ein *iudicium civile* erhielt.[1] Ebenso wurde im Jahre 1311 der westfälische Ort Dülmen nach Weichbild ausgethan und vom Gogerichte eximiert.[2] Im übertragenen Sinne wird auch eine derartig rechtlich und gerichtlich eximierte Ortschaft selbst Weichbild genannt. Weil es eine solche rechtliche Sonderstellung genoß, hieß das auf der Dorfmark von Obernkirchen errichtete *forum „wicbilethe"*.[3] In späterer Zeit wurde es immer mehr üblich, Orte, welche einen eigenen Gerichtsbezirk bildeten oder wenigstens ein eigenes Ortsrecht besaßen, „Wigbolde" zu nennen.[4] Schon im XIII. Jahrhundert finden sich Beispiele dafür. Im Jahre 1242 erlaubte Konrad IV. dem Bischof von Minden, in seiner Diöcese zwei *oppida, quod vulgo wichbelede appelatur*, zu gründen.[5] Auf einer Münsterischen Synode am Ende des Jahrhunderts wird von Stadt und Dorf die *villa, que vulgariter wicbolde dicitur*, ausdrücklich unterschieden.[6] Wie fest in der älteren Zeit aber daran gehalten wurde, daß die Wigbolde einen eigenen Gerichtsbezirk bildeten, erhellt vor allem aus dem Sühnevertrag des Grafen Adolf von der Mark mit Dietrich von Isenburg, in welchem sowohl das *iudicium villae Unnae* als auch die *iudicia* in Halver und Kierspe geradezu selbst als *wicbelde* bezeichnet werden.[7] Die von

---

[1] Ph. 11; vgl. KEUTGEN, a. a. O., p. 34 f. — PHILIPPI (Zur Verfassungsgeschichte der Westfäl. Bischofsstädte, p. 34 f.; Weichbild, p. 13) hat die Urkunde m. E. völlig mißverstanden.

[2] Ph. 99 (1311).   [3] Ph. 5 (1181).

[4] Über die Wigbolde vergl. PHILIPPI, Verfassungsgeschichte, p. 34 ff.

[5] Ph. 26.   [6] Ph. 88 (1295).

[7] Ph. 28, jetzt Osnabrücker UB. II, 432 (1243). Unna ist heute eine Stadt, Halver ein Flecken, Kierspe ein Dorf.

PHILIPPI vorgetragene Behauptung, in der älteren Zeit hätten die Wigbolde im Gegensatz zu den Städten keine eigenen Gerichtsbezirke gebildet, ist demnach geradezu falsch. Das allerdings mag zugegeben werden, daß im XIV. Jahrhundert die gerichtliche Exemtion der Wigbolde nicht vollständig aufrecht erhalten wurde. Aber eigene Rechtsbezirke bildeten sie immer. In den beiden Wigbolden Iburg und Melle, deren Privilegien PHILIPPI[1] mitteilt, gilt nur für besonders schwere Verbrechen das Landrecht, im übrigen stehen beide Orte unter Osnabrücker Stadtrecht.

Bereits in früher Zeit findet sich das Wort „Weichbild" in einem ähnlichen Sinne gebraucht, wie wir es heute verwenden, nämlich zur Bezeichnung des Stadtgebietes, des Bezirkes, in welchem das „Weichbild" genannte Recht gilt. Als im Jahre 1209 Herzog Wilhelm von Lüneburg auf seinem Grund und Boden die Stadt Löwenstadt begründete und mit dem *ius libertatis* der freien Städte, insbesondere der Stadt Bardowiek, beschenkte, wurde in die Stiftungsurkunde eine genaue Beschreibung des *wigbelede*, des Bezirkes, in welchem Stadtrecht galt, aufgenommen.[2] Auch in Wetter in Hessen,[3] Kiel,[4] Lübeck[5] und Lüneburg[6] wird bereits in der ersten Hälfte des XIII. Jahrhunderts der Stadtbezirk „Weichbild" genannt. In demselben Sinne kommt das Wort Weichbild vor allem in Obersachsen (Halle,[7] Naumburg[8]) und in Thüringen (Mühlhausen,[9] Eisenberg,[10] Erfurt[11]) vor. Überhaupt scheint das „Weichbild" genannte Recht von Anfang an

---

[1] PHILIPPI, Verfassungsgeschichte, p. 87 ff.

[2] SUDENDORF, UB. I, 5 (PH. 14).

[3] WENCK, Hess. Landesgesch., Bd. II, UB. 139, p. 168 (PH. 25) (1239).

[4] PH. 27 (1242).

[5] PH. 35, 39 (1247, 1250).

[6] DOEBNER, Städteprivilegien A, 10, p. 28 (1247).

[7] PH. 22 (1235).

[8] IRISANDER p. 86, n. VIII (1276), p. 92, n. X (PH. 60) (1278); LEPSIUS, Bischöfe v. Naumb., Bd. I, UB. 82, p. 325 (1299). Das Wort Weichbild wird hier durch *burchwardt* erklärt.

[9] PH. 19 (1230—50).

[10] PH. 57 (1274).

[11] UB. Erfurt I, 311 (PH. 64) (1281).

nicht bloß in dem bewohnten Orte selbst, sondern auch in einem
fest abgegrenzten umliegenden Gebiete gegolten zu haben. Das
zeigt bereits die älteste Stelle, in welcher das Wort Weichbild
erwähnt wird: im Leipziger Stadtprivileg wird das Gebiet des
wicbilede genannten Rechtes durch vier *signa* genau bestimmt, und
zwar erstreckt sich dasselbe über die Marktansiedelung selbst
hinaus.[1] Dadurch steht das Weichbild in einem Gegensatze zum
Burgrechte, das anfänglich wohl nur innerhalb der Mauern der
Städte in Geltung war und erst allmählich auch im Stadtgebiete
zur Geltung gelangte. Jedenfalls verdient hervorgehoben zu
werden, daß das Stadtgebiet selbst nie Burgrecht, sondern
immer nur Burgbann oder Burgfriede genannt wird.[2]

Die Ausdrücke „Weichbild" und „Weichbildrecht" werden
nicht nur angewandt, um das Stadtrecht oder Wigboldrecht in
seiner Gesamtheit zu bezeichnen,[3] sondern man braucht sie selbstverständlich auch für einzelne städtische Rechtsverhältnisse. Von
diesen Rechtsverhältnissen kommt in erster Linie die städtische
Erbleihe in Betracht. Nicht nur, daß sie außerordentlich oft als
die Leihe nach Weichbild bezeichnet wird,[4] auch der zu entrichtende Zins heißt Weichbildgeld[5] oder auch schlechtweg
Weichbildrecht bezw. Weichbild,[6] ja das Leihegrundstück selbst
wird Weichbild genannt.[7] Anderseits dürfen wir keinesfalls

---

[1] Pn. 2 (1156—70).

[2] Vgl. Uhlirz in Mitt. d. Inst. f. österr. GF. XV, p. 510.

[3] Z. B. in Leipzig 1156—70 und 1216 (Pn. 2, 16), in Bremen 1186 und
1206 (Pn. 9, 12), in Bocholt 1201 (Pn. 11), in Stade 1209 (Pn. 13), in Hamburg 1258 (Pn. 48), in Freiburg a. d. E. 1271 (Pn. 55).

[4] In Münster 1178 (Pn. 4), in Lübeck 1182/3 (Pn. 6), in Telgte 1238
(Pn. 24) etc.   [5] Pn. 56 (1272—93).

[6] In Rostock 1262 (Meckl. UB. IV, 2684), in Lübeck 1285 ff. (Rehme,
Das Lübecker Ober-Stadtbuch p. 276 ff., n. 21, 27, 28, 29, 31 ff.), in Herford
1295 (Pn. 87), in Telgte 1300 (Pn. 92). Dagegen sind in Minden unter den
iura civilia que vulgo dicuntur wicbilethe, von denen 1283 ein dem Kloster
Lahde verkauftes Haus befreit wird (Pn. 67), nicht der Zins, sondern die
städtischen Lasten zu verstehen.

[7] Zuerst in dem alten Stadtrecht von Münster von 1221 (?) (Pn. 17),
später in Bremen 1246 und 1259 (Pn. 33, 50), in Koesfeld 1254 (Pn. 45), in
Nieheim 1282 (Westf. UB. IV, 1707), in Münster 1288 (Pn. 76), in Brilon
1290 (Pn. 80) etc.

immer dann, wenn von einer Übertragung eines Grundstückes
nach Weichbild die Rede ist, ohne weiteres annehmen, daß es
sich um eine städtische Erbleihe handelt. Das beweisen schon
die beiden bereits von KEUTGEN[1] angeführten Lübecker Urkunden,
durch welche König Waldemar und Kaiser Friedrich II. der
Stadt, der eine seinen Besitz an der Holstenbrücke, der andere
die Burg Travemünde nach dem Weichbild genannten Stadtrechte
übertragen.[2] An eine Erbleihe kann dabei schlechterdings nicht
gedacht werden. Die Ansicht PHILIPPIS, Weichbild bezeichne
ursprünglich nichts anderes als eine freie Erbzinsleihe, ist m. E.
sowohl aus sprachlichen wie sachlichen Gründen unhaltbar.[3] Daß
das Wort, ebenso wie Marktrecht und Burgrecht, gerade dann oft
gebraucht wird, wenn von der freien Leihe nach Stadtrecht die
Rede ist, hat durchaus nichts Verwunderliches. Dagegen hat sich,
im Gegensatz zu „Burgrecht", der Ausdruck „Weichbild", soviel
ich sehe, nie von seinen Heimstätten, den Städten und Wigbolden,
losgelöst, um zur rein privatrechtlichen Bezeichnung eines überall
vorkommenden Erbleiherechtes zu werden. Burgrechtsleihe findet
sich auch in Dörfern, Weichbildleihe nur in Städten und Wigbolden.

Weichbild ist das Recht einer Ortschaft, die eine eigene Rechtsgemeinde bildet. Das Recht der Marktansiedelung, das Markt-

---

[1] KEUTGEN, a. a. O., p. 169 f.

[2] PII. 15 (1216), 18 (1226); vgl. PII. 21 (1234), 34 (1247).

[3] Die unmögliche etymologische Ableitung des Wortes „Weichbild"
von belīen „beleihen" hat PHILIPPI jetzt aufgegeben. Damit fällt aber völlig
die sprachliche Grundlage für seine Ausführungen, denn die Behauptung,
ius civile könne nur „bürgerliches Recht", nie „Stadtrecht" bedeuten und sei
deshalb auf die Erbzinsleihe der Bürger zu beziehen (PHILIPPI, Weichbild, p. 7),
ist absolut unhaltbar. Wenn „Weichbild" „Ortsrecht" bedeutet, so ist es
doch wohl ohne weiteres klar, daß eine etwa vorkommende Bezeichnung
der Erbzinsleihe als „Weichbild" nur eine abgeleitete Bedeutung haben
kann. In den zahlreichen Stellen aber, welche von einer „Leihe nach
Weichbild" reden, kann man diesen Ausdruck ebenso gut mit „Leihe nach
Stadtrecht" wie mit „Leihe nach bürgerlichem Erbzinsrecht" übersetzen.
Vor allem aber spricht der schon im XIII. Jahrhundert nachweisbare
mannigfaltige Sprachgebrauch des Wortes „Weichbild" dafür, daß dasselbe
anfangs die allgemeinere Bedeutung „Stadtrecht, Ortsrecht" und nicht die
speziellere „bürgerliches Erbzinsleiherecht" besessen hat.

recht. ist deshalb in Sachsen immer Weichbild, wenn auch eine Gleichstellung der beiden Begriffe sich verhältnismäßig selten findet.[1] Wohl aber lassen sich Orte mit Weichbild, Städte oder Wigbolde, denken, deren Recht kein *ius forense*, kein Marktrecht ist, weil sie selbst weder aus Marktansiedelungen hervorgegangen noch mit dem Marktrechte bewidmet worden sind.

Nachdem der Begriff des Marktrechtes festgestellt ist, mögen noch einige Bemerkungen über seinen Inhalt folgen. Von einer systematischen Darstellung des Marktrechtes, selbst von einem näheren Eingehen auf einzelne Sätze desselben muß hier abgesehen werden: derartige Bearbeitungen des Marktrechtes wären nur möglich im Zusammenhang mit einer Bearbeitung des deutschen Stadtrechtes überhaupt und verlangten bei dem Mangel gemeinrechtlicher Quellen eine erdrückende Fülle von Einzeluntersuchungen. Und selbst nach Vollendung dieser Untersuchungen bleibt es fraglich, ob der Aufbau eines befriedigenden Systemes gelingen wird, oder ob man sich mit der Darstellung einzelner Rechtssätze wird begnügen müssen. Nur in einem ziemlich abgelegenen Teile Deutschlands, im Westerlauwerschen Friesland, findet sich ein gemeines Marktrecht, aber auch dieses Recht kann durch Ortsstatut abgeändert oder ergänzt werden.[2]

Es sind im wesentlichen dieselben Tendenzen der Entwickelung, die in allen Marktansiedelungen zu Tage treten, und die ihren Grund haben in den besonderen wirtschaftlichen Verhältnissen der letzteren. In einer Handel und Gewerbe treibenden Bevölkerung, deren Lebensberuf sich nicht auf den Besitz von Ackerland gründete, mußte der Grundbesitz immer mehr von seiner alten Stellung als Grundlage der gesamten rechtlichen, sozialen und wirtschaftlichen Existenz des einzelnen herabsinken und zu einem der freien Verfügung des Besitzers unterstehenden, einfachen Vermögensobjekte werden. Mit der Bedeutung

---

[1] Abgesehen von dem *forum quod in vulgari wichbilethe licitur* in Obernkirchen (PH. 5 (1181)) ist nur das Beispiel aus der Lübecker Urkunde von 1182 3 (PH. 4) zu nennen *civili vel forensi iure quod wigbeledh dicitur*.

[2] Vgl. HECK. a. a. O., p. 106 f.

des Grundbesitzes mußte aber auch die Bedeutung der alten, auf der Grundherrschaft basierten persönlichen Unfreiheit schwinden und ein Streben nach Verwirklichung allgemeiner persönlicher Freiheit einsetzen. Ferner mußte unter einer kaufmännisch-gewerblichen Bevölkerung das alte, auf naturalwirtschaftliche Verhältnisse berechnete Volksrecht immer mehr einem der vorgeschrittenen wirtschaftlichen Entwickelung angepaßten Rechte weichen, welches besonders im Obligationen- und Pfandrechte gewaltige Verschiedenheiten aufwies. Und endlich mußte sich in einem Gemeinwesen, das in volkswirtschaftlicher und rechtlicher Beziehung dem übrigen Lande derartig vorausgeeilt war, ein reges Streben nach möglichst großer politischer Selbständigkeit geltend machen. Diese Tendenzen waren es, welche in allen deutschen Marktansiedelungen und Städten, bald in höherem, bald in geringerem Grade, die Entwickelung beherrschten. Der Weg, den man bei ihrer Verfolgung eingeschlagen hat, ist in den verschiedenen Städten ein verschiedener gewesen. Eine Normalstadtentwickelung giebt es nicht, auch nicht eine Normalentwickelung der Marktansiedelungen; überall wirken die besonderen örtlichen Verhältnisse in hohem Grade auf die Gestaltung des Stadtrechtes und Marktrechtes ein.

Die eben geschilderten Tendenzen sind nicht bloß eine Eigentümlichkeit der Marktansiedelungen, sondern der gesamten deutschen Stadtrechtsentwickelung gemeinsam. Die ersten Orte, in denen sie wahrnehmbar sind, und in denen sie sich in bestimmte Rechtssätze umzusetzen beginnen, sind sogar nicht die Marktansiedelungen, sondern die ältesten Sitze von Handel und Gewerbe, die Römerstädte. Von diesen Römerstädten sind im Laufe der Zeit viele Rechtssätze auf die Marktansiedelungen übertragen worden; die Wurzeln des Marktrechtes liegen zum Teil in jenen alten Städten. Aber das Marktrecht ist nicht bloß eine Kopie des Rechtes, das in den Römerstädten sich ausgebildet hat, es enthält auch Rechtssätze, die ihm eigentümlich sind, und die ihre Erklärung in den besonderen wirtschaftlichen Verhältnissen der Marktansiedelungen finden. Dahin gehört in erster Linie jener Satz, den man vielfach geradezu als den wichtigsten Satz des Stadtrechtes hingestellt hat, nämlich daß „Stadtluft frei mache", daß der Unfreie, welcher in die Stadt wandere, entweder sofort oder, wenn er binnen Jahr und Tag von seinem Herrn nicht reklamiert werde, die Freiheit erlange.[1] Dieser Satz findet sich mit einer großen Regelmäßigkeit in den Stadtrechten der Marktansiedelungen und fehlt mit derselben Regelmäßigkeit in den älteren Rechtsaufzeichnungen der Römerstädte. Der Grund für diese Verschiedenheit liegt in den verschiedenen wirtschaftlichen Verhältnissen der beiden Arten von Städten. Der Zweck des genannten Satzes war, den Zuzug von Ansiedlern zu fördern, das Wachstum der Stadt zu beschleunigen. Dieses Bedürfnis nach fremdem Zuzug fehlte in den bereits wirtschaftlich starken Römerstädten, es war in hohem Grade vorhanden in den Marktansiedelungen. Zum Teil wurzelt aber das Marktrecht in einem Standesrecht, dem Kaufmannsrecht.[2]

Bereits Jakob Grimm[3] hat auf eine Stelle in Notkers Boëthiuskommentar aufmerksam gemacht, in welcher offenbar von einem kaufmännischen Gewohnheitsrechte die Rede ist. In dieser Stelle definiert Notker das *negotiale* genannte Recht folgendermaßen:

„Negotiale ist tér strît, tér úmbe daz keuuónehéite geskihet, álso chóufliute strîtent, táz tér chóuf súle uuésen státe, dér ze iârmércate getân uuírdet, ér sî réht álde únréht, uuánda iz íro geuuónehéite ist." [4]

Also schon um das Jahr 1000 giebt es ein vom Volksrechte abweichendes kaufmännisches Gewohnheitsrecht. Spuren eines derartigen Gewohnheitsrechtes finden sich möglicherweise sogar noch früher. Ich erinnere dabei an die bereits im vorhergehenden

---

[1] Vgl. vor allem GENGLER, Stadtrechtsaltertümer, p. 407 ff.

[2] Über das folgende vergl. vor allem GOLDSCHMIDT, Universalgeschichte des Handelsrechts, Bd. I, 1891, p. 125 ff.; WAITZ, Deutsche Verfassungsgeschichte, Bd. V² (ed. ZEUMER), 1893, p. 399; PIRENNE, L'origine des constitutions urbaines au moyen âge in: Revue historique LVII (1895), p. 86 f.; KEUTGEN, a. a. O., p. 214 f.

[3] GRIMM, Deutsche Rechtsaltertümer, p. 610.

[4] ed. PIPER, Germanischer Bücherschatz VIII, 1, p. 69; vgl. v. INAMA-STERNEGG, Deutsche Wirtschaftsgeschichte, Bd. II, p. 375, Anm. 3; GOLDSCHMIDT, a. a. O., p. 125, Anm. 104; KEUTGEN, a. a. O., p. 214.

erwähnte Stelle aus den im IX. Jahrhundert entstandenen Miracula s. Benedicti Adrevalds.[1] Zwei in einem Societätsverhältnisse stehende Kaufleute sind auf einem Markte über die Teilung des Handelsgewinnes in Streit geraten. Der *iudex fori* eilt zur Entscheidung herbei. Der eine der beiden Kaufleute behauptet, dem anderen bereits seinen Anteil ausgezahlt zu haben, und leistet, da ihm nicht Glauben geschenkt wird, *necessitate compulsus* den Reinigungseid. Es ist allerdings nicht möglich, sich von diesem Verfahren ein völlig klares Bild zu machen. Soviel sehen wir aber deutlich, daß dasselbe mit keinem anderen Gerichtsverfahren der fränkischen Zeit irgend welche Ähnlichkeit zeigt. Dieses Verfahren, das so entschieden auf eine schleunige Erledigung der Streitsache zugeschnitten ist, ohne irgend welche Prozeßfristen oder Vertagungen zu kennen, dürfte wohl im Handelsverkehr der von Markt zu Markt ziehenden, ruhelosen Kaufleute zur Ausbildung gelangt sein. Wahrscheinlich hat man in ihm schon die ersten Spuren eines besonderen kaufmännischen Prozeßrechtes zu erblicken.

Das kaufmännische Gewohnheitsrecht war zunächst nur Standesrecht, nur Personalrecht des Kaufmannes. Aber in analoger Weise, wie das alte personale Volksrecht zum territorialen Landrecht wurde, hat das kaufmännische Gewohnheitsrecht dort, wo eine kaufmännisch-gewerbliche Bevölkerung vorhanden war, sich lokalisiert, es ist zum Marktrecht, zum Stadtrecht geworden.[2] Möglicherweise haben wir bereits in dem den *negotiatores* von Bremen verliehenen *tale ius*,

„*quali ceterarum regalium institores urbium*"[3] [4]

---

[1] MG. SS. XV, p. 496, c. 35; vgl. Sohm, Städtewesen, p. 53 f., Anm. 75.

[2] In den zahlreichen von Goldschmidt, a. a. O., p. 127 ff. Anm. angeführten Urkunden handelt es sich größtenteils nur um die Verleihung von Handelsvorrechten an die Bewohner einzelner Marktansiedelungen, aber nicht um die Bestätigung oder Lokalisierung eines kaufmännischen Gewohnheitsrechtes.

[3] MG. DD. I, O.I, 307 (965); vgl. oben S. 82.

[4] Bereits Uhlirz (in Mitt. d. Inst. f. österr. GF. XV, p. 511) hat auf die abgeschwächte, dem franz. *autres* entsprechende Bedeutung des Wortes *ceteri* im mittelalterlichen Latein aufmerksam gemacht. Es liegt deshalb durchaus nicht die Notwendigkeit vor, den Ort Bremen selbst als *regalis urbs*

genießen, ein zum Rechte der Marktansiedelung Bremen gewor-
denes Kaufmannsrecht zu erblicken; allerdings legt der Zusatz
per nostrum regnum in den späteren Bestätigungen[1] die Vermutung
nahe, daß bloß von Handelsprivilegien die Rede ist. Ebenso
doppeldeutig ist die Bestimmung des Gandersheimer Privileges
Ottos III.,

> „*ut negotiatores et habitatores eiusdem loci eadem lege utantur,*
> *qua caeteri emptores Trotmannie aliorumque locorum utuntur.*"[2]

Das erste unzweifelhafte Beispiel einer Lokalisation des kaufmännischen Gewohnheitsrechtes findet sich bei Alpertus, de diver-
sitate temporum[3] um das Jahr 1022. Dort heißt es von den Bewohnern der Marktansiedelung[4] Tiel:

> „*Iudicia non secundum legem, set secundum voluntatem decernentes*
> *et hoc ab imperatore karta traditum et confirmatum dicunt.*"

In dieser Kaufmannsstadt ist das kaufmännische Gewohnheitsrecht durch kaiserliches Privileg Bürgerrecht geworden. Jetzt
verstehen wir auch den Satz in der Urkunde Bischof Cadalus'
von Naumburg, worin den sich ansiedelnden *mercatores* zugestanden wird,

> „*ut ius omnium negociatorum nostrae regionis mihi profiteantur*
> *meisque postmodum successoribus ritu omnium mercantium libe-*
> *raliter obsequantur.*"[5]

anzusehen. Damit fällt aber die ganze geistreiche Hypothese Sohms (Städtewesen, p. 31), welcher sämtliche Marktstädte für *regales urbes* erklärt. Die
regalium institores urbium sind die in oder bei den Königsburgen ange-
siedelten, als besondere Schützlinge des Königs selbstverständlich in hohem
Grade privilegierten Kaufleute. Im Laufe der Zeit haben auch in allen
größeren *civitates* die Kaufleute dieselben Privilegien erhalten; deshalb
spricht die Bestätigung Heinrichs II. von 1014 (Brem. UB. I, 16) von den
maiorum civitatum institores. Verfehlt ist es dagegen, die *regales urbes*
mit den *maiores civitates* zu identifizieren.

[1] MG. DD. II, O. III, 40 (988); Brem. UB. I, 15 (1003), 16 (1014),
48 (1158).

[2] MG. DD. II, O. III, 66 (990); vgl. oben S. 87.

[3] MG. SS. IV, p. 718 (Lib. II, c. 20); vergl. WATTENBACH, GQ., Bd. I⁶,
p. 375; WAITZ, VG., Bd. V², p. 399, Anm. 1; PIRENNE, a. a. O., p. 86;
KEUTGEN, a. a. O., p. 214.

[4] Die *mercatores Tielenses* heißen wenige Zeilen später einfach *Tielenses*.

[5] Cod. dipl. Sax. reg. A, I, 82 (1033); vgl. oben S. 64.

Der Bischof ist Gerichtsherr, aber die Kaufleute finden im Stadtgerichte das Recht, und zwar ist ihr Maßstab das kaufmännische
Gewohnheitsrecht, das auf diese Weise zum Recht der Naumburger Marktansiedelung wird. Die Übertragung des kaufmännischen Gewohnheitsrechtes auf die Bürgerschaft einer Marktansiedelung ist wohl am klarsten ausgesprochen in § 5 des
Freiburger Stadtrechtes:

> *„Si qua disceptatio vel questio inter burgenses meos orta fuerit,*
> *non secundum meum arbitrium vel rectoris eorum discutietur,*
> *sed pro consuetudinario et legitimo iure omnium mercatorum*
> *precipue autem Coloniensium examinabitur iudicio."* [1]

An eine Übertragung des kölnischen Stadtrechtes ist keinesfalls
zu denken;[2] die *mercatores* von Köln werden nur erwähnt, weil
Köln unter den deutschen Handelsplätzen eine besonders hervor-
ragende Rolle spielte. Der Sinn der betreffenden Stelle ist vielmehr, daß das allgemeine Kaufmannsrecht bei den Prozessen
zwischen den Bürgern zur Anwendung kommen soll, daß nicht
nach dem *ius strictum* des Volksrechtes und Landrechtes, sondern
nach dem in Kaufmannskreisen herrschenden *ius aequum* gerichtet
werden soll. An dieser Thatsache wird selbstverständlich dadurch
nichts geändert, daß das Freiburger Stadtrecht eng verwandt
mit dem schwäbischen Landrecht ist; das Kaufmannsrecht ist
nicht eine in der Luft schwebende Neubildung, sondern eine ge-
wohnheitsrechtliche Weiterbildung des jeweiligen Landrechtes.[3]
Diese Erklärung des Freiburger Privileges liefert uns auch

---

[1] Zeitschr. f. Gesch. d. Oberrh. N. F. I, p. 194.

[2] Vgl. Huber in Zeitschr. f. schweizer. Recht XXII, p. 3 ff.

[3] Die entsprechenden Bestimmungen der Berner und der Dießenhofener Handfeste (Fontes rer. Bern. II, p. 3 (Gaupp, Deutsche Stadtrechte
II, p. 45, § 5); Gengler, Cod. iur. munic. I, p. 762, § 6) sind keine Weiter-
bildungen, sondern auf Mißverständnis beruhende Interpretationen des Freiburger Stadtrechtes. Als die beiden genannten Rechtsaufzeichnungen entstanden, war das ehemalige Kaufmannsrecht bereits im Stadtrechte aufgegangen. Die Dießenhofener Handfeste fabelt deshalb von einer Übertragung des Kölner Stadtrechtes auf Freiburg, während das Berner Privileg
offenbar an die Bestimmungen des Gastrechtes denkt.

den Schlüssel zum Verständnis einer viel umstrittenen Stelle der
Allensbacher Urkunde:[1]

> „*Ipsi autem mercatores inter se vel inter alios nulla alia faciant*
> *iudicia preterquam quae Constantiensibus, Basiliensibus et omni-*
> *bus mercatoribus ab antiquis temporibus sunt concessa.*“

Man hat allgemein diese *iudicia* für eine Sondergerichtsbarkeit
der *mercatores* gehalten und über den Charakter derselben viel
herumgestritten. Ganz abgesehen davon, daß bei dieser Auffassung der Ausdruck „*vel inter alios*“ unverständlich bleibt,[2]
kann man von einer Gerichtsbarkeit, die allen *mercatores* von
alten Zeiten her verliehen ist, keine rechte Vorstellung gewinnen.[3]
Thatsächlich ist garnicht von einer Sondergerichtsbarkeit der
Kaufleute von Allensbach die Rede, sondern es wird bestimmt,
daß die *mercatores* in ihren Rechtsstreitigkeiten vor Gericht sowohl am Orte selbst wie in anderen Orten das allgemeine Kaufmannsrecht genießen sollen. Das Beispiel von Konstanz und
Basel ist bloß deshalb angeführt, weil diese beiden Städte die
wichtigsten Handelsorte in der Bodenseegegend waren.

§ 9.

Marktfriede und Stadtfriede.

Die Marktprivilegien der deutschen Könige aus dem X. und
XI. Jahrhundert zeigen zum großen Teil einen nicht unwesent-
lichen Unterschied von den Privilegien der älteren Zeit. Er-
schienen in den früheren Urkunden nur Münze und Zoll als Zubehör eines Marktes, so tritt seit dem Beginne des X. Jahrhunderts
erst vereinzelt, später regelmäßig noch ein Drittes hinzu, nämlich

---

[1] Vgl. oben S. 146.

[2] Die beiden von KEUTGEN a. a. O., p. 214 f., Anm. 3, p. 222, Anm. 1
gegebenen Deutungen befriedigen nicht.

[3] *Mercatores* kann in dieser Stelle nicht dasselbe wie *cives* bedeuten,
denn die *mercatores* von Allensbach bilden, wie oben Seite 146 ausgeführt
wurde, keine besondere Ortsgemeinde.

13 *

der *bannus*. Was haben wir unter diesem *bannus* zu verstehen? Die neuere Forschung hat so gut wie einstimmig die Ergebnisse als feststehend angenommen, zu welchen RATHGEN in seinen gründlichen Untersuchungen über das ältere deutsche Marktwesen [1] gelangt ist. Nach RATHGEN bedeutet diese Verleihung des Bannes Verleihung der öffentlichen Gewalt, insbesondere der Gerichtsbarkeit, die bisher noch in den Händen der öffentlichen Beamten gelegen habe. Gegen diese Deutung des *bannus* hat sich in jüngster Zeit KEUTGEN [2] gewandt und an einer Reihe von einzelnen Ausführungen RATHGENS eine geschickte Kritik geübt, allerdings ohne selbst zu einer einheitlichen Auffassung des *bannus* zu gelangen.

Bereits oben [3] ist die Entstehung der ordentlichen Gerichtsbarkeit am Marktorte erörtert worden. Dieselbe wurde auf die Immunitätsgerichtsbarkeit zurückgeführt, der Zusammenhang derselben mit dem in den Markturkunden genannten *bannus* wurde abgelehnt. Es erübrigt noch, den Nachweis zu führen, was unter diesem *bannus* thatsächlich zu verstehen ist.

Die meisten Urkunden vermögen uns über das Wesen des *bannus* keinen näheren Aufschluß zu geben. Es wird irgend einem Grundherrn gestattet, einen Markt *cum banno, moneta ac theloneo* zu errichten, oder ein bestehender Markt wird *cum banno, moneta ac theloneo* bestätigt oder geschenkt. Das ist der Fall in den Privilegien für Bremen,[4] Gittelde,[5] Verden,[6] Kreuznach,[7] Weinheim,[8] Château-Cambrésis,[9] Oppenheim,[10] Kölbigk,[11] Stade,[12] Metten,[13]

---

[1] RATHGEN, Die Entstehung der Märkte in Deutschland, 1881, p. 23 ff.

[2] KEUTGEN, a. a. O., p. 86 ff.

[3] Vgl. oben S. 157 ff.

[4] MG. DD. I, O.I, 307 (965).

[5] eod. II, O.II, 29 (973).

[6] eod. II, O.III, 23 (985).

[7] eod. II, O.III, 367 (1000).

[8] eod. II, O.III, 372 (1000).

[9] eod. II, O.III, 399 (1001).

[10] Chron. Lauresh. (MG. SS. XXI, p. 403) (St. 1510) (1008).

[11] C. d. Anhalt. I, 111 (St. 2082) (1036).

[12] Hamb. UB. I, 69 (St. 2118) (1038).

[13] MBo. XI, p. 440, n. 14 (St. 2411) (1051).

Wienhausen,[1] Hersbruck,[2] Villach[3] und Staffelstein.[4] Aus den genannten Urkunden erfahren wir nur, daß diese Verbindung des *bannus* mit dem *mercatus* sehr häufig ist und in allen Gegenden Deutschlands vorkommt. Etwas deutlicher sind einige weitere Urkunden, in welchen dieser Bann ausdrücklich als „Königsbann" bezeichnet wird. Das Privileg für Marbach redet vom *bannus noster*,[5] das Allensbacher Privileg vom *regalis et publicus bannus*,[6] die Urkunden für Halberstadt[7] und Ringsheim[8] von einem *regius bannus*.

Kann unter diesem *bannus regius* die öffentliche Gerichtsbarkeit verstanden werden? In der späteren Zeit wäre es möglich, in der älteren Zeit halte ich es für ausgeschlossen. Während im späteren Mittelalter der Graf regelmäßig unter Königsbann dingt, fehlt ihm in der Karolingerzeit die allgemeine Vollmacht, den Königsbann zu handhaben.[9] Diese Beschränkung des Königsbannes hat zunächst auch den Untergang des karolingischen Hauses überdauert; noch unter Heinrich II. findet sich ein klares Zeugnis dafür, daß den Grafen nur ausnahmsweise der Königsbann zustand.[10] Die öffentliche Gerichtsbarkeit aber, an deren Verleihung RATHGEN denkt, hätte der gräflichen Gerichtsbarkeit entsprechen müssen. Wie hätte man dieselbe bereits im X. Jahrhundert als *bannus regius*, als Königsbann, bezeichnen können?

Zweifellos bedeutet der Bann in der ältesten Urkunde, in welcher er erwähnt wird, keine Gerichtsbarkeit. Im Jahre 900 verleiht König Ludwig das Kind dem Kloster Korvey die Markt- und Münzgerechtigkeit in Nieder-Marsberg mit der Bestimmung: „*Et ibi potestatem habeant accipiendi teloneum, quod ipsorum advocatus nostro exigat banno.*"[11]

---

[1] UB. Hochst. Hildesh. I, 89 (St. 2443) (1053).

[2] MBo. XXIXa, 396 (St. 2545) (1057).

[3] eod. XXXIa, 183 (St. 2583) (1060).

[4] cod. XXIXa, 455 (St. 3249) (1130).

[5] REMLING 23 (St. 1512) (1009).

[6] MG. DD. II, O.III, 280 (998).   [7] cod. O.III, 104 (992).

[8] TROUILLAT I, 88 (St. 1387) (1004).

[9] Vgl. BRUNNER, RG., Bd. II, p. 166 f.   [10] Vgl. unten S. 216.

[11] WILMANS, Kaiserurkunden Westfalens I, 57, p. 266 (Reg. I, 1938) (900).

Der Sinn der Urkunde ist klar: Der Klostervogt empfängt den
Zoll unter dem *regius bannus*; wer die Zollzahlung verweigert,
wird mit dem Königsbanne bestraft, er hat die Sechzig-Schilling-
buße zu zahlen. Genau in derselben Bedeutung ist vom *bannus
regius* bez. dem *bannus noster* in den Marktprivilegien für Herford,[1] Hainrode[2] und Memleben[3] die Rede; die Marktabgaben
werden unter Königsbann erhoben.[4] Die Marktgerichtsbarkeit
besaßen aber alle diese Klöster bereits kraft Immunitätsrechtes.

Von dieser Erhebung der Marktabgaben unter Königsbann,
die sich bezeichnenderweise bloß in Urkunden des X. Jahrhunderts findet, war nur ein geringer Schritt dazu, daß auch das
Marktgericht unter Königsbann abgehalten wurde. Bereits im
X. Jahrhundert wird diese Bestimmung klar ausgesprochen in
der Urkunde für den Markt von Gandersheim. Dort heißt es:

> „*Regium nostrum bannum illuc dedimus, ut omnis causa, quae-
> cumque in eodem loco contra legem oborta fuerit, per iussionem
> abbatissae . . . . nostro regio banno ad suas manus recipiendo
> emendetur et legaliter corrigatur.*“[5]

Das Neue und Wichtige in dieser Verordnung ist nicht etwa
darin zu suchen, daß die Äbtissin die Marktgerichtsbarkeit erhält,
denn diese besaß sie bereits auf Grund der Immunität. Der Ton
liegt auf dem *nostro regio banno*; das Marktgericht richtet über
Marktfrevel unter Königsbann. Darin unterscheidet es sich von
anderen öffentlichen Gerichten.[6]

---

[1] MG. DD. I, O.I, 430 (973): *potestatem non solum mercationis con-
stituendum sed etiam ad ius eiusdem praelibatae abbatissae banno nostro
imperiali exigendum.*

[2] eod. II, O.III, 135 (993): *et cum regio banno . . . a nobis dato et
concesso teloneum deinceps a mercato accipiatur.*

[3] eod. II, O.III, 142 (994): *atque teloneum cum banno nostro inde
accipiant.*

[4] Vgl. KEUTGEN, a. a. O., p. 88.

[5] MG. DD. II, O.III, 66 (990).

[6] Die folgenden Worte des Gandersheimer Privileges: „*Nullaque persona
iudiciaria parva seu magna deinceps in praedicto loco aliquod ius exercendi
ullam potestatem habeat* außer der Äbtissin und ihrem Vogt“ sind eine Bestätigung der Immunität.

Genau ebenso verhält es sich mit der Bestimmung in der
Urkunde Konrads II. für den Hamburger Erzbischof über den
Markt von Heßlingen im Eilengau:

> *„Ut advocatus eiusdem ecclesiae hiis diebus, quibus annualis mer-*
> *catus inibi celebrari et confluentia populi maxime solet fieri, vide-*
> *licet in festivitate s. Viti martiris, potestatem habeat banno*
> *nostro constringendi omnes, qui illuc convenerint, ad omnem*
> *iustitiam faciendam.“* [1]

Der erzbischöfliche Vogt ist bereits infolge der Immunität Richter
des Ortes, aber während er sonst unter seinem eigenen, dem
Grafenbanne entsprechenden Banne dingt, richtet er an den Markttagen unter Königsbann. [2]

Bereits im Jahre 1000 erscheint diese Sicherung durch den
Königsbann als eine regelmäßige Eigenschaft des *publicum mercatum*; das Privileg Ottos III. für Kloster Lorsch bestätigt den Markt
in Weinheim

> *„cum omni theloneo et banno, sicut publicum mercatum in ceteris*
> *civitatibus et villis colitur.“* [3]

So ist es erklärlich, daß oft der Bann nicht ausdrücklich verliehen
wird, sondern zur Bezeichnung der Bannleihe allgemeinere Ausdrücke angewandt werden. Vielfach ist von einem Markt *„cum
omni publica functione“* die Rede. [4] Oder es heißt, daß ein Markt

---

[1] Hamb. UB. I, 69, p. 70 (St. 2119) (1038).

[2] Über die Privilegien für Villingen, Siegburg, Allensbach, Bremen
(1035) und Magdeburg (1035) vgl. S. 210 ff. Nicht in diesen Zusammenhang gehören die Urkunden Ottos I. für Meppen (MG. DD. I, O.I, 77 (946);
vgl. RATHGEN, a. a. O., p. 26; KEUTGEN, a. a. O., p. 90) und Magdeburg (MG.
DD. I, O.I, 300 (965); vgl. RATHGEN, p. 26; KEUTGEN, p. 91). Der in beiden
Urkunden erwähnte *bannus* steht mit der Marktverleihung in keiner Beziehung.

[3] MG. DD. II, O.III, 372.

[4] MG. DD. II, O.III, 280 (998) (Allensbach), 311 (999) (Villingen), 357
(1000) (Helmarshausen), 364 (c. 1000) (Wasserbillig), 399 (1001) (Château-
Cambrésis); BOEHMER, Acta imp. sel. 36 (St. 1359) (1003) (Château-Cambrésis); SCHÖPFLIN, Als. dipl. I, 185 (St. 1388) (1004) (Andlau); Chron. Lauresh.
(MG. SS. XXI, p. 403) (St. 1510) (1008) (Oppenheim); REMLING 23 (St. 1512)
(1009) (Marbach); ASCHBACH, Gesch. d. Grafen v. Wertheim, Bd. II, 1 (St. 1524)
(1009) (Wertheim).

verliehen wird „*omni mercatorio iure, quod Coloniae, Magontiae, Magadaburch similibusque nostrae dicionis in locis antea videbatur esse concessum,*"[1] „*cum omni lege ac iusticia, quae in omni legitimo solent haberi mercato,*"[2] „*iustitiis, quae ad forum legitimum videntur pertinere,*"[3] „*imperiali districtu,*"[4] „*omni districtione, quae ad forum et regiam pertinet potestatem,*"[5] „*omni regali districtu, quo solent et debent mercata institui et donari,*"[6] „*omnibus forensis iuris utensilibus,*"[7] „*cum omni iusticia.*"[8] Ob im einzelnen Falle in diesen allgemeinen Redewendungen auch die Verleihung des Bannes miteingeschlossen ist, läßt sich schwer entscheiden; bei einer Anzahl der aufgeführten Beispiele dürfte es sicher der Fall sein. In manchen Fällen ist übrigens daneben die Verleihung des *bannus* ausdrücklich hervorgehoben. Die Märkte, welche unter diesem Königsbanne stehen, heißen in einer lothringischen Urkunde des ausgehenden XI. Jahrhunderts *nundinae bannales*.[9]

Dieses Dingen des Marktgerichtes unter Königsbann hat seine Ursache in dem besonderen Königsschutze, dessen sich der Markt erfreut. Der König leiht dem Marktherrn seinen Bann, und unter diesem Banne wird der Markt abgehalten. Vergehen gegen den Marktberechtigten gelten als Verfehlungen gegen den königlichen Befehl. Aber dieser Königsschutz wird nicht allein dem Marktherrn zuteil, jeder Marktbesucher erfreut sich für die Dauer des Marktes eines besonderen königlichen Schutzes. Dem Königsbanne des Marktberechtigten entspricht der Königsfriede der Marktteilnehmer. Ungefähr um dieselbe Zeit, in welcher in den Markturkunden der Königsbann auftaucht, wird auch dieser Marktfriede erwähnt. Und zwar erscheint dieser Marktfriede bereits

[1] MG. DD. II, O. III, 155 (994) (Quedlinburg).
[2] Cod. dipl. Anhalt. I, 111 (St. 2082) (1036) (Kölbigk).
[3] UB. Hochst. Hildesh. I, 89 (St. 2443) (1053) (Wienhausen).
[4] MBo. XXIX a, 381 (St. 2439) (1053) (Beilngries und Waldkirchen).
[5] Hamb. UB. I, 79 (St. 2540) (1057) (Winsum und Garrelsweer).
[6] Cod. dipl. Sax. reg. A, I, 126 (St. 2655) (1064) (Sulza).
[7] MBo. XXIX a, 396 (St. 2545) (1057) (Hersbruck); cod. 455 (St. 3249) (1130) (Staffelstein).
[8] Kuchenbecker, Anal. Hass. XII, p. 321 (St. 3117) (1114) (Breitungen).
[9] Calmet I, p. 395 (1090). — Mayer, Zoll, Kaufmannschaft etc., p. 399 hat die betreffende Urkunde mißverstanden.

in der ersten Quellenstelle, die ihn nennt, als eine allgemein verbreitete Einrichtung, die an sämtlichen *publica mercata* üblich ist.
In dem Privilege Ottos I., welches dem Kloster Korvey die Errichtung eines *mercatum publicum* in Meppen gestattet, heißt es am
Schlusse:

> *„Pacemque firmissimam teneant aggredientes et regredientes et ibi*
> *manentes eodem modo, sicuti ab antecessoribus nostris regibus iam*
> *pridem aliis publicis mercatorum locis concessum erat."* [1]

Derartige Bestimmungen finden sich von nun an außerordentlich
häufig in den Markturkunden; wiederholt wird auch angedeutet, daß
dieser Marktbesucherfriede ein überall verbreitetes Institut ist. Es
wird bei seiner Festsetzung nicht nur auf die wichtigsten Märkte
des Reiches, Cambrai,[2] Trier,[3] Köln,[4] Mainz,[5] Worms,[6] Straßburg,[7]
Konstanz,[8] Zürich,[9] Dortmund,[10] Augsburg,[11] Regensburg,[12] Würzburg,[13] Bamberg,[14] Bezug genommen, sondern es heißt auch ganz
allgemein, daß ein Friede verliehen wird, wie ihn die Verkäufer *in*
aliis publicis mercatis,[15] die Besucher von *nostra publica merchata*,[16]
die *negotiantes in maioribus nostri regni locis et civitatibus*[17] oder
in aliis civitatibus, opidis, castellis, vicis, villis[18] genießen. Das *publi-*

---

[1] MG. DD. I, O.I, 77.

[2] cod. II, O.III, 399 (1001); Boehmer, Acta imp. sel. 36 (1003).

[3] MG. DD. II, O.III, 364 (ca. 1000).

[4] cod. 357 (1000), 364 (c. 1000); St. 3659 (1153).

[5] MG. DD. II, O.III, 280 (998), 357 (1000), 364 (c. 1000); St. 3659
(1153).

[6] MG. DD. II, O.III, 280 (998).

[7] St. 3659 (1153).

[8] MG. DD. II, O.III, 280 (998), 311 (999).

[9] cod. 311 (999).

[10] cod. 357 (1000).

[11] St. 2000 (1030).

[12] St. 2000 (1030), 2609 (1062).

[13] St. 2609 (1062).

[14] St. 2609 (1062).

[15] MG. DD. II, O.III, 364 (c. 1000); vgl. MRh. UB. I, 347 (St. 2506)
(1056).

[16] MG. DD. II, O.III, 367 (1000).

[17] Trouillat I, 88 (St. 1387) (1004).

[18] Schöpflin, Als. dipl. I, 185 (St. 1388) (1004).

cum mercatum als solches hat diesen Frieden, gleichviel wo es stattfindet, in der Stadt oder auf dem Dorfe.

Dieser Marktfriede ist ein Personalfriede, kein örtlich fest begrenzter Lokalfriede.[1] Der Markt ist überhaupt kein bestimmt abgegrenzter Raum, sondern ein abstrakter Begriff. Die Teilnahme am Marktverkehr ist es, die den Frieden gewährt; die *negotiantes*, die Marktbesucher genießen den Frieden. Und zwar erfreuen sie sich dieses Friedens nicht nur während ihres Aufenthaltes am Marktorte selbst, sondern auch während ihres Kommens und Gehens, während der Hinreise und Rückreise.[2] Ja der Schutz auf der Reise erscheint bisweilen als die Hauptsache, in mehreren Urkunden wird überhaupt nicht der *pax in commorando*, sondern allein der *pax in eundo et redeundo* gedacht.[3] Wer nicht Marktbesucher ist, nimmt an diesem Marktfrieden nicht teil.

Auch in späterer Zeit hat sich dieser besondere persönliche Marktfriede erhalten. Mit dem Stadtfrieden steht er in keiner Beziehung; er kommt in den Städten neben dem Stadtfrieden zur Geltung.[4] Speier z. B. ist im XIII. Jahrhundert längst Stadt und hat einen eigenen Stadtfrieden, trotzdem wird im Jahre 1245 für alle Besucher der Herbstmesse ein besonderer Friede festgesetzt.[5] Andere Beispiele sind der Friede der Maimesse in Bamberg[6] und der Friede der Messe von Eichstädt.[7] Das Medebacher Stadtrecht, welches eingehende Bestimmungen über den Stadtfrieden enthält, schließt mit der Bestimmung:

„*Ad hec firmissime precipimus, ut in foro Madebahe pax habeatur,*"[8]

---

[1] Vgl. v. Below, Ursprung, p. 94 f.

[2] Vgl. z. B. MG. DD. II, O.III, 280 (998), 311 (999), 357, 364, 367 (1000), 399 (1001); St. 2000, 2008 (1030), 2216 (1041), 2443 (1053), 2545 (1057), 2583 (1060), 3249 (1130); Stumpf, Acta imperii 73 (1067).

[3] MG. DD. I, O.I, 430 (973); eod. II, O.III, 196, 208 (996), 372 (1000); UB. Magdeburg I, 19 (1035); St. 2068 (1035), 2082 (1036), 2219 (1041), 2374 (1049).

[4] Vgl. auch v. Below, Ursprung, p. 93; Keutgen, a. a. O., p. 66 f.; Varges in Zeitschr. f. Nationalökon. u. Statistik., N.F., Bd. III, p. 670 ff.

[5] UB. Speier 69 (Reg. V, 3488).

[6] MBo. XXXIa, 309 (Reg. V, 3481) (1245).

[7] MBo. XXIXa, 563 (Reg. V, 31) (1199): vgl. eod. XXXIa, 295 (Reg. V, 2066) (1234).

[8] Seibertz, UB. I, 55, § 25 (1165).

kennt also einen besonderen Marktfrieden. Das Freiburger Recht
scheidet zwischen der *pax et securitas itineris*, die der Herzog
omnibus forum meum querentibus verspricht,[1] und der *pax urbis*,
deren Bruch *infra urbem* mit peinlicher Strafe bedroht ist.[2] Denselben Unterschied machen auch die Freiburger Tochterrechte, die
Handfesten von Freiburg i. Ü.[3] und Bern.[4] An diesen Beispielen,
die sich vielfach vermehren ließen, gewahrt man deutlich, daß
Stadtfriede und Marktfriede nicht identisch sind.

Der Inhalt dieses Friedens ist ein doppelter. Einmal
stehen die Marktbesucher auf der Reise und während ihres
Aufenthaltes auf dem Markte im besonderen Schutze des Königs. Sie sollen ungehindert kommen und gehen. Jede ihnen
zugefügte Verletzung wird mit der Strafe des Königsbannes gebüßt. Bisweilen wird diese letztere Wirkung des Königsbannes
ausdrücklich ausgesprochen, z. B. in der Urkunde für Kreuznach:

> „Quicumque vero de his aliquem inquietaverit, nostrum imperialem
> bannum componat,“[5]

sowie in den Urkunden für Donauwörth[6] und Sinsheim.[7] Meist
aber erscheinen die Beeinträchtigungen der Marktbesucher mit
den gegen den Marktherrn gerichteten Vergehen unter allgemeine-
ren Ausdrücken, wie *mercato molestiam vel inquietudinem inferre*,[8]
mercatum infringere,[9] *irritare*,[10] *inquietare*,[11] *frangere*,[12] zusammen-
gefaßt. Der Marktbesucher wird aber durch den Königsfrieden
nicht nur gegen widerrechtliche Angriffe geschützt; auch an und

---

[1] Freiburger Stadtrecht § 1.

[2] cod. § 8.

[3] GAUPP, Stadtrechte II, p. 90, § 38: *si quis intra urbem pacem urbis
infregit*; cod. p. 96 f., § 78: *Si quis pacem fori nostri infregerit, hoc est
si aliquis alicui venienti ad forum nostrum aliquid dampni fecerit.*

[4] Fontes rer. Bern. II, 3, p. 3, 6 (GAUPP, a. a. O. p. 45, 50, §§ 4, 28).

[5] MG. DD. II, O. III, 367 (1000).

[6] GENGLER, Cod. iur. mun. I, p. 807 (St. 2000) (1030).

[7] STUMPF, Acta imperii 73 (1067).

[8] MG. DD. II, O. III, 142 (994).

[9] cod. 280 (998), 311 (999), 357 (1000).

[10] eod. 311 (999).

[11] cod. 357 (1000).

[12] cod. 372 (1000).

für sich begründete Rechtsansprüche können gegen ihn während
der Marktzeit nicht geltend gemacht werden. Der Marktfriede
schützt ihn ebensowohl vor civilen Klagen wie vor strafrechtlicher
Verfolgung. Dieser Satz wird z. B. in dem Aachener Privileg
von 1166 mit klaren Worten ausgesprochen:

> *„Nullus mercator vel quaelibet alia persona in his nundinis mer-*
> *catorem in causa ducat pro debito solvendo vel alio quolibet ne-*
> *gotio, quod ante nundinas perpetratum fuerit.“*[1]

Ferner findet sich diese Bestimmung in den Privilegien für
Hamm,[2] Lippstadt,[3] Brühl[4] und zahlreiche andere Orte Deutschlands[5] sowohl wie Frankreichs.[6] Nur in besonders schweren
Fällen versagt der Königsschutz; der *reus homicidii*,[7] der *extermi-*
natus vel proscriptus,[8] der *proscriptus et fur*,[9] der *inimicus* des
Stadtherrn und der Bürger[10] steht außerhalb des Friedens.[11] Im
übrigen gewährt die Teilnahme am Marktverkehr dem Marktbesucher Asylrecht. Die Strafe, die auf Verletzungen des Marktfriedens steht, ist ursprünglich regelmäßig der Königsbann; später
tritt statt dessen peinliche Strafe[12] oder Verdoppelung der gewöhnlichen Bußsätze ein.[13]

---

[1] Lacomblet I, 412 (St. 4062) (1166).

[2] Westfäl. UB. II, 526 (1213): *Item dies fori per singulas septimanas
conductum liberum singulis exhibeant, ita quod suis creditoribus sub districtione iuditiali nichil respondere teneantur nec etiam super aliis impetitio-
nibus respondeant.*

[3] Westfäl. UB. II, 541, § 5 (1198): *Foro annuali duobus diebus ante
et post iudicii rigore nullus hominum astringitur.*

[4] Lacomblet II, 802 (1285): *Quod nullus ibidem veniens illis tribus
diebus possit occupari, arrestari vel aliquo modo molestari.*

[5] Vgl. die Beispiele bei Sohm, Städtewesen, p. 51 f.

[6] Vgl. die Beispiele bei Mayer, Zoll, Kaufmannschaft etc., p. 485,
Anm. 1.

[7] Calmet I, p. 394 (1090).

[8] Westfäl. UB. II, 526 (1213), 541, § 5 (1198).

[9] Stadtrecht von Eisenach (1283) § 29 (Gaupp, Stadtrechte I, p. 203).

[10] Günther, C. d. Rheno-Mosell. III a, 187 (1332); vgl. Sohm, a. a. O., p. 51.

[11] Andere Beispiele bei Gengler, Stadtrechtsaltertümer, p. 154.

[12] Vgl. Gengler, a. a. O., p. 152.

[13] Vgl. Gengler, a. a. O., p. 152; Mayer, a. a. O., p. 479, Anm. 1.

War der Marktbesucher durch den Marktfrieden der gewöhnlichen Gerichtsbarkeit entzogen, so mußte jedenfalls für die Vergehen, die er innerhalb der Marktzeit beging, und für die Verträge, die er auf dem Markte abschloß, ein außerordentliches Gericht vorhanden sein. Der Marktfriede gewährte deshalb dem Marktbesucher nicht nur Schutz gegen fremde Rechtsverfolgung, sondern unterstellte ihn auch für die Dauer seiner Marktfahrt dem M a r k t g e r i c h t. Die Marktfriedensprivilegien enthalten wiederholt den Zusatz, daß die auf dem Markte selbst verübten Vergehen auf dem Markte auch ihre Aburteilung finden sollen. Das Aachener Privileg von 1166 sagt ausdrücklich:

> *„Si in nundinis aliquid perperam factum fuerit, in nundinis se-*
> *cundum iusticiam emendetur."*

Ähnliche Bestimmungen finden sich auch in den oben angeführten Privilegien für Hamm, Lippstadt, Brühl etc.

Diese Zuständigkeit des Marktgerichtes für die Angelegenheiten der Marktbesucher beschränkt sich aber nicht auf den Marktort selbst, sondern greift auch darüber hinaus. So lange der Marktbesucher den Marktfrieden genießt, also auch auf dem Hin- und Rückwege, ist er für seine Vergehen dem Marktgerichte verantwortlich. Nach der alten Aufzeichnung über die Rechte des lothringischen Herzogs und des Klosters St. Dié im Thale Galiläa soll der *mansionarius* von St. Dié, wenn er zum herzoglichen *forum* kommt, für seine Verschuldungen

> *„in ipso foro vel in via fori"*

dem herzoglichen Marktgerichte unterstehen.[1] In den Statuten von Höxter heißt es bei der Besprechung des siebentägigen Jahrmarktes:

> *„Si autem excessus aliquis infra duo miliaria inciderit, iudicabi-*
> *tur, si pervenerit ad querelam infra septem dies iam dictos."*[2]

Die Marktgerichtsbarkeit von Höxter reicht also über den städtischen Gerichtsbezirk hinaus. Die ausschließliche Zuständigkeit des Marktgerichtes für die Missethaten der Marktteilnehmer ist

---

[1] Waitz, Urkunden z. d. VG.² 20, § 1 (1115—23).
[2] Wigand, Archiv III, 3, p. 11 (1223—57).

besonders deutlich ausgesprochen in den beiden fast gleichlautenden Urkunden Konrads II. vom Jahre 1035 für die Jahrmärkte
von Magdeburg[1] und Bremen.[2] Der König verleiht dem Erzbischofe den Bann über die Marktbesucher mit der Bestimmung:

> „Ut, si in hoc statuto tempore ex illuc venientibus aliqua temeritas
> evenerit, inde institiam faciendi neque dux neque comes neque
> aliquis hominum preter ipsum suosque successores licentiam ha-
> beant.“

Während in Frankreich wiederholt ein vom ordentlichen
Stadtgerichte völlig getrenntes Marktgericht erwähnt wird,[3] hat
in Deutschland der Inhaber der ordentlichen Gerichtsbarkeit auch
die Marktgerichtsbarkeit[4] und läßt sie durch denselben Beamten
ausüben. Das Marktgericht ist das zur Marktzeit abgehaltene Stadtgericht und zeigt nur insofern eine Besonderheit,
als es für die Angelegenheiten der Marktbesucher zuständig ist.[5]
Bisweilen findet sich auch die besondere Bestimmung, daß die
gewöhnlichen, nicht mit dem Marktverkehr zusammenhängenden
Rechtsstreitigkeiten der Bürger, abgesehen von besonders dring-
lichen Fällen, an Markttagen nicht zur Verhandlung kommen.[6]
Die sogenannten Gastgerichte sind keine von Anfang des Marktverkehrs an vorhandenen Sondergerichte, sondern Umbildungen

---

[1] UB. Magdeburg I, 19.

[2] Brem. UB. I, 19 (St. 2068).

[3] Vgl. die Beispiele bei MAYER, a. a. O., p. 480 f., Anm. 2.

[4] Nur dann müssen wir auch für Deutschland eine besondere Marktgerichtsbarkeit annehmen, wenn wir die durch das Reichsweistum von 1218
geschaffene bez. bestätigte Immunität der Märkte bloß für die Dauer des
Marktes gelten lassen; vgl. oben S. 156, Anm. 2.

[5] Vgl. v. BELOW, Ursprung, p. 86; KEUTGEN, a. a. O., p. 69 f.

[6] Vgl. z. B. das Stadtrecht von Kirchberg von 1249 od. 1259 § 22
(Zeitschr. f. Gesch. d. Oberrh. XVI, p. 49; MRh. UB. III, 1491, p. 1076):
Item nullus civium in die fori . . . vel in foro annali ad iudicium trahi
poterit ab aliquo, sed induciae eidem usque in diem proximum prefigentur,
ut tunc coram iudice compareat super obiiciendis responsurus. Über andere
Beispiele vgl. Stadtrecht von Blankenberg 1245 § 18 (GENGLER, Cod. iur.
mun. I, p. 237); Privileg von Odernheim 1286 (BOEHMER, Acta imp. sel. 454);
BÄR, Zur Entstehung der deutschen Stadtgemeinde (Koblenz) in: Sav.
Zeitschr. f. RG. Germ. Abt. XII, p. 6; VAN DER LINDEN, Histoire de la
constitution de la ville de Louvain, 1892, p. 17 f., Anm. 3.

des gewöhnlichen ordentlichen Gerichtes unter dem Einflusse eines
sich immer mehr entwickelnden Gästerechtes.[1] Eine Trennung
von Stadtgerichtsbarkeit und Marktgerichtsbarkeit läßt sich in
Deutschland — wenigstens in der älteren Zeit — nicht nachweisen. Allerdings kommt es vor, daß bisweilen neben der öffentlichen Gerichtsbarkeit überhaupt die Marktgerichtsbarkeit noch
ausdrücklich hervorgehoben wird. Im Jahre 1272 z. B. gestattet
Bischof Johann von Utrecht dem Ritter *Swederus de Buzinchem*,
bei Vianen *infra suam iurisdictionem* zwei Jahrmärkte abzuhalten,
und erklärt:

> *„Iurisdictionem de omnibus forefactis, quae durantibus ipsis mun-*
> *dinis quocunque modo contigerint, eidem Swedero et suis perpetuo*
> *haeredibus indicare in feudum concedimus loco et iure ministe-*
> *rialis.“*[2]

Der Inhaber der ordentlichen Gerichtsbarkeit besitzt also auch in
diesem Falle die Marktgerichtsbarkeit.

Die Marktgerichtsbarkeit erstreckt sich aber nicht bloß auf
die auswärtigen Marktbesucher, sie ergreift auch diejenigen einheimischen, die für gewöhnlich der öffentlichen Gerichtsbarkeit
nicht unterstehen, die Handel treibenden Immunitätsleute. Die
Bulle Leos IX. über die Rechte des Domkapitels von Toul bestimmt:

> *„Homines vestri infra civitatem vel extra commorantes usum banni*
> *civitatis communem cum omnibus caeteris habeant nec ulli iustitiae*
> *saeculari nisi vestrae sint subditi, nisi de forensibus mercimoniis,*
> *si cum caeteris bannalibus mercatoribus fuerint constituti per villi-*
> *cum civitatis.“*[3]

Eine noch deutlichere Sprache redet der Schiedspruch Heinrichs VI.
zwischen Domkapitel und Bürgerschaft von Toul über die rechtliche Stellung der *homines canonicorum*:

---

[1] Vgl. OSENBRÜGGEN, Die Gastgerichte in: Studien zur deutschen und
schweizerischen Rechtsgeschichte, 1868, p. 19 ff.

[2] HEDA p. 224 (1272).

[3] CALMET I, p. 437 (1050); vgl. WAITZ, VG., Bd. V², p. 398, Anm. 1. —
Bannales heißen die *mercatores*, weil sie dem unter Königsbanne dingenden
Marktgerichte unterstehen.

*„Liberi sint ab omni banno et damnatione, excepta canonicorum,
salvo iure imperiali, ut dictum est; nec respondeant nisi in prae-
sentia et in iustitia canonicorum, hoc excepto, quod illi homines
canonicorum, qui mercatores fuerint, eis, quibus caeteri mercatores
respondere debent in nundinis vel in die fori, quantum ad mercaturam spectaverit, de negotio mercaturae tantummodo respondeant."* [1]

Andere westfränkische Beispiele bieten die Rechtsaufzeichnungen
von Meaux und Provins. [2] In Deutschland findet sich der Satz
dahin verallgemeinert, daß die Immunitätskaufleute hinsichtlich
ihrer sämtlichen Handelsgeschäfte, in allen zur *mercatura* gehörigen Rechtssachen, dem Stadtgerichte unterstehen. Vom Straßburger *causidicus* heißt es:

*„Similiter et ministros fratrum de quocunque claustro ius habet
iudicandi de ipsis, scilicet in causis pertinentibus ad mercaturam,
si volunt esse mercatores."* [3]

In ähnlicher Weise spricht sich das Gandersheimer Vogtweistum aus:

„Si quis autem in praefatis locis (nämlich innerhalb der Kloster-
freiheit) *publicas mercaturas exercuerit, ratione mercationis, non
ratione personae legi forensi subiacebit; cessante vero causa ces-
sabit et effectus. Publice vero mercationes* (so zu lesen statt
des im Texte stehenden sinnwidrigen *mercatores*) *dicuntur,
quando quis res, quas infra forensem limitem emit, lucri gratia
postmodum vendere intendit."* [4]

In diesem Sinne ist wohl auch der Satz im Domherrenrechte von
Lüttich und Maastricht zu verstehen, daß der *canonici serviens*

„nullum forense iuditium sustinebit, nisi publicus mercator fuerit." [5]

---

[1] ed. SCHEFFER-BOICHORST im Neuen Archiv XX, p. 204 (1192); vgl. die
Urkunde Bischof Matheus' von 1200 (CALMET II, p. 413).
[2] Vgl. MAYER, a. a. O., p. 468, Anm. 1.
[3] Straßburger Bischofsrecht § 38 (UB. Straßburg I, p. 469).
[4] HARENBERG, Hist. eccl. Gandersh., p. 130 f. (1188).
[5] WAITZ, Urkunden zur deutschen VG.² 15, 16, § 2, p. 38 (1107,
1109). — Daß der *publicus mercator*, welcher *serviens canonici* ist, für alle
seine Handlungen dem Stadtgerichte verantwortlich ist, läßt sich nicht aus
der betreffenden Urkundenstelle folgern.

Andere Beispiele für diesen Rechtssatz aus Nordfrankreich und den Niederlanden führt E. MAYER[1] an. Dagegen sind die nicht Handel treibenden Immunitätsleute des Marktherrn meist dem Marktgerichte nicht unterstellt. Die Angehörigen der *familia* des Klosters in Radolfzell erhalten die Vergünstigung,

„ut in foro sub nullo banno emant, vendant et nulli iudicum de empcione, de vendicione pro iure fori respondeant.“[2]

Der Königsfriede, den die Besucher eines Marktes genießen, und dessen Bruch mit der Strafe des Königsbannes geahndet wird, ist immer nur für den einzelnen Markt erteilt worden. Eine besondere Befriedung der reisenden Kaufleute überhaupt, ein allgemeiner Kaufmannsfriede, ist wenigstens in der älteren Zeit nicht nachweisbar. Der Theorie nach sollte dieser Marktfahrerfriede allerdings für alle Besucher des betreffenden Marktes im ganzen Reiche Geltung haben; thatsächlich mußte er sich auf die nächste Umgebung des Marktes beschränken. Direkt ausgesprochen findet sich diese örtliche Beschränkung des Marktfriedens zuerst in der Urkunde Heinrichs II. für den Markt des Klosters Andlau: Die *homines in eiusdem loco mercati invicem negotiantes* sollen

„pacem et securitatem in circuitu per spatium milliarii“[3]

genießen. Diese Berechnung des Marktfriedens nach einem Kreise von einem eine oder mehrere Meilen betragenden Radius findet sich wiederholt in den späteren Stadtrechten. In Rotenburg gilt der Marktfahrerfriede im Umkreise von einer Meile,[4]

---

[1] MAYER, a. a. O., p. 468, Anm. 1. — MAYER hat richtig erkannt, daß gerade in der ältesten von ihm erwähnten Quellenstelle diese Kaufleutegerichtsbarkeit nur für die Marktzeit eintritt, jedoch hat er, in seiner Hansa-Hypothese befangen, die richtige Erklärung nicht gefunden und die von ihm citierten Urkunden völlig mißverstanden. — Über die betreffende, höchst zweifelhafte und durch die Quellen keineswegs begründete Hypothese MAYERS vgl. die treffenden Bemerkungen v. BELOWS in Gött. Gel. Anz. 1895, p. 223 ff.

[2] Zeitschr. f. Gesch. d. Oberrh. N. F. V, p. 141 (1100).

[3] SCHÖPFLIN, Als. dipl. I, 185 (1004) (St. 1388).

[4] Privileg von 1274 § 7 (GENGLER, Deutsche Stadrechte p. 383).

in Höxter[1] und Landshut[2] im Umkreise von zwei Meilen, in Hagenau[3] innerhalb drei Meilen. Meist scheint dieser Marktfriedensbezirk mit der sogenannten Bannmeile identisch gewesen zu sein, z. B. in Basel.[4] Aus der besonderen Befriedung, welche die Marktfahrer in diesem Gebiete genossen, entwickelte sich ein Geleitrecht des Marktberechtigten. Bisweilen wird der Friedensbezirk der Marktfahrer aber nicht nach einer gewissen Meilenzahl, sondern in anderer Weise bestimmt. Das scheint der Fall zu sein in der interessanten Urkunde Ottos III. für den Grafen Berthold,[5] in welcher dem letzteren gestattet wird, in seinem Orte Villingen einen öffentlichen Markt zu errichten

„cum moneta, theloneo ac totius publicae rei banno, in comitatu quoque Bara, quem Hildibaldus comes tenere et potenter videtur placitare." [6]

Bereits Gothein[7] und Keutgen[8] haben richtig herausgefühlt, daß unter dem *bannus* nicht die öffentliche Gerichtsbarkeit zu verstehen ist, da ja Graf Hildebald nach wie vor ordentlicher Richter der Grafschaft Baar bleibt. Der Sinn der betreffenden Stelle ist m. E. der, daß der durch den Königsbann geschützte Marktfriede sich nicht nur auf den Ort Villingen beschränkt, sondern innerhalb der ganzen Grafschaft Baar den Marktbesuchern zu teil wird, und daß in diesem Bezirke für Bruch des Marktfriedens die Bannbuße an Graf Berthold zu entrichten ist. Um ein ganz ähnliches Verhältnis handelt es sich in der Urkunde Heinrichs IV.

---

[1] Statuten sacc. XIII. (Wigand, Archiv III, 3, p. 14).

[2] Stadtrecht von 1279 § 6 (Gengler, Stadtrechte p. 234).

[3] Stadtrecht von 1164 § 10 (Gaupp, Stadtrechte I, p. 97).

[4] Vgl. Heusler, Verfassungsgeschichte der Stadt Basel, p. 60. — Diese Bannmeile ist mit dem „Twing und Bann", dem städtischen Gerichtsbezirk, nicht zu verwechseln. Beide Bezirke decken sich nicht; vgl. Heusler. a. a. O., p. 22.

[5] MG.DD. II, O. III, 311 (999).

[6] Ferner erhalten die Marktfahrer die Zusicherung des Königsfriedens. dessen Bruch mit der Zahlung der Königsbannbuße an den Grafen Berthold bestraft wird.

[7] Gothein, Wirtschaftsgeschichte des Schwarzwaldes, Bd. I, p. 65.

[8] Keutgen, a. a. O., p. 88 f.

für die Abtei Siegburg, auf welche bereits Waitz[1] aufmerksam
gemacht hat. Der Abt des Michaelisklosters auf dem *monte iuxta
Sigam* beklagt sich,

> „*quod temerarii homines multas circa eundem montem mercatum
> petentibus contumelias irrogarent, de quibus accusati neque comiti
> neque domino oppressorum compositionem facti solverent*,“

und bittet,

> „*ut ei bannum circa montem eundem in villis abbatiae et s. Petri
> daremus, ita tamen ut in nullo minueretur iustitia comi-
> tis aut potestas.*“

Der Kaiser giebt nun die genaue Beschreibung eines um das
Kloster gelegenen Bezirkes und bestimmt, daß in diesem Bezirke

> „*nullus homo quenquam capere, depredari, ledere vel in aliquo
> molestare presumat. Quod si hoc nostrum institutum quispiam
> transgressus fuerit, abbati vel eius procuratori 60 solidos com-
> ponat et solvat sive servus sive liber sit.*“ [2]

Die ordentliche Gerichtsbarkeit des Grafen wird, wie die Urkunde
ausdrücklich hervorhebt, von der kaiserlichen Verfügung nicht
berührt. Es wird nur bestimmt, daß innerhalb der genannten
Grenzen für bestimmte Friedensbrüche die Buße des Königsbannes an den Marktberechtigten zu zahlen ist. Für einen
„Burgbann“ in dem von Waitz[3] vertretenen Sinne vermag ich
diesen Bann nicht zu halten. M. E. kam in dem angegebenen
Bezirke die Königsbannstrafe nur dann zur Anwendung, wenn es
sich um Vergehen gegen Marktfahrer handelte, nicht aber bei
allen innerhalb des Bezirkes begangenen Missethaten. Eine Interpretation der Schlußbestimmungen der Urkunde in dem zuletzt
genannten Sinne würde mit der Verordnung, daß keine *minutio*
der Grafengewalt eintreten sollte, nicht vereinbar sein. Genau
ebenso ist die analoge Bestimmung in der Allensbacher Urkunde zu verstehen. Auf Grund der *regia constitutio*, daß Be-
lästigung der Marktfahrer mit der Buße des Königsbannes gestraft

---

[1] Waitz, VG., Bd. VIII, p. 8 f., Anm. 2.
[2] Lacomblet I, 214, p. 139 (1071) (St. 2747).
[3] Waitz, a. a. O.

wird, verordnet Abt Ekkehard, daß diejenigen den *imperialem bannum* zahlen sollen,

> „*qui furtum, rapinam, invasionem, lesionem, molestationem, percussionem, involationem infra terminum eiusdem oppidi facere presumpserint.*" [1]

Darauf folgt eine genaue Beschreibung dieses *terminus*, der einen weiteren Umkreis um das Dorf bildet. M. E. kann die Urkunde nur dahin verstanden werden, daß die gegen die Marktbesucher gerichteten *furta, rapinae* etc. innerhalb dieses Gebietes mit der Königsbannbuße geahndet werden, dagegen darf man aus derselben nicht die Verleihung eines allgemeinen Dorffriedens folgern.

Der Marktbann ist Königsbann, der Marktbesucherfriede Königsfriede. Als Wahrzeichen dieses königlichen Bannes und Friedens finden wir an zahlreichen Orten besondere Marktzeichen, die während der Dauer des Marktes aufgerichtet werden, um den Schutz des Königs symbolisch anzudeuten.[2] In späterer Zeit dienen als solche Marktzeichen vor allem die Marktfahne[3] und der eng mit ihr verwandte Strohwisch,[4] seltener ein aufgesteckter Hut.[5] Zweifelhaft ist der nur in Halle als Marktzeichen erwähnte Schild;[6] seine Erwähnung beruht, worauf bereits SELLO[7] aufmerksam gemacht hat, vielleicht nur auf einem Lesefehler, der den „Schoff" (Schaub = Strohwisch) in einen „Schild" verwandelte. Jedenfalls gehört nicht zu den Marktzeichen im gewöhnlichen Sinne das Schwert. Der während der vier Jahrmärkte in Münster aufgesteckte Schwertarm[8] ist kein Symbol des könig-

---

[1] Zeitschr. f. Gesch. d. Oberrh. N.F. V, p. 168 f. (1075).

[2] Vgl. SCHRÖDER, Weichbild in: Historische Aufsätze dem Andenken an GEORG WAITZ gewidmet, 1886, p. 306 ff. — SCHRÖDER, Die Stellung der Rolandssäulen in der Rechtsgeschichte in: BÉRINGUIER, Die Rolande Deutschlands, 1890, p. 1 ff. — SCHRÖDER, RG.², p. 604. — Vgl. die Kritiken von SELLO in Forsch. z. brand. u. preuß. Gesch. III, p. 399 ff. und von UHLIRZ in Mitt. d. Inst. f. österr. GF. XV, p. 676 ff.

[3] Weichbild, p. 310; Rolandssäulen, p. 16 f.

[4] Weichbild, p. 311; Rolandssäulen, p. 19 f.

[5] Weichbild, p. 312; Rolandssäulen, p. 18 f.

[6] Weichbild, p. 310; Rolandssäulen, p. 18.

[7] SELLO in Bll. f. Handel, Gewerbe und soziales Leben, Beibl. z. Magdeb. Zeitung, Jahrg. 1890, p. 74.

[8] Weichbild, p. 307 f., 310; Rolandssäulen, p 17.

lichen Marktfriedens, sondern, was SCHRÖDER selbst annimmt, ein
Symbol der während des Marktes auch auf das Immunitätsgebiet
des Domhofes sich erstreckenden städtischen Jurisdiktion; er versinnbildlicht also nur die hohe Gerichtsbarkeit. Auch der Schwertarm in Grades[1] und das hölzerne Schwert mit der hölzernen
Hand in Esch an der Sauer[2] dürften bloß Blutgerichtssymbole,
aber keine Marktzeichen sein.[3]

Ob die Auffassung des Handschuhes[4] als Marktsymbol berechtigt ist, erscheint mir ebenfalls zweifelhaft. Allerdings spielt
im XII. und XIII. Jahrhundert bei den Verleihungen des Marktrechtes der Handschuh keine unbedeutende Rolle. Bereits 1138
sichert Konrad III. dem Abte Wibald von Stablo den Besitz eines
Schlosses zu,

> *„in cuius valle mercatum et publicas nundinas datis ad venden-*
> *dum chirothecis nostris auctoritate regia instituimus,"*[5]

und in demselben Jahre nimmt der Abt in einer Urkunde auf
diese durch Übergabe des Handschuhes vollzogene Verleihung
Bezug.[6] Genau in derselben Funktion erscheint der Handschuh
in dem Staffelsteiner Privilege von 1165, wo es von Lothar heißt:

> *„Tradiderat more solito per guantonem publica donatione et privi-*
> *legii sui confirmatione, ut videlicet crucem in suo erigerent et*
> *mercatum publice instituerent."*[7]

Daß diese Verleihung des Marktrechtes *per cirothecam nostram*
allgemein üblich war, beweist das Reichsweistum von 1218.[8]

---

[1] Rolandssäulen, p. 17.

[2] cod., p. 13.

[3] Das Kreuz mit dem Schwert in Obernaula (cod., p. 13) ist kein Zeichen
der Marktgerichtsbarkeit, sondern der Zollgerichtsbarkeit. Die Marktgerichtsbarkeit wird versinnbildlicht durch einen Diebstock mit Halseisen. Es wird
niemandem einfallen, diesen Diebstock als Symbol der königlichen Gewalt
anzusehen; warum soll das demselben völlig entsprechende Schwert ein königliches Wahrzeichen sein?

[4] Vergl. SCHRÖDER, Weichbild, p. 306 f.; Rolandssäulen, p. 15 ff.

[5] POLAIN, Recueil des ordonnances de la principauté de Stavelot
p. 21 (St. 3372).

[6] MARTÈNE et DURAND, Collectio II, p. 107.

[7] MBo. XXIX a, 510 (1165) (St. 4043).

[8] MG. Constitutiones II, 61 p. 75.

sowie die bekannte Stelle des Sachsenspiegels.[1] In allen diesen
Erwähnungen erscheint der Handschuh aber nur als Symbol der
Verleihung des Marktrechtes,[2] nicht als Wahrzeichen des Markt-
bannes oder Marktfriedens. Das Marktsymbol selbst ist auch in
diesen Fällen, wie das Staffelsteiner Privileg beweist, das Marktkreuz; ob man damals den Handschuh nach erfolgter Verleihung
als Marktsymbol verwandt hat, indem man ihn an das Kreuz
hing, wissen wir nicht. Die Bilderhandschriften des Sachsenspiegels aber, welche den Markt (nicht im Sinne von Handelszusammenkunft, sondern im Sinne von Marktflecken) durch ein
Kreuz mit einem daran gehängten Handschuh versinnbildlichen,
und ebenso die bekannte Stelle des sächsischen Weichbildes
Art. X, § 5 (ed. v. Daniels, 1853), welche an das Weichbildkreuz
der Städte und Märkte des Königs Handschuh hängen läßt, gehören einer Zeit an, in welcher man kaum mehr die alte Bedeutung des Handschuhes verstand.

Auch sonst ist keine Verwendung des Handschuhes als
Marktsymbol nachweisbar.[3] Die von Schröder zum Beweise
angeführten Stellen[4] sprechen nicht von Handschuhen, sondern
von Händen. Und zwar sind diese angeblich als Marktzeichen
dienenden Hände entweder bloß Halter des die Marktgerichtsbarkeit symbolisierenden Schwertes,[5] oder sie finden sich in Verbindung mit Schwert, Galgen oder Rad,[6] also Symbolen der Blutgerichtsbarkeit, und versinnbildlichen dann zusammen mit denselben die Gerichtsbarkeit über Hals und Hand.

Das einzige Marktzeichen, welches bereits in älterer Zeit
nachgewiesen werden kann, ist das Kreuz. Aber auch das Markt-

---

[1] Ssp. II, 26, § 4.

[2] Vergl. auch Keutgen, a. a. O., p. 75 ff. — Die von Schröder, Weichbild, p. 307 geäußerten Bedenken halte ich nicht für begründet.

[3] Der Blechhandschuh an dem erst in der Neuzeit erbauten Kaufhause
in Mannheim (vgl. Zoepfl, Die Rulands-Säule, p. 343) hat natürlich ebensowenig Beweiskraft wie der auf Stadtmünzen öfters abgebildete Handschuh
(vergl. Schröder, Weichbild, p. 317, Anm. 1).

[4] Schröder, Weichbild, p. 307; Rolandssäulen, p. 10, 13.

[5] In Münster und Grades.

[6] In Echternach und Esch, ferner in Koblenz; vergl. Bär, Zur Entstehung
der deutschen Stadtgemeinde in: Sav. Zeitschr. f. RG. Germ. Abt. XII. p. 6f.

kreuz kommt nicht vor dem XII. Jahrhundert vor. Die von
SCHRÖDER citierte Stelle aus den um die Mitte des IX. Jahrhunderts entstandenen Miracula s. Filiberti [1] redet, worauf
UHLIRZ [2] aufmerksam gemacht hat, von keinem Marktkreuze; das
in derselben erwähnte, an der Klosterthür aufgepflanzte Kreuz
trägt durchaus einen kirchlichen Charakter, es bezeichnet die
Grenze des Klosterbezirkes, die von den am Marktverkehr teil-
nehmenden Frauen nicht überschritten werden darf. Zuerst erwähnt wird das Marktkreuz in der oben [3] angeführten Urkunde
für Staffelstein; es erscheint als Zeichen des *mercatum publicum*.
Ob dieses Kreuz aber ständig auf dem Markte von Staffelstein
stand oder bloß zur Marktzeit aufgerichtet wurde, läßt sich aus
der Urkunde nicht entnehmen. Die gleiche Ungewißheit besteht
hinsichtlich des von SCHRÖDER mit Recht als „Kreuz" gedeuteten
signum forense von *Tutensteten* (Dachstetten?).[4] In den übrigen
von SCHRÖDER [5] angeführten Beispielen aus Köln, Siegburg, Zeve-
naar, Beverwijk, Schiedam, Leiden, Vianen, Wijk bij Duurstede,
Bolsward, Sneek, Leeuwarden, zu denen noch das Beispiel von
Koblenz kommt, [6] wird das Marktkreuz bei Beginn des Marktes
aufgerichtet und nach Beendigung desselben wieder abgenommen.
Ein ständiges Marktkreuz können wir nirgends mit Sicherheit
nachweisen; ob das Kreuz in Esch an der Sauer [7] ein Marktzeichen ist, erscheint recht zweifelhaft. Eine allgemeine deutsche
Einrichtung scheint das Marktkreuz nicht gewesen zu sein; die
angeführten Beispiele stammen ausschließlich vom Main, vom
Mittel- und Niederrhein und aus den Niederlanden. Und auch
in diesen Gegenden findet es sich nicht bei allen Märkten, sondern, wie die Beispiele ergeben, ausschließlich bei Jahrmärkten.[8]

---

[1] Vergl. SCHRÖDER, Rolandssäulen, p. 10; RG.[2], p. 108, Anm. 22.
[2] Mitt. d. Inst. f. österr. Gesch. XV, p. 677.
[3] Vergl. Seite 213.
[4] MG. Constitutiones II, 324, p. 434 (1234).
[5] SCHRÖDER, Rolandssäulen, p. 11 f.; Weichbild, p. 308 f.
[6] BÄR in Sav. Zeitschr. f. RG. Germ. Abt. XII, p. 6 f.
[7] SCHRÖDER, Rolandssäulen, p. 13.
[8] Vergl. PIRENNE in Revue historique LIII, p. 80.

Die Frage tritt an uns heran: Ist aus dem Marktfrieden,
wie die Vertreter der Markttheorie behaupten, der Stadtfriede
hervorgegangen? Ist der Friede, den die Marktbesucher genossen,
dadurch, daß er sich lokalisierte, zum Frieden der Marktansiedelung geworden? Von vornherein spricht eins gegen diese Annahme: es ist schwer erklärlich, wie es kommt, daß der Marktbesucherfriede auch dort, wo er nach der Marktrechtstheorie zum
Lokalfrieden geworden ist, nämlich in der Stadt, unverändert
fortdauert. Allerdings ist der Stadtfriede, ebenso wie der Marktfriede, Königsfriede, aber deshalb braucht man noch nicht den
einen aus dem anderen abzuleiten, denn ein königlicher Sonder-
friede ist außer der Stadt und den Marktbesuchern zahlreichen
anderen Orten und Personen zu teil geworden. Der Stadtfriede
ist vielmehr aus dem Burgfrieden entstanden.[1]

Daß der Burgfriede der Ausgangspunkt des Stadtfriedens
ist, ergiebt sich bereits aus der interessanten Urkunde Heinrichs II.
für Bischof Burchard von Worms vom Jahre 1014.[2] Die Bischöfe
und Äbte der gesamten Provinz unter Führung Burchards beklagen sich darüber, daß die Grafen in Nichtachtung der Immunitätsprivilegien bei Vergehen von Angehörigen der kirchlichen
familia den Sechzigschillingbann heischen. Der König bestimmt
darauf, daß allein der Fünfschillingbann[3] zulässig ist, daß derselbe durch den Kirchenvogt erhoben werden soll, und daß nur
ausnahmsweise das Grafengericht sich mit Handlungen der Kirchen-
leute befassen darf, und fährt fort:

„Illos vero 60 solidos, quos usque nunc iniusta et irrationabili
lege receperunt, omnino interdicimus nisi in publicis civi-
tatibus.“

--- ---

[1] Über das folgende vergl. vor allem Keutgen, a. a. O., p. 52 ff. —
Die Bezeichnung des Sonderfriedens der königlichen Pfalz oder des Aufent-
haltsortes des Königs als „Burgfriede“, wie sie Schröder, RG.[2], p. 117 an-
wendet, ist eine irreführende Petitio principii.

[2] UB. Worms I, 42, p. 32 f. (1014) (St. 1631), bestätigt von Heinrich III.
und Heinrich IV. (St. 2503 (1056), 2595 (1061)).

[3] Dieser Fünfschillingbann ist offenbar das bereits in der fränkischen
Zeit dem Grafen zufallende Drittel des alten Grafenbannes von fünfzehn
Schillingen; vergl. Brunner, RG., Bd. II, p. 167 f.

Was für Orte haben wir unter diesen *publicae civitates* zu verstehen? Sohm[1] sowohl wie Kaufmann[2] erklären dieselben für
Marktstädte, für „Städte im wirtschaftlichen Sinne mit gesetzlich
anerkanntem, regelmäßig auf königlichem Privileg beruhendem
Marktverkehr." Diese Erklärung, für die beide Forscher keine
näheren Gründe anführen, ist falsch; wie bereits hervorgehoben
wurde, heißen zahlreiche Orte mit regelmäßigem Marktverkehr
bis ins XII. Jahrhundert hinein in den Urkunden nicht *civitates*,
sondern *vici* oder *villae*. *Civitas* bedeutet, wie oben[3] ausgeführt
wurde, unter den Ottonen und Saliern den befestigten Ort, die
„Burg". *Publicae civitates* sind aber die Reichsburgen, die zur
Landesverteidigung dienenden befestigten Orte, insbesondere die
alten Römerstädte. Innerhalb der Mauern dieser Burgen herrscht
der königliche Burgfriede; deshalb werden auch die im Innern
der Burg begangenen Vergehen mit dem Königsbanne bestraft,
während auf dem Lande dieser Königsbann nur ausnahmsweise
durch besondere königliche Verfügung zur Anwendung kommen
kann und der niedere Grafenbann die Regel bildet. Die
höhere Befriedung der *civitas*, der Burg, im Gegensatze zu den
Dorfansiedelungen, tritt noch in einem anderen Wormser Rechts-
denkmale aus dem Beginne des XI. Jahrhunderts zu Tage, in
dem bekannten Hofrechte Burchards von Worms. Dieses Hofrecht
unterscheidet genau die *extra civitatem* und die *in civitate* begangenen Handlungen; nur für die letzteren kommt der Sechzigschillingbann zur Anwendung, und zwar, wenn es sich um Totschlag handelt, neben den auf dem Lande üblichen Strafen und
Bußen.[4] Schon der Schlag, der den Gegner zu Boden streckt,
das Ziehen des Schwertes, das Spannen des Bogens, das Zücken
der Lanze in feindlicher Absicht wird mit dem Königsbanne gebüßt.[5] Allmählich allerdings erlangte auch auf dem Lande der
Sechzigschillingbann eine allgemeine Verbreitung, aber seine
ursprüngliche Beschränkung auf die *civitates* zeigt sich noch

---

[1] Sohm, Städtewesen, p. 32.
[2] Kaufmann, Zur Entstehung des Städtewesens, Teil I, p. 11, Anm. 1.
[3] Vergl. oben S. 150.
[4] UB. Worms I, 48, § 30.
[5] eod. §§ 27, 28.

darin, daß er am Anfange des XII. Jahrhunderts in Speier als *ius civile*.[1] am Ende des XI. Jahrhunderts in Echternach als *burgban*[2] bezeichnet wird.

Auch noch in späterer Zeit zeigt sich die enge Beziehung zwischen der Stadtmauer und dem Stadtfrieden. Die von der Mauer umgebene, innere Stadt, auf die sich ja ursprünglich allein das Stadtrecht beschränkte,[3] genießt eine besondere Befriedung; in ihr begangene Vergehen unterliegen einer strengeren Bestrafung als solche, die vor den Thoren im Stadtgebiet verübt worden sind.   Das ist z. B. in Cambrai der Fall.   Totschlag und Verstümmelungen werden mit der Talion,[4] Verwundungen mit einem Messer sogar mit dem Tode[5] geahndet, wenn sie innerhalb der Mauer begangen sind, während auf der Verübung derselben Verbrechen innerhalb der Bannmeile bloß Geldbußen — ev. mit der Zerstörung des Hauses verbunden — stehen.[6]   Kleinere innerhalb der *civitas* begangene Frevel unterliegen der doppelten Strafe wie die innerhalb der Bannmeile begangenen.[7]   Dieselbe Verdoppelung der Bußsätze für innerhalb der Mauer verübte Handlungen findet sich in der Keure von St. Omer.[8]   Die Handfesten von Freiburg i. B.,[9] Freiburg i. Ü.,[10] Dießenhofen[11] sprechen ausdrücklich von einem Bruche des Stadtfriedens *intra urbem*, der mit peinlicher Strafe bedroht ist.   In Soest steht auf dem *infra murum* begangenen Totschlage die Strafe der Talion.[12] für

---

[1] UB. Speier 13 (1101) (St. 2950); vgl. KEUTGEN, a. a. O., p. 60.

[2] MRh. UB. II, Nachr. I, 37 (1095); vergl. KEUTGEN, a. a. O., p. 57.

[3] ENNEN u. ECKERTZ, Quellen I, 67, p. 543 (1154); vergl. SOHM, a. a. O., p. 21, Anm. 22.

[4] Stadtrecht Kaiser Friedrichs I. von 1184 bei BOEHMER, Acta imp. sel. 146, p. 137 ff; REINECKE, Geschichte der Stadt Cambrai, 1896, p. 259 ff., §§ 1, 2.

[5] eod. § 3.

[6] eod. §§ 7, 8.

[7] eod. § 9.

[8] Vergl. MAYER, a. a. O., p. 478, Anm. 3.

[9] Zeitschr. f. Gesch. d. Oberrh. N.F. I, p. 194, § 8.

[10] GAUPP, Stadtrechte II, p. 90, § 38.

[11] GENGLER, Cod. iur. munic. I, p. 763, § 21.

[12] Soester Stadtrecht § 15 (ed. ILGEN in d. Chroniken d. Städte. Bd. XXIV, p. CXXX).

den einfachen Friedensbruch *infra muros oppidi* hat sich sogar
die alte Sechzigschillingbuße erhalten.[1] Auch in Soests Tochter-
stadt Medebach genießt der Raum innerhalb des Stadtgrabens in
strafrechtlicher Beziehung eine erhöhte Befriedung; *infra fossam*
werden Totschläge und Verwundungen mit der Talion bestraft,[2]
während dieselben Handlungen in dem weiteren Stadtfriedens-
gebiete außerhalb des Grabens mit der alten Sechzigschillingbuße und einer Zahlung von zehn Schillingen an die Bürgerschaft gebüßt werden.[3]

Die höhere Befriedung des innerhalb der Stadtmauer
gelegenen Raumes zeigt sich nicht bloß in der Verschärfung der
Strafen, sondern auch in anderer Weise. Das Tragen von Waffen,
das auf dem Lande erlaubt und bei der allgemeinen Unsicherheit
überhaupt nicht zu verbieten ist, wird innerhalb der Stadtmauer,
der Burgmauer verboten. Die älteste flandrische Städtekeure
verpönt — von einer Ausnahme abgesehen — das Schwerttragen
innerhalb des Kastelles, der Burg, bei Strafe des Königsbannes.[4]
Im Tiroler-Brixener Landfrieden von 1229 wird das Waffentragen
innerhalb der Stadtmauer von Brixen mit einer Buße von fünf
Pfund belegt.[5] Allerdings scheinen derartige Verbote nichts
Ursprüngliches zu sein, sondern auf die Friedensordnungen des
XII. und XIII. Jahrhunderts zurückzugehen. Jedenfalls ist es
aber bezeichnend, daß auch in diesen Friedensordnungen der
ummauerte Ort als besonders befriedet erscheint.

Auch jenes auf dem Stadtfrieden beruhende Asylrecht der
Stadt, das in seinem Wesen vom Asylrecht des Marktes durchaus

---

[1] Soester Stadtrecht § 22, p. CXXXII.
[2] Medebacher Privileg § 5 bei SEIBERTZ, UB. I, 55, p. 73.
[3] eod. § 8.
[4] WARNKÖNIG, Flandrische Staats- und Rechtsgeschichte, Bd. I, n. 12,
§ 19, p. [35]: *Nemo infra praefinitum terminum manens intra muros castri
gladium ferat, nisi sit mercator vel alius qui gratia negotii per castrum
transeat. Si vero castrum intraverit causa ibi morandi, gladium extra in
suburbio dimittat; quod si non fecerit, 60 solidos et gladium amittet.*
[5] v. HORMAYR, Beiträge II, 78, p. 172: *Quicunque infra muros civitatis
Brixinensis sive alienus sive indigena gladios cultellos et alia arma in hos-
pitio relinquat; quod si quis non faceret, eo monitus ab hospite libras quinque solvat iudici.*

verschieden ist,[1] beschränkt sich ursprünglich auf den von der Stadtmauer umschlossenen Raum, wie es z. B. das Soester Stadtrecht[2] klar ausspricht. Ebenso wird die wohl mit dem Stadtfrieden zusammenhängende Exemtion der Bürger von auswärtigen Gerichten ursprünglich nur den innerhalb der Stadtmauer Wohnenden zu teil.[3] Im XII. und XIII. Jahrhundert beginnt ein gewaltiges Wachstum der alten Städte; vor den Mauern entstehen zahlreiche Niederlassungen, die, ebenso wie in der Nähe liegende Dörfer, in das städtische Rechtsgebiet hineinbezogen werden. Hand in Hand mit dieser Ausdehnung der Stadt geht auch die Erweiterung des städtischen Friedensbezirkes. Nicht nur die Wirkungen des Stadtfriedens werden verschärft, auch sein Geltungsgebiet vergrößert sich. Ein interessantes Beispiel für diese Erscheinung bietet Worms. Hier beschränkte sich, wie wir oben gesehen haben, am Anfang des XI. Jahrhunderts der Friedekreis auf die ummauerte Stadt; innerhalb dieses Bezirkes galt die Sechzigschillingbuße. Durch ein Privileg Friedrichs I. von 1156,[4] dessen Echtheit allerdings bestritten wird,[5] das aber jedenfalls im

---

[1] Vergl. Keutgen, a. a. O., p. 69 f.

[2] Soester Stadtrecht (ed. Ilgen) § 21, p. CXXXI: *Si autem predo sive latro vel quandocunque facinorosus muros oppidi intraverit, pacem firmam habebit etc.* — Auch der in den ersten §§ des Straßburger Bischofsrechtes verkündete Stadtfriede erstreckt sich wohl nur auf die ummauerte Stadt.

[3] In Mainz erhalten die *habitantes infra ambitum muri* das Recht, *ut nullius advocati placita vel exactiones extra murum expeterent* (1118? u. 1135) (ed. Hegel in Forschungen z. d. Gesch. XX, p. 443). Dasselbe wie hier *extra murum* bedeutet in den Privilegien für Speier und Straßburg von 1111 und 1129 der Ausdruck *extra civitatem* bez. *extra urbis ambitum* (UB. Speier 14; UB. Straßburg I, 78 (St. 3072, 3239).

[4] UB. Worms I, 73 (1156) (St. 3759).

[5] Stumpf in den Wiener Sitzungsber., phil. hist. Kl., Bd. XXXII, 1859, p. 603 ff. hat die Unechtheit des Privileges zuerst behauptet. Die späteren Forscher haben sich ihm angeschlossen. Neuerdings ist von Koehne, Der Ursprung der Stadtverfassung, p. 258 ff. in langatmiger Auseinandersetzung versucht worden, die Urkunde als eine zwischen 1208 und 1212 entstandene Fälschung nachzuweisen. Die Echtheit des Privileges hat Schaube in Zeitschr. f. Gesch. d. Oberrh. N. F. III, p. 276 ff. verfochten. Schulte (Gött. Gel. Anz. 1887,

Jahre 1220 für echt gehalten und in eine Urkunde Friedrichs II.
aufgenommen worden ist,[1] erhalten die Bürger von Worms einen
Stadtfrieden. Darnach wird Totschlag mit der Todesstrafe, schwere
Körperverletzung mit der Strafe des Handabhauens bedroht; auf
Beleidigungen stehen Geldstrafen. Dieser Friede beschränkt sich
aber nicht auf die ummauerte Stadt, er wird vielmehr auf ein
größeres, vielleicht mit der Stadtmark zusammenfallendes Gebiet
im Umkreise der Stadt ausgedehnt.[2] In späterer Zeit wird es
immer mehr Regel, daß in einem bestimmten, die Stadt umgebenden
Bezirke Stadtfriede herrscht. Es ist durchaus nicht gesagt, daß
dieser Friedekreis immer, wie VON BELOW[3] annimmt, mit dem
Stadtgemeindebezirke, oder, wofür sich GENGLER[4] erklärt, mit
dem Stadtrechtsgebiete zusammenfallen muß; in den Niederlanden
gilt vielfach der Stadtfriede innerhalb der Bannmeile.[5] Jedenfalls aber verrät die häufig vorkommende Bezeichnung dieses erweiterten Stadtfriedens oder auch des Friedensgebietes als „Burgfriede", daß dieser Friede lediglich eine Erweiterung des ursprünglich
bloß innerhalb der Burg geltenden Friedens ist.[6]

Während im Beginne des XI. Jahrhunderts allein die ummauerten Orte, die *civitates*, die Burgen, einen besonderen Lokalfrieden genießen, wird im Laufe der Zeit dieser Friede nicht nur
auch dem Stadtgebiete zu teil, sondern es macht sich auch

---

p. 926) und UHLIRZ (Mitt. d. Inst. f. österr. GF. XVI, p. 533) haben ihm im
wesentlichen zugestimmt.

[1] UB. Worms I, 124 (1220) (Reg. V, 1109).

[2] *Termini vero huius pacis protendantur ad ulteriores fines vinearum
et usque ad hortos Mecelini et ad fines communis pascue burgensium et ad
ripam Primme, ubi influit Rhenum.* — Vergl. SOHM, a. a. O., p. 21, Anm. 22.
Die von SCHAUBE, Zur Entstehung der Stadtverfassung von Worms, Speier
und Mainz, 1892, p. 51 f. vertretene Auffassung kann ich nicht teilen.

[3] v. BELOW, Ursprung, p. 34.

[4] GENGLER, Stadtrechtsaltertümer, p. 270.

[5] Das Verhältnis zwischen Stadtrechtsgebiet, Stadtgemeindebezirk,
Stadtgerichtsbezirk, Stadtfriedekreis und Bannmeile bedarf noch sehr einer
genaueren Untersuchung.

[6] Der Ursprung des Stadtfriedens aus dem Burgfrieden zeigt sich darin,
daß in der alten flandrischen Städtekeure (WARNKÖNIG I, 12, § 23, p. [36])
die in der Stadt begangenen schwereren Delikte als *infracturae castri* bezeichnet werden. Vergl. MAYER, a. a. O., p. 484.

immer mehr die Tendenz geltend, den Burgfrieden auf das platte Land zu übertragen. Dasselbe Streben, das in den Landfrieden darin seinen Ausdruck fand, daß allen bewohnten Orten ein besonderer Friede zuerkannt wurde,[1] äußerte sich auch darin, daß man die Friedensrechtssätze einzelner Städte auf ein größeres Gebiet ausdehnte,[2] oder daß man den städtischen Burgfrieden auf einzelne offene Ansiedelungen übertrug.[3] Natürlich war dieses Bedürfnis nach einer besonderen Befriedung bei den Marktansiedelungen in viel höherem Grade vorhanden als bei den einfachen Bauerdörfern. Es ist deshalb begreiflich, daß dieselben öfter einen höheren Frieden als die bäuerlichen Ansiedelungen besitzen. Aber dieser Friede ist kein lokalisierter Marktfriede, sondern übertragener Burgfriede. Der Marktort als solcher steht nur zur Marktzeit unter einem besonderen Frieden. Etwas anderes läßt sich auch nicht aus jener Bestimmung des Hennegauer Landfriedens von 1200 entnehmen, die von den Strafsätzen

„in omnibus villis, in quibus forum non currit,"

handelt.[4] Alle *villae*, alle offenen Orte, sind befriedet. Der Bruch dieses Friedens ist mit bestimmten Strafen bedroht. In der Zeit aber, in welcher *forum currit*, in welcher Markt abgehalten wird, treten die gewöhnlichen Straf- und Bußsätze außer Kraft, weil ein besonderer Friede, der Marktfriede, eintritt, und deshalb höhere Straf- und Bußsätze gelten.

Die Identität von Marktfriede und Stadtfriede ist von den Vertretern der Markttheorie vor allem darauf gestützt worden, daß das Kreuz, welches als Marktzeichen auftritt, sich zugleich als Stadtzeichen findet. SCHRÖDER[5] erklärt: „Das Stadtkreuz liefert den Beweis, daß der Stadtfriede nichts anderes als ein

---

[1] Vergl. v. BELOW, Ursprung, p. 36, Anm. 2.

[2] Beispiele sind die Keure für das Waasland und die Keure der Freiheiten von Brügge; vergl. MAYER, a. a. O., p. 479, Anm. 2.

[3] Z. B. war Valenciennes, als es seine bekannte Friedensordnung erhielt, zweifellos kein befestigter Ort.

[4] Vergl. MAYER, a. a. O., p. 476. Die Bestimmung ist jetzt gedruckt in MG. Constitutiones II, 425, p. 567, § 12.

[5] SCHRÖDER, RG.², p. 604.

lokalisierter Marktfriede gewesen ist."[1] Man muß nun m. E.
durchaus unterscheiden zwischen dem einen, regelmäßig in der
Mitte des Ortes errichteten Stadtkreuze und den am Rande des
Stadtfriedensgebietes befindlichen Friedekreuzen, deren es immer
mehrere giebt. Am nächsten liegt es jedenfalls, diese Friedekreuze
für einfache Grenzzeichen des Stadtfriedens zu halten, da der Brauch,
Grenzen durch Kreuze zu bezeichnen, uralt ist. Dagegen hat SCHRÖ-
DER[2] und, ihm folgend, VARGES[3] die meist in Bäume oder Steine
eingehauenen oder eingeritzten Grenzkreuze, sowie die als Grenzkreuze dienenden Kruzifixe von den aufrecht stehenden, angeblich
rein weltlichen Friedekreuzen durchaus unterschieden. Thatsächlich
wird sich diese Verschiedenheit viel einfacher aus praktischen Gründen erklären lassen. Die Grenzen einer Dorfmark, eines Privat-
grundstückes waren nur wichtig für die allernächsten Nachbarn;
es galt bloß, Grenzstreitigkeiten zu verhindern, und zu diesem
Zwecke genügten ganz roh ausgeführte Grenzmarken. Dagegen
empfahl es sich, die Grenze des Stadtfriedens auch allen Fremden
gegenüber möglichst sichtbar zu machen. Vor allem aber be-
zweifle ich überhaupt, ob der von SCHRÖDER behauptete Unterschied in größerem Umfange vorhanden war. Woher weiß
SCHRÖDER, daß die Friedekreuze überall oder auch nur größtenteils aufrecht stehende Kreuze waren? Aus der Bezeichnung des
Stadtgebietes als des Gebietes *inwendig den crûzen etc.* läßt sich
doch kein Anhaltspunkt für die äußere Gestalt dieser Kreuze
entnehmen. Woher weiß ferner SCHRÖDER, daß diese Friedekreuze im Gegensatz zu den gelegentlich als Grenzzeichen ver-
wandten Kruzifixen rein weltlicher Herkunft und Bedeutung sind?[4]

---

[1] SCHRÖDER (Weichbild, p. 317; vergl. aber RG.[2], p. 604, Anm. 12, p. 13,
Anm. 15), SOHM (Städtewesen, p. 25 ff.), VARGES (Zeitschr. f. Geschichtsw. VI
(1891), p. 86; Jahrb. f. Nationalök. u. Stat., 3. Folge, Bd. VI, p. 190) erklären
in unrichtiger Deutung des Wortes „Weichbild" dieses Stadtkreuz selbst
für ein Weichbild.

[2] SCHRÖDER, Weichbild, p. 315; Rolandssäulen, p. 6 f.

[3] VARGES in Jahrb. f. Nationalök. u. Stat., 3. Folge, Bd. VI, p. 192.

[4] Es mag erwähnt werden, daß das im XVI. Jahrhundert an Stelle des
alten Holzkreuzes im Süden der Stadt Leipzig errichtete steinerne Friede-
kreuz das Bild des Gekreuzigten trägt; vgl. Bau- u. Kunstdenkmäler d.
Königr. Sachsen, Heft XVIII, p. 389 f.

Man kann doch nicht alle Kreuze, die kein Christusbild tragen, für weltliche Zeichen halten. Allerdings mag es bisweilen vorgekommen sein, daß man diesen Grenzkreuzen dieselbe Bedeutung wie dem Stadtkreuze beilegte; die vier Kreuze von Leipzig[1] sollen zweifellos nicht allein als Grenzzeichen, sondern auch als Wahrzeichen des Stadtrechtes, des Weichbildes, dienen. Aber ich halte es für bedenklich, den Friedekreuzen insgesamt eine derartige symbolische Bedeutung zuzuschreiben.

Von diesen Grenzkreuzen verschieden sind die eigentlichen Stadtkreuze, die inmitten einer Ortschaft errichtet sind. Das Hauptgebiet dieser Kreuze ist Lothringen, und zwar ist es hier das Kreuz von Beaumont, welches für zahlreiche andere Orte vorbildlich gewesen ist.[2] Mit dem Rechte, das im Jahre 1182 der südlich von Sedan gelegene Marktort Beaumont von Erzbischof Wilhelm von Rheims erhielt, wurden bis zum Ende des XV. Jahrhunderts mehr als 500 Städte, Märkte und Dörfer in Lothringen und den angrenzenden Gebieten bewidmet. In den meisten dieser Orte ist zum Zeichen des verliehenen Rechtes ein monumentales Wahrzeichen, meistens ein Steinkreuz, errichtet worden. Mit dem Marktkreuz steht dieses Kreuz in keinerlei Zusammenhang; nur in einer verschwindend geringen Anzahl der mit dem Rechte von Beaumont beschenkten Orte hat Marktverkehr stattgefunden.[3] Aber auch eine besondere Beziehung zu dem Stadtfrieden oder dem Königsfrieden überhaupt fehlt dem Beaumontkreuze. Es heißt „franche croix,“ „croix de liberté,“ „croix de Beaumont,“ „freyes Kreuz,“ „Böhmer Kreuz,“ aber nie „croix de paix“ oder „Friedenskreuz“. Es bedeutet lediglich, daß der Ort, in dem es steht, eine

---

[1] Cod. dipl. Sax. reg. A, II, 372 (1156/70). Das Kreuz *ad lapidem qui est prope patibulum* stand im Osten der Stadt auf dem heutigen Rabensteinplatze oder in unmittelbarer Nähe desselben. Die *fossa qua lapides fodiuntur*, jenseits deren das vierte, später durch das heutige Connewitzer Kreuz ersetzte Kreuz stand, lag dicht bei dem alten Leipziger Gerichtsstuhl (UB. Leipzig I. 17 (1291)). Derselbe hatte auf dem Kauze, der heutigen Markthallenstraße, im Süden der Stadt, seinen Platz (vergl. eod. p. 12, Anm. a).

[2] Vergl. BONVALOT, Le tiers état d'après la charte de Beaumont et ses filiales, 1884, p. 290 f.; SCHRÖDER, Weichbild, p. 313; Rolandssäulen, p. 7 ff.

[3] Vergl. KEUTGEN, a. a. O., p. 73 f.

„Freiheit" ist, ein eigenes Recht besitzt, es ist aber kein Symbol des
Königsfriedens. Kaum eine andere Bedeutung werden wir auch
denjenigen Kreuzen beilegen dürfen, die in Nachahmung der
Beaumontkreuze in anderen, nicht mit dem Rechte von Beaumont
begabten lothringischen Orten errichtet worden sind. Speziell
mit dem Stadtfrieden in Verbindung gebracht findet sich das
Stadtkreuz nur in der bekannten Stelle aus dem Rechtsbuche
von der Gerichtsverfassung,[1] und zwar hier nur deshalb, weil der
Verfasser fälschlich den Stadtfrieden als St. Petersfrieden aufgefaßt
und infolgedessen die Bedeutung des Kreuzes verkannt hat. Thatsächlich hat in Ostfalen das Ortskreuz dieselbe Bedeutung wie
in Lothringen; es zeigt an, daß der betreffende Ort ein eigenes
Recht, ein „Weichbild", hat. Deshalb ist auch in den sächsischen
Rechtsbüchern und in den Bilderhandschriften des Sachsenspiegels[2]
das Kreuz das Wahrzeichen des Weichbildes, bez. der mit Weichbild beschenkten Orte, der Städte und Märkte.[3] Daß es mit dem
königlichen Handschuh zusammen dargestellt wird, ist jedenfalls
kein Grund, es mit dem in Sachsen nirgends nachweisbaren
Marktkreuze in Zusammenhang zu bringen. Beziehungen zwischen
dem Stadtkreuze und den in Sachsen allenthalben bekannten
Marktzeichen, Fahne bez. Strohwisch, lassen sich nirgends ent-
decken.

Trotzdem es nach dem Rechtsbuche von der Gerichtsverfassung scheint, als ob das Stadtkreuz in Sachsen allgemein üblich
gewesen sei, lassen sich thatsächlich nur zwei Beispiele nachweisen, in denen ein Weichbildkreuz erwähnt wird. Das eine
Beispiel ist das 1256 oder 1257 bei der Gründung der Stadt
Eutin errichtete Kreuz,[4] das andere ist das bereits durch seinen
Namen an die „freyen Kreuze" von Beaumont erinnernde „freye

---

[1] Vergl. Schröder, Weichbild, p. 316 f.
[2] Vergl. cod., p. 316; Rolandssäulen, p. 4 f.; Zoepfl, Die Rulands-Säule,
1861, p. 30.
[3] Vergl. Ssp. III, 87, § 2. — Die Bilder zu Ssp. III, 25, § 2; 66, § 1
beziehen sich auf die Märkte genannten Marktflecken, nicht auf den Markt
im Sinne von Handelszusammenkunft.
[4] UB. Bistum Lübeck I, 290, p. 316 (1256/7); vergl. Gengler, Stadtrechtsaltertümer, p. 432.

Kreuz" vor dem Rathause von Kroppenstedt.[1] Zwei andere Kreuze,
welche man für Weichbildkreuze angesehen hat, sind unverdient
zu dieser Würde gelangt. Das an Stelle des heutigen „Römers"
auf dem Markte von Erfurt während des Mittelalters vorhandene
Kreuz stand auf dem Platze einer alten, abgebrochenen Kirche[2]
und bedeutete, daß hier geweihter Boden sei. Das von GRYPHIAN-
DER[3] in Naumburg *in loco immunitatis*, „auf der Freyheit," gesehene
Kreuz war auf der Domfreiheit errichtet und kann deshalb nur
als Immunitätskreuz, nicht als Weichbildkreuz aufgefaßt werden.
Die weitgehenden Folgerungen aber, die SCHRÖDER gerade aus
dem Erfurter Kreuze und dem späteren Erfurter Römer gezogen
hat, sind ein Beweis dafür, wie gefährlich es ist, auf derartigen
äußeren Wahrzeichen historische Hypothesen aufzubauen.[4]

Viel verbreiteter als die Weichbildkreuze sind im Gebiete
des sächsischen Rechtes gewisse andere städtische Wahrzeichen,
nämlich jene unter dem Namen „Roland" bekannten, einen geharnischten Mann darstellenden, kolossalen Stein- oder Holzstatuen,
die nach SCHRÖDER[5] nichts anderes als in Bildsäulen umgewandelte Weichbildkreuze sein sollen. Es ist hier nicht der Ort,
eine auch nur einigermaßen erschöpfende Neubearbeitung der
Rolandsfrage zu liefern; wer sich jemals mit dem Gegenstande
beschäftigt hat, weiß, was für eingehende Einzelstudien zu einer
solchen Arbeit erforderlich wären. Ich beschränke mich hier

---

[1] GEORG TORQUATUS bei BOYSEN, Monumenta inedita, p. 217; vergl. SELLO
in Bll. f. Handel, Gew. u. soz. Leben, Jahrg. 1890, p. 74 und in Forsch. z.
brand. u. preuß. Gesch. III, p. 411. — TORQUATUS, der um die Mitte des
XVI. Jahrhunderts lebte, vermutet in diesem Kreuze ein Jahrmarktkreuz,
ohne aber Sicheres darüber angeben zu können.

[2] Vergl. KIRCHHOFF, Erfurt im dreizehnten Jahrhundert, p. 146, Anm. 21;
BEYER bei BÉRINGUIER, Die Rolande Deutschlands, p. 130 ff.; SELLO in Bll.
f. H., G. u. s. L. 1890, p. 114 und in Forsch. z. brand. u. preuß. Gesch. III.
p. 414 f.

[3] GRYPHIANDER, De Weichbild. Saxon., p. 236; vergl. SELLO in Forsch.
z. brand. u. preuß. Gesch. III, p. 411.

[4] Darüber, was die Kreuze in Eisenerz und Salzschlirf bedeuten, läßt
sich bei dem Mangel aller näheren Angaben nicht einmal eine Vermutung
aufstellen.

[5] SCHRÖDER, Rolandssäulen, p. 25 f.

darauf, unter Zugrundelegung der in der bisherigen Literatur, vor allen in den vorzüglichen Arbeiten SELLOS[1] — wohl des besten Kenners der deutschen Rolande — zu Tage geförderten Ergebnisse die SCHRÖDER'sche Beweisführung zu prüfen und meine eigene Anschauung über die Bedeutung der Rolandssäulen kurz zu begründen.

SCHRÖDERS[2] Argumentation ist die folgende:[3] Die Rolandssäulen befinden sich an zahlreichen Orten, welche die hohe Gerichtsbarkeit nie besessen haben, sie finden sich auch nicht nur an den Dingstätten der mit dem Blutbann ausgestatteten Gerichte; folglich können sie keine Gerichtswahrzeichen sein. Die Rolande können ferner keine Zeichen der Reichsfreiheit sein, da sie größtenteils in landsässigen Städten stehen; sie können auch keine Symbole des Stadtrechtes sein, da erweislich sieben Rolandsbilder sich in Marktflecken oder Dörfern, die ehemals Märkte gewesen sind, befinden. „So bleibt nichts übrig, als die Rolandssäulen in ihrer ursprünglichen Anlage und Bedeutung für Marktzeichen zu erklären und die denselben zum Teil beigelegte weitere Bedeutung auf spätere Sonderbildung zurückzuführen."

Es mag dahingestellt bleiben, ob wirklich sämtliche Orte mit Rolandsbildern Marktorte gewesen sind; für Questenberg z. B. vermisse ich den Beweis dafür. Vor allem aber erscheint es mir zu gewagt, auf dieser gleichsam statistischen Betrachtung der Rolandsorte sichere Schlüsse aufzubauen. Die Annahme, daß der Roland ein Sinnbild der Blutgerichtsbarkeit ist, wird keineswegs dadurch widerlegt, daß einige Rolande sich an Orten

---

[1] SELLO, Die Rolandsstatuen zu Magdeburg und Brandenburg a. d. H. in: Blätter für Handel, Gewerbe und soziales Leben (Beiblatt zur Magdeburgischen Zeitung), Jahrg. 1885, p. 169 ff. — Ders., Rolandsbildsäulen, eod., Jahrg. 1890, p. 68 ff. — Ders., Die deutschen Rolande in: Forschungen zur brandenb. u. preuß. Gesch. III, p. 399 ff. — Herrn Archivrat Dr. SELLO in Oldenburg sage ich für die große Liebenswürdigkeit, mit welcher er mir nicht nur die beiden ersten Abhandlungen zugänglich gemacht, sondern mir auch einen Einblick in seine reichhaltigen, die Rolandsfrage behandelnden Manuskripte gestattet hat, meinen aufrichtigen Dank.

[2] Auf die aus der unrichtigen Etymologie „Weichbild = Stadtbild" gezogenen Folgerungen SCHRÖDERS kann hier nicht näher eingegangen werden.

[3] Rolandssäulen, p. 22 ff.

finden, die nicht Hochgerichtsstätten waren. Von mehreren Rolanden ist uns bekannt, daß sie früher an einer anderen Stelle standen, wie heute;[1] wie viele der uns erhaltenen Rolande mögen ursprünglich einen anderen Standort gehabt haben! Vor allem aber: Wie viele von unseren Rolanden mögen allein in äußerlicher Nachahmung einer anderwärts üblichen Sitte ohne Verständnis für die ursprüngliche Bedeutung errichtet worden sein! Eine Statistik der Rolandsorte steht demnach auf sehr schwachen Füßen.

Daß der Roland regelmäßig auf dem Markte steht, ist bei der Bedeutung, welche in den sächsischen Städten der Markt nicht nur als Handelsstätte, sondern auch als Dingstätte und als Zentralpunkt des kommunalen Lebens einnahm, leicht begreiflich, ohne daß man dabei einen Zusammenhang zwischen dem Rolande und dem Marktverkehre annehmen müßte. Dagegen würde es für die Erklärung der Rolandssäulen nicht unwichtig sein, wenn sich Thatsachen nachweisen ließen, die für eine unmittelbare Beziehung des Rolandes zu dem Marktverkehre sprächen. Hier aber versagt unser Quellenmaterial fast vollständig. Zwei Urkunden des XVII. Jahrhunderts enthalten alles, was sich für diesen Zusammenhang anführen läßt. Die eine berichtet, daß unter dem Roland von Wedel in Holstein die bei den Ochsenmärkten vorfallenden Streitigkeiten entschieden worden sind,[2] die andere beweist denselben Brauch für den ebenfalls holsteinischen Ort Bramstedt.[3] Dagegen finden sich wiederholt noch im Mittelalter Quellenstellen, welche für eine Deutung der Rolande als Wahrzeichen der Blutgerichtsbarkeit[4] sprechen. In

---

[1] Z. B. in Brandenburg (SELLO in Bll. f. H., G. u. s. L. 1885, p. 197), in Halle (eod. 1890, p. 122), in Quedlinburg (eod. 1890, p. 139), in Questenberg (eod. 1890, p. 147). Die Volkssagen wissen sogar oft davon zu berichten, daß Rolande gestohlen und in andere Städte überführt worden sind (eod. 1890, p. 148 f.).

[2] Vergl. ZOEPFL, Die Rulands-Säule, 1861 (Altertümer des deutschen Reichs und Rechts, Bd. III), p. 201; SCHRÖDER, Rolandssäulen, p. 23, Anm. 2.

[3] Vergl. ZOEPFL, a. a. O., p. 207; SCHRÖDER, Rolandssäulen, p. 23, Anm. 2.

[4] Auf die Angabe, daß der Roland von Questenberg ursprünglich unter einer Linde bei der Dingstätte des Amtes Questenberg gestanden habe, will ich keinen großen Wert legen, da dieser Roland, wie es scheint, eine erst

Zerbst[1] sowohl wie in Halberstadt[2] werden am Ende des XIV.
bezw. am Anfange des XV. Jahrhunderts Hinrichtungen vor dem
Rolande vollzogen; dieselbe Sitte wird auch für Prenzlau[3] erwähnt. In Burg[4] und Stendal[5] wird das Halsgericht vor dem
Rolande abgehalten. Vor allem ausgeprägt erscheint die gerichtliche Bedeutung des Rolandes in Halle.[6] Vor dem Rolande findet
von alters her das peinliche Gericht des Hallenser Schultheißen,
das sogenannte Berggericht, statt; noch um die Mitte des vorigen
Jahrhunderts wird eine derartige, allerdings zur reinen For-
malität herabgesunkene Gerichtssitzung erwähnt. Auch die bekannten Hallenser Schöffensprüche werden „auf dem Schöffen-
stuhle vor dem Roland" gefällt. Als 1547 Johann Friedrich von
Sachsen Halle einnahm, umritt er zum Zeichen der Besitzergrei-
fung der burggräflichen Gerechtsame den Roland.[7] Einen vollen
Beweis allerdings erbringen alle diese Thatsachen noch nicht;
fehlt es doch anderseits nicht an alten Quellenstellen, nach welchen der Roland als Sinnbild der Stadtfreiheit erscheint.[8] Aber

---

um 1800 entstandene, karrikierte Nachahmung des Nordhausener Rolandes ist;
vergl. SELLO in Bll. f. H., G. u. s. L. 1890, p. 122, 147. — Der Braunschweiger
Roland, welcher angeblich auf der Gerichtsstätte am Löwenstein in der Burg
Dankwarderode gestanden hat (vergl. SACK in Archiv des histor. Vereins f.
Niedersachsen, Jahrg. 1847, p. 224; ZOEPFL, a. a. O., p. 278 ff.; DÜRRE, Gesch.
d. St. Braunschw., p. 677; VARGES in Zeitschr. d. Harz-Ver. XXV, p. 106),
scheint nach den zum Teil auf Angaben HÄNSELMANNS beruhenden Aufzeichnungen SELLOS ein bloßes Phantasiegebilde zu sein.

[1] Vergl. ZOEPFL, a. a. O., p. 262.
[2] Vergl. eod., p. 243.
[3] Vergl. eod., p. 291.
[4] Vergl. eod., p. 265.
[5] Vergl. eod., p. 270.
[6] Vergl. eod., p. 234 ff.; SELLO in Bll. f. H., G. u. s. L. 1890, p. 121 f.
[7] Vielleicht kann man auch in der unter den Rolanden von Wedel und
Bramstedt gelegentlich der Viehmärkte stattfindenden Jurisdiktion das Über-
bleibsel einer ehemaligen hohen Gerichtsbarkeit erblicken. — Daß die Sitte,
Pranger und Kakstein am Rolande anzubringen, wiederholt bezeugt ist,
mag nur nebenbei erwähnt werden.
[8] Diese Bedeutung wird besonders dem Bremer Rolande beigelegt;
vergl. ZOEPFL, a. a. O., p. 175 ff.; Denkmale der Geschichte und Kunst der
freien Hansestadt Bremen, Abt. 1, 1862, p. 22 ff.

noch ein anderer wichtiger Umstand spricht für die Deutung der
Rolande als Wahrzeichen der Blutgerichtsbarkeit, nämlich ihr
äußerer Typus.

Allerdings hat SCHRÖDER die Behauptung aufgestellt, die
Rolandsbilder seien „monumentale Träger der üblichen Marktzeichen" gewesen. Aber gerade die üblichen Marktzeichen, das
Kreuz und die in Sachsen gebräuchliche Marktfahne, finden sich
bei keinem einzigen Rolande, denn die von SCHRÖDER als Beispiele
angeführten angeblichen Rolandsbilder von Obermarsberg, Brakel
und Erfurt sind mit Unrecht als Rolande angesehen worden.[1]
Auch daran ist nicht zu denken, daß die Rolande ursprünglich
dazu bestimmt gewesen seien, zur Marktzeit eine Marktfahne zu
tragen, die nach Beendigung des Marktes wieder entfernt worden
wäre. Der ganze Typus der Statuen spricht mit Entschiedenheit
dagegen. Hätte man sie als Träger dieser Marktfahne errichtet,
so wäre es ja ein Leichtes gewesen, eine der Hände halb offen
darzustellen oder zwischen Armen und Körper einen engen
Zwischenraum frei zu lassen, um dort die Fahnenstange hinein-
zustecken. Von alledem ist keine Rede; nirgends findet sich
eine derartige Vorrichtung. Noch weniger eignet sich die Figur
des Rolandes dazu, an ihr bloß den Fahnenwimpel zu befestigen,
man hätte denn geradezu die ungeheuerliche Gedankenlosigkeit be-
gehen müssen, die Fahne an dem in der rechten Hand ruhenden,
offenen Schwerte festzubinden.[2]

Dieses in der rechten Hand getragene, mit der Spitze nach
oben gerichtete, breite, gerade Schwert gehört aber zum eisernen

---

[1] Vergl. SELLO, a. a. O., p. 100, 113 f.; Forsch. z. brand. u. preuß. Gesch.
III, p. 412 ff.

[2] Die Behauptung in den Denkmalen der Geschichte und Kunst der
freien Hansestadt Bremen, Abt. I, 1862, p. 28, der Bremer Roland habe früher
zur Marktzeit die Freifahne getragen (vergl. auch SELLO in Bll. f. H., G. u.
s. L. 1890, p. 100), beruht wahrscheinlich auf einem Mißverständnis der Angaben
bei DONANDT, Versuch einer Geschichte des Bremischen Stadtrechts, Bd. 1,
1830, p. 217, Anm. 338b. Die älteren Quellen kennen wohl die Fahne
auf dem Markte, berichten aber nichts von ihrem Zusammenhange mit dem
Rolande. Auch in Halle besteht zwischen Marktfahne und Roland kein
Zusammenhang. Gerade der Umstand aber, daß der Roland die Marktfahne
nicht entbehrlich macht, spricht gegen seine Deutung als Marktzeichen.

Bestande der Rolandsbilder und ist das Hauptcharakteristikum
derselben. Es giebt — abgesehen von dem erst im vorigen Jahrhundert errichteten Rolande von Neustadt unter dem Hohnstein[1]
— keinen einzigen Roland, dem dieses emporgehobene Schwert
fehlt; auch der bis 1838 schwertlose Roland in Buch hat es ursprünglich besessen.[2] Dieses Schwert hat aber noch eine Eigentümlichkeit; ihm fehlt die Scheide. Keiner der älteren Rolande
trägt am Gurte eine Schwertscheide.[3] Das Schwert ist also nicht
die Kriegswaffe des geharnischten Mannes, es wird von ihm nicht
an der Seite getragen; er hat es nur zum augenblicklichen Ge-
brauche in die Hand genommen, um es dann wieder wegzulegen.
Ein solches nur zeitweise in Benutzung genommenes Schwert ist
aber das Richtschwert. Offenbar haben wir also in dem
Schwerte des Rolandes das Gerichtsschwert, das Symbol der hohen
Gerichtsbarkeit, zu erblicken. Der Roland aber verkörpert den
Träger dieser Gerichtsbarkeit, mag man nun — wofür sich Sello[4]
entscheidet — an den höchsten Richter, den König oder Markgrafen, oder an den niederen Inhaber des Gerichtsbannes, den
mit gräflichen Rechten ausgestatteten Landesherrn oder (bei geistlichen Fürsten) seinen Vertreter im Hochgerichte, den Vogt,
denken. Daß in einer Reihe von Städten, in denen sich Rolandsbilder finden, der Rat nie die hohe Gerichtsbarkeit besessen hat,
ist kein Gegenbeweis. Die Annahme, der Roland sei immer von
der städtischen Behörde erbaut worden, ist völlig unbegründet;
nichts spricht dagegen, daß auch die Landesherren in den Städten,
welche ihrer Jurisdiktion unterstanden, Rolande errichtet haben.
Gerade in den nach Freiheit aufstrebenden Städten mußte ja
den Landesherren am meisten daran gelegen sein, ihre Gerichts-
hoheit den Bürgern jederzeit in Erinnerung zu bringen.

Demnach erscheint die Deutung der Rolande als Wahrzeichen der hohen Gerichtsbarkeit zur Zeit zweifellos als die an-
nehmbarste. Möglich ist es ja immerhin, daß künftig Thatsachen

---

[1] Vergl. Béringuier, a. a. O., p. 120 ff.; Sello, a. a. O., p. 130.
[2] Vergl. Zoepfl, a. a. O., p. 267.
[3] Auf diesen interessanten Umstand bin ich durch die Aufzeichnungen
Sellos aufmerksam gemacht worden.
[4] Sello in Bll. f. H., G. u. s. L. 1885, p. 187.

bekannt werden, welche diese Deutung erschüttern und neues
Licht in die verwickelte Frage bringen. Vorderhand aber muß
jene Theorie, welche in den Rolanden Wahrzeichen des Marktes
zu erblicken glaubt, als unbegründet zurückgewiesen werden.

Schlußbemerkungen.

Versuchen wir, in wenigen Sätzen die Hauptergebnisse der
vorhergehenden Untersuchungen zusammenzufassen.

Die ältesten Städte Deutschlands sind die alten Römerstädte am Rhein und an der Donau, die ehemaligen *civitates*
und *castella*, vielleicht auch einige befestigte innerdeutsche Städte
(z. B. Würzburg), in denen Handel und Gewerbe schon früh eine
dauernde Stätte fanden. In diesen regelmäßig gerichtlich eximierten Städten haben sich infolge ihrer rechtlichen und wirtschaftlichen Sonderstellung zahlreiche vom Landrechte abweichende
Rechtssätze herausgebildet. Als befestigte Orte, als Burgen,
haben sie eine besondere Befriedung genossen. Aber eine von
der Dorfverfassung wesentlich abweichende Stadtgemeindeverfassung hat sich in ihnen erst in späterer Zeit unter dem Einflusse der übrigen deutschen Städte Bahn gebrochen.

Die zweite Klasse der deutschen Städte sind die Marktansiedelungen, keine in Marktorte umgewandelte Dörfer, sondern im Anschluß an Märkte entstandene Ansiedelungen von
Kaufleuten und Gewerbetreibenden, welche regelmäßig eine eigene
Gemeinde, meist auch einen eigenen rechtlichen, gerichtlichen
und kirchlichen Bezirk bilden, und welche sich, je nachdem sie
befestigt sind oder nicht, in Städte und offene Märkte scheiden.
Das Gericht dieser Marktansiedelungen ist kein zum Stadtgericht
umgewandeltes Marktgericht, sondern entspricht von Anfang an
in seiner Zusammensetzung und Kompetenz dem Landgerichte:
das Recht der Marktansiedelungen ist kein Recht des Marktver-
kehres, sondern ein unter dem Einflusse der besonderen wirtschaft-

lichen Verhältnisse dieser Ansiedelungen umgebildetes Landrecht, das in vielem dem Rechte der Römerstädte ähnelt, vor allem aber auch Sätze des kaufmännischen Gewohnheitsrechtes in sich aufgenommen hat. Einen höheren Frieden als das Dorf genießt die Marktansiedelung als solche nicht; der in den meisten Marktansiedelungen, insbesondere in allen Marktstädten herrschende Friede ist kein lokalisierter Marktfriede, sondern Burgfriede oder ein dem Burgfrieden nachgebildeter Friede. Die Marktansiedelungen sind ebenso Ortsgemeinden wie die Dörfer, aber die Art ihrer Gründung hat von Anfang an bewirkt, daß sich in ihnen eine von der monarchischen Verfassung der Landgemeinde völlig verschiedene Gemeindeverfassung ausbildete, welche schließlich im städtischen Rate ihren Abschluß fand. Diese Ratsverfassung ist später auch auf die Römerstädte übertragen worden.

Die dritte Klasse der deutschen Städte endlich sind Dörfer, in denen sich kein Stadtrecht ausgebildet hat, sondern auf die das bereits fertige Recht einer Stadt oder Marktansiedelung übertragen worden ist. Für die Geschichte der deutschen Stadtverfassung sind diese Städte von verhältnismäßig untergeordneter Bedeutung.

Nachträge.

Zu Seite 50, Zeile 4: Wie mir Herr Dr. Fürsen aus Schleswig mitteilt, ist in Schleswig der Fastnachtsmarkt bis zum Jahre 1887 im Kreuzgange des Domes abgehalten worden.

Zu Seite 80, Anm. 1: Zu der Spezialliteratur über Bremen sind noch die beiden folgenden Monographieen nachzutragen: Dünzelmann, Beiträge zur bremischen Verfassungsgeschichte in: Brem. Jahrb. XVII (1895), p. 1 ff. — Varges, Verfassungsgeschichte der Stadt Bremen im Mittelalter in: Zeitschrift d. histor. Vereins f. Niedersachsen 1895, p. 207 ff.

Verlag von VEIT & COMP. in Leipzig.

NORDGERMANISCHES OBLIGATIONENRECHT.

Von

Karl von Amira,

o. ö. Professor der Rechte an der Universität München.

Erster Band. Altschwedisches Obligationenrecht.
gr. 8. 1882. geh. 25 ℳ.

Zweiter Band. Westnordisches Obligationenrecht.
gr. 8. 1895. geh. 30 ℳ.

Das nordgermanische Obligationenrecht bringt auf Grund unmittelbarer Quellenforschung aus dem nördlichen (skandinavischen) Teile der germanischen Stammesrechte alles zur Darstellung, was man unter Obligationenrecht zu verstehen pflegt. Der dritte (Schluss-)Band wird das altdänische Obligationenrecht und eine komparative Zusammenfassung der Hauptresultate enthalten.

HANDBUCH DER URKUNDENLEHRE

für

Deutschland und Italien.

Von

Harry Bresslau,

o. Professor an der Universität Strassburg.

In zwei Bänden.

Erster Band.

gr. 8. 1889. geh. 20 ℳ.

Der zweite Band wird die Spezialdiplomatik der Papst- und der deutschen und italienischen Königsurkunden enthalten.

DER FRONBOTE IM MITTELALTER

NACH DEM SACHSENSPIEGEL UND DEN VERWANDTEN RECHTSQUELLEN.

Ein Beitrag zur deutschen Rechtsgeschichte

von

Dr. jur. Christian Eckert.

gr. 8. 1897. geh. 3 ℳ 50 ₰.

DIE LEHRE

von den

PRIVATURKUNDEN.

Von

Dr. Otto Posse.

Mit 40 Tafeln, nach den Aufnahmen des Verfassers in Lichtdruck ausgeführt.

4. 1887. cart. Preis ℳ 36.—.